江苏省中小学教学研究重点课题
《基于数学理解的探究学习优化研究》研究成果
（课题编号：JK9-Z012）

小学数学理解性探究学习研究

XIAO XUE SHU XUE LI JIE XING TAN JIU XUE XI YAN JIU

顾晓东 著

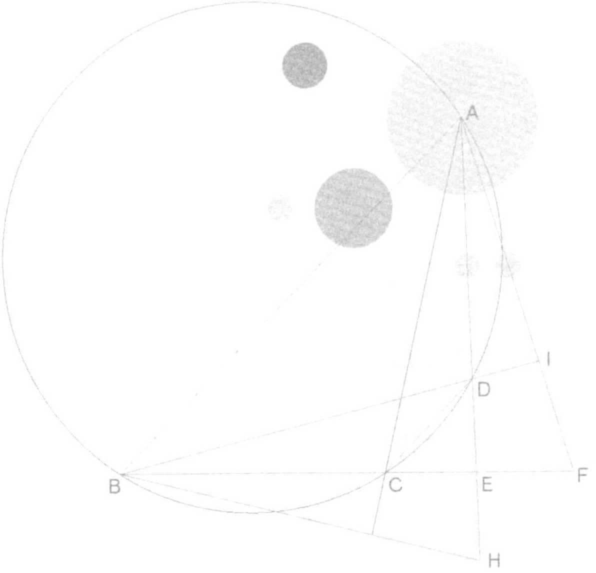

苏州大学出版社
Soochow University Press

图书在版编目(CIP)数据

小学数学理解性探究学习研究 / 顾晓东著. --苏州:苏州大学出版社,2014.5

ISBN 978-7-5672-0907-7

Ⅰ. ①小… Ⅱ. ①顾… Ⅲ. ①小学数学课—教学研究 Ⅳ. ①G623.502

中国版本图书馆 CIP 数据核字(2014)第 103585 号

小学数学理解性探究学习研究

顾晓东 著

责任编辑 李 娟

苏州大学出版社出版发行

(地址:苏州市十梓街 1 号 邮编:215006)

无锡童文印刷厂印装

(地址:无锡市新区坊前鑫明路 26 号 邮编:214111)

开本 700×1000 1/16 印张 14.25 字数 241 千

2014 年 5 月第 1 版 2014 年 5 月第 1 次印刷

ISBN 978-7-5672-0907-7 定价:28.00 元

苏州大学版图书若有印装错误,本社负责调换

苏州大学出版社营销部 电话:0512-65225020

苏州大学出版社网址:http://www.sudapress.com

序

无锡市江南实验小学是新课程改革推行之初成立的一所乡镇中心小学。十余年来,学校数学课题组始终围绕新课程的基本理念开展教学研究,在小学数学教育、教学理念更新和实践探索方面取得了显著的进步。学校能立项省教学研究重点课题《基于数学理解的探究学习优化研究》,便是一个很好的佐证。本书作者、课题主持人、无锡市名教师顾晓东老师正是伴随课程改革从这所学校成长出来的。由他撰写的这本《小学数学理解性探究学习研究》亦可以说是学校重视教育科研以及顾晓东老师和他的团队多年学习、研究、实践的一个成果回报。

在 2012 年省市合作江南大学特级教师储备高级研修班上,我有幸成为顾晓东老师的导师,当时他正在开展这项课题的研究。如今拿到这部书稿时,作为导师和同学的我不禁为他执着的研究精神所感动,并对他大加赞赏。

我感动并赞赏他是个勇敢的跋涉者——

他具有不懈的研究勇气和坚韧的研究毅力。他敢于挑战,锐意进取。2009 年,他主持的《基于思维发展的小学数学概念教学研究》这一无锡市教师教研专项课题以优秀级结题;时隔 2 年后他的又一个同级别课题《小学生数学概念学习策略及有效指导研究》又以优秀级结题了;如今 2014 年,他主持的省教研重点课题的研究专著《小学数学理解性探究学习研究》又将问世。这种马不停蹄的研究,令他在专业成长的道路上一路收获。

我感动并赞赏他是个理性的思考者——

他具有独特的研究视域、理性的研究思维。理解是教学的永恒主题,数学理解更是数学学与教的核心所在。探究学习,作为新课程改革倡导的新型学习方式,对于它的研究更是推动数学课程改革的重要抓手,对学生数学基础知识、基本技能、基本思想和基本活动经验的形成与理解,有着重要的促进作用。在反思现状、认真学习的基础上,他敏锐地将数学理解和探究学习自然结合,提出数学理解性探究学习这一新的学习范式,这是对数学新课程改革精神以及新修订的数学课程标准理念深入学习、研究和实践的成果。

我感动并赞赏他是个务实的实践者——

他具有务实的研究态度、创新的实践品质。为了提高研究的科学性和实效性，他紧紧围绕课题关键词从期刊网上搜索了大量的文献资料，带领课题组成员共同学习，辨证吸收理论养分，合理充实理性思维，这是一种科学的研究态度。其研究针对探究学习存在的问题，着眼数学理解的高度，从较为系统的层面上思考，提出了优化的设想，并通过校本化的课堂教学创新实践研究，不断地提炼优化的内容和策略，这是一种务实的实践品质。而且他始终认为课题研究的结题是新的、更深的研究的起点，这种认知的精神值得肯定。

本书的撰写起源并扎根在坚实的实践基础上，从数学理解性探究学习的基本内涵、系统解构、课型建构等诸方面进行了较为全面的阐述，并辅以若干课例介绍。本书概述篇部分对数学理解以及探究学习文献进行了较为深入的综述，并提出了自身的个性化阐述；建构篇部分从数学理解性探究学习的基本条件、认知过程、目标指向、内容选择、要素优化、技能培养以及课型结构等方面进行了较为全面的解构与建构；案例篇部分从概念探究学习和规则探究学习两个角度分别选取了课题组具有代表性的优秀课例进行典型呈现。应该说，该书凝聚了顾晓东老师和他的课题组近几年来的研究心血，具有一定的创新意义和推广价值。

作为顾晓东老师的导师，也作为该书的一位读者，我对他的辛勤劳动和付出致以诚挚的敬意。

凌国伟

2014年5月12日

前　言

21 世纪是人类依靠知识创新和可持续发展的世纪,世界将进入知识经济时代。2001 年 6 月,教育部印发《基础教育课程改革纲要(试行)》,开启了我国新一轮基础教育课程改革的大幕。这其中,倡导探究学习作为新课程改革的亮点之一被提出,这可以看作是我国基础教育面对知识经济的挑战和机遇所作出的及时回应。相应地,2001 版《数学课程标准(实验稿)》中也明确指出,有效的数学学习活动不能单纯地依赖模仿与记忆,动手实践、自主探索与合作交流是学生学习数学的重要方式。于是小学数学课堂开始热闹、活跃起来,随处可见探究学习、合作学习的身影。

然而多年以后,我们逐渐发现,探究学习使数学课堂变得热闹起来了,但随之而来的形式化、片面化以及低效化现象逐渐显现。例如:对探究学习内容适切性的把握不够合理,存在着一定的盲目性;对探究学习时空开放度的把握不够理想,存在着过度的预设性;对探究学习思维主动性的把握不够到位,存在着普遍的肤浅性;对探究学习活动整体性的把握不够理想,存在着一定的局限性;等等。由于一些认识上的盲点、操作上的误区等,学生探究学习的实际效益并不理想,相当多的探究式课堂教学效益不尽如人意,有"贴标签""赶时髦"之嫌。学生在课堂上虽然得到了一定程度的解放,但是他们对所学知识的理解水平却并没有得到实质性的提高。

面对这些现象和问题,无锡市江南实验小学数学课题组的教师们进行了广泛学习和深度思考,认识到探究学习是"形"(活动组织形式、外在表现)与"神"(活动内涵理念、内在思想)相互依存的统一体,"形"是基础,"神"是灵魂。没有前者,后者就会失去载体,显得虚无缥缈,无从把握,实践上也难以操作,从而导致探究的泛化与虚化。缺乏后者,前者就会失去动力和方向,从而导致探究的形式化和机械化。结合数学学习目标任务而言,探究学习活动的设计应充分关注学生对所学数学知识与技能、思想方法等的深度理解,关注学生从事探究学习的积极情态,关注学生探究学习经验的积累,关注学生学科素养的提升等。

当我们在反思数学课堂中探究学习实效性的时候,另一个关键词——数学理解又进入了我们的视界。当前,数学理解性学习与教学已成为国际、国内数学教育研究的新兴热点问题之一。理论的研究的确顺应了实践的真实需求,正如詹姆斯·希伯特(James. Hibert)和托马斯·P. 卡彭特(Thomas P. Carpenter)所言:“在数学教育理论与实践中被最广泛接受的一个想法就是学生应该要理解数学。”①为数学理解而教,已成为大家的共识,数学教学正向着数学学习的本质迈进。怎样才能有效促进学生的数学理解?开展科学有效的探究学习活动正是一种有益的尝试。于是,课题组明确了研究方向与主题,提出了《基于数学理解的探究学习优化研究》这一课题。我们的研究把准了当下数学教育研究的脉搏,2011 年 11 月,江苏省中小学教学研究室下达了课题立项通知,该课题被批准为江苏省中小学教学研究课题第九期重点课题(编号:JK9 - Z012)。课题的立项极大地鼓舞了课题组人员的研究信心。2012 年 3 月,适逢江苏省中小学教学研究课题主持人培训会在无锡召开,作为其中的一个培训环节,该课题举行现场开题论证会,以省教研室小特幼教部王林主任为组长的论证专家们对该课题给予了高度的肯定,并提出了许多中肯的实施建议。这更使课题组进一步明确了研究的方向和重点,充满了高质量完成课题研究的自信心。

在近三年的课题研究中,我们把研究视角集中在了“数学理解性探究学习”上,试图以理解数学课程内容为旨归,根据学生的心理特征及数学研究的规律性,发挥学生学习的潜能,体现学生学习的主动性和积极性,使学生在教师的指导下,以问题为导向,以类似科学探究的方法,充分利用各种数学探究课程资源,积极进行观察与实验、猜想与论证、表述与交流等一系列数学探究学习活动,收集与研究问题相关的各种信息,提出问题、形成猜想、利用特例进行实验验证、演绎证明、反思推广,经历数学概念、规则、命题的形成、归纳过程,体验数学问题的生成、解决及其应用的过程,在解决问题的过程中主动建构知识,理解数学对象,完善知识网络,实现灵活迁移,并在探究学习活动中提升自主探究能力,逐步建立和完善良好的数学观。我们试图通过该课题的研究,在深入学习和领会修订后的数学课程标准精神实质的基础上,逐步建构校本化的小学数学理解性探究学习基本模式,进而提高学生数学探究学习的效益,丰富教师教学理论素养和实践操作经验,使课题研究成果具有一定的推广应用价值。

课题组成员们全身心地投入了研究工作,努力追求研究的自觉和有序。所谓自觉,是指一种研究的理论自觉和实践自觉。我们坚持理论研究和实践探索

---

① James Hibert & Thomas P. Carpenter. 具有理解的教和学//D. A. 格劳斯主编. 数学教与学研究手册. 上海:上海教育出版社,1999:P131.

齐头并进。课题组搜集了近20万字的相关文献资料，进行分类整理，汇编成册，做到集中学习与分散学习相结合，在学习中不断澄清认识，转变理念；同时，凭借理论的指引，我们逐步梳理实践要素，探索建构实践框架，并开展课例实践和成果提炼。所谓有序，是指系统把握和分块推进相结合。我们从小学数学概念和规则探究学习两个层面系统把握具体的实践内容，规划了全过程研究的内容体系，明确分阶段实践研究推进的重点，有序开展专项攻关研究。

本书作为该课题研究的主要成果，系统整理了三年来的研究内容及其相关研究体会和粗浅经验。全书分为三个板块：概述篇中主要围绕数学理解和探究学习的内涵、特征等展开理论综述与概述，提出了数学理解性探究学习的概念，对其内涵、特点等加以论述；建构篇中主要是对数学理解性探究学习作出系统性解构，从其开展所需的基本条件、认知心理过程、目标指向、内容选择、要素优化和技能培养等方面进行论述；案例篇中主要是分类汇集了研究过程中积累的课例。本书在撰写时尽量贴合、贯彻修订后的数学课程标准理念，采用若干问题及回答的形式呈现了各层面的研究内容，注重理论与实践的结合，较多地通过具体教学案例来阐释我们的基本观点和做法。不过，作为一本书出版，虽已殚精竭虑、极尽所能，但毕竟水平有限，鄙言累句，不堪卒读，心中甚感不安。但它是课题组人员辛勤劳动成果，也算是对三年来的研究工作的阶段性汇报，故不揣浅陋，贻笑于大方之家，也在所不惜了。

是为前言。

无锡市江南实验小学　顾晓东

2014年5月8日

目　录

一　概述篇

二　建构篇

三　案例篇

一 概述篇

GAISHUPIAN

引言:从小学生数学理解个案谈起

数学理解是数学课程与教学存在的方式,是学生数学学习过程的重要环节,也是掌握、运用数学知识,提高数学能力的关键。数学理解存在于数学教与学整个过程,学生学数学的过程就是追求、实现理解和建构数学的历程,而教师教数学的过程则是努力引导和帮助学生实现数学理解的过程。我们在教学过程中,不难发现,学生对数学概念、规则等的理解程度,往往决定着其能否深刻记忆概念、规则的本质特征,并灵活运用概念、规则来解决各类陌生问题。先来看一则关于小学生数学理解的调查访谈个案。

在学习完圆柱体表面积与体积的计算内容后,教师安排了一次综合性测试,其中有一道测试题如下:

把一个圆柱的底面平均分成若干个扇形,然后切开拼成一个近似的长方体,表面积比原来增加了 200 平方厘米。已知圆柱高 20 厘米,求圆柱的体积。

很显然,此题涉及了圆柱表面积和体积计算的知识,又有切、拼过程,具有较强的综合性,也是学生之前没有遇见过的题。好多学生都无从下手。在批阅过程中,发现只有近半数学生解答正确。为了提高教学的针对性,授课教师便约了 C 同学进行面谈,以了解其具体的解题思考过程。C 同学把思考过程大致叙述如下:

根据题目所说的切拼过程,我先想到了在推导圆柱体体积计算公式的时候,也有这样的一个将圆柱体切拼成近似长方体的操作过程。于是我回忆当时的切拼图,并简单地画了一幅草图(见下图),从中进行观察分析。

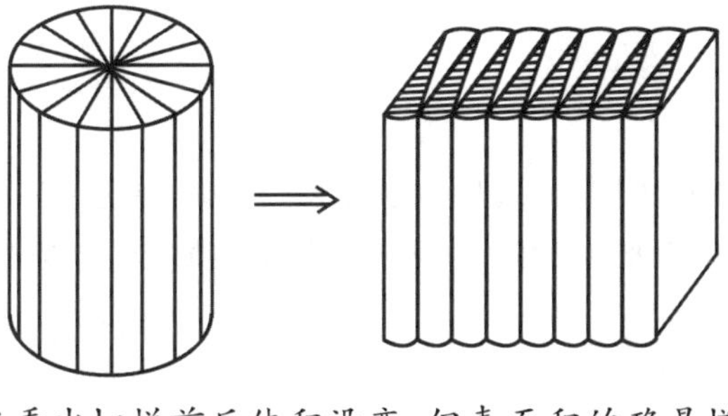

通过观察,我看出切拼前后体积没变,但表面积的确是增加了。增加部分

是图中长方体的左右两个长方形面。在推导圆柱体体积公式时，我们知道，这个长方体的长为圆柱体底面周长的一半，宽为底面半径，高为圆柱体的高。增加的表面积200平方厘米恰好是左右两个长方形的面积和，因而可以求出长方体的宽，即圆柱体的底面半径，从而可以求出圆柱体的体积。

C同学讲述的思考过程，充分体现了他对圆柱体体积计算公式的深刻理解。他的这种数学理解具有对公式探究过程的把握，并能够清晰再现。他的头脑中清晰地记得切拼的过程以及相应图像，乃至图像之间的联系。这种深刻的数学理解能让他在面对新题时瞬间准确地激活旧知识，并主动寻找新旧知识之间的联系和区别，从而找得到解题的突破口。

无独有偶，课题组另一位老师也遇到了类似的情形，在教了圆的面积之后，给学生出了这样一道练习题：

如图，已知直角三角形的面积为20平方厘米，求圆的面积。

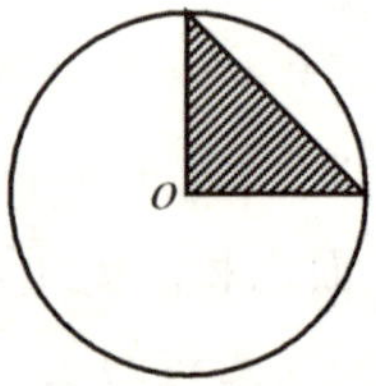

一些学生在解答此题时，不约而同地想起了探究圆的面积计算公式时有过这样的经历：

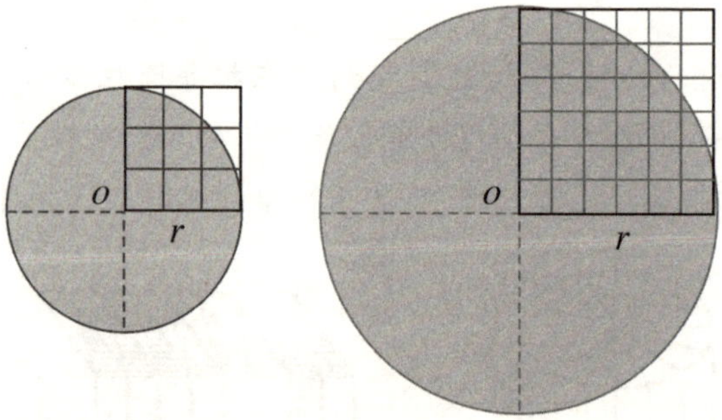

以正方形的顶点为圆心，边长为半径画一个圆，通过数格子的方法来探究"圆的面积大约是正方形面积的多少倍"（如上图）。在探究过程中，大家通过亲身实践，得知其中圆的面积大约是正方形面积的3倍多一点。然后在将圆平均分成若干份后拼成近似长方形的过程中，推导出了圆的面积公式。最后，教师把圆面积公式与开始得出的结论"3倍多一点"进行对比，学生们认识到，这个3倍多一点其实就是圆周率 π。

课堂上的探究活动经历给予了学生解答此题的灵感:这个阴影部分的三角形正好是正方形面积的一半,于是,利用在探究中得到的结论"圆的面积是这个正方形面积的 π 倍"就能轻松解题。

其实,在数学学习过程中,还有大量类似的情况存在。这些具有较强思维价值的习题考验着学生对所学数学知识的理解和灵活运用程度。学生只有亲身经历了数学知识技能的自主探究过程,建构起合理的认知结构,形成较为深刻的数学理解,获得较为丰富的探究经验,才能在面对陌生习题时准确地再现知识情境,灵活地调用数学概念、规则来解题,甚至在忘却了一些衍生式的、非一般的公式和规律时,也能依托对基础性知识技能的深刻理解,独立地推导分析,再次形成这些公式和规律,从而正确解题。正如章建跃先生所说,数学理解的核心是对基本概念、规则及其所反映的数学思想方法的理解。我们教学生数学,就是要紧扣住这些基础性的知识技能的探究过程,让学生形成深刻的数学理解,以便学生在独立解题时能够不断回到概念、规则的本质上去,从基本概念、规则出发思考问题、解决问题,并不断加强概念、规则的联系性,在联系中寻找解决问题的新思路。

第一章　小学生数学理解概述

学生数学学习水平的差异实质是数学理解水平的差异。其实,解题技巧不过是雕虫小技,题型千变万化,技巧无法穷尽,但是解决问题的根本大法,还是充分理解基本概念及其所蕴含的思想方法,因此理解才是数学教与学的核心任务和目标。

第一节　什么叫数学理解?

一、对“理解”的理解

1.《辞海》中的解释

《辞海》将“理解”定义为:“了解、领会。是通过揭露事物间的联系而认识新事物的过程。其水平随所揭露联系的性质而异。有揭露事物间外部联系的理解,如把一事物归入某一类已知事物中;有揭露事物间内在联系的理解,如确定事物间因果关系。理解事物时须应用已有知识,或在已有知识的基础上掌握新知识。理解过程可分直接理解与间接理解两种,前者是通过亲身经验而实现的;后者须经过一系列的分析、综合过程,从最初模糊朦胧、未分化的理解逐渐过渡到明确清晰、分化的理解。实践是理解的基础。”从这个表达上看,《辞海》是以“过程”来解释“理解”的,而“过程”体现的是一种动态变化。

2. 教学中的“理解”

在教学中,我们经常会问:学生理解了教学内容吗?这是以理解的产物,即是以“静态”来看待“理解”这个词的,通常认为是通过教学达成的认知目标与成果。其水平反映在是否能在复杂的情境下辨识,是否有深广的、涉及事物本质的联系,是否能在线索不够清晰时恰当地应用上。在这些情形下,我们可以把“理解”解释为:知道了“是什么”“与什么有关系”“有什么用、怎样用”。具体而言,就是当把新知识与旧知识联系时,通过比较就会得到新知识与旧知识不同的地方,因而获得了新知识“是什么”的认知,发现新知识与哪些旧知识的关系是“和谐”的,与哪些旧知识的关系是“矛盾”(不相容)的,或者发现新知识可以解决某些原有的问题,于是表现为“有什么用、怎样用”了。进而,我们还可以把理解看作是在新场景中灵活运用理论和概念的能力,即理解是有能力针对一个主题展开一系列引发思考的活动,可以是一种解释、一种说明,找出证据或相匹配的例子,也可以是概括、归纳、类比叙述问题,通过这一系列行为或活动来展示对主题的掌握,并进一步加强掌握的程度。

3. 两种学习理论对"理解"的阐释

行为主义把学习解释为刺激与反应之间的联结,认为学习过程是一种试误过程,在不断的尝试与错误中逐渐形成联结。在行为主义看来,刺激与反应的联结随着练习和使用次数的增多而变得越来越强,反之,则变得越弱。因而,行为主义学习观强调技能训练,实现技能由"自觉地执行"向"自动地执行"的转化,于是,个体对知识的理解就是记忆概念、规则和方法,且能迅速提取并用于解决问题。显然,行为主义将知识理解定位在知识记忆的层面上,而不对"机械性记忆"和"在理解基础上的记忆"加以区别。事实上,行为主义只关注人的外部行为,不研究人的内部思维过程,因而不可能对"知识的理解"作深入探讨。

现代认知心理学认为理解的实质是学习者以信息的传输、编码为基础,根据已有信息建构内部的心理表征,并进而获得心理意义的过程。Mayer 给出了学习者的理解过程的模式,如下图所示:

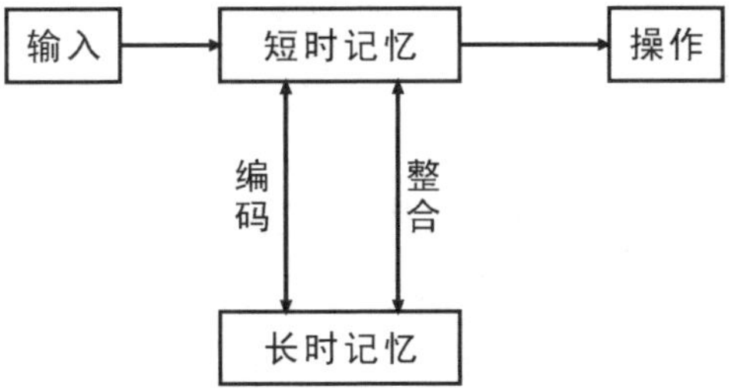

在这一模式中,个体的理解分为三个阶段:第一阶段,各种信息经过注意的"过滤",部分信息经过感觉登记进入短时记忆。第二阶段是编码阶段,进入短时记忆的信息中没有得到复述和加工的部分很快消退,得到及时复述和进一步加工的信息进入长时记忆。第三阶段是表征的重新建构和整合阶段,当信息进入长时记忆后,一方面,已有图式的一些节点和相应的区域被激活,从而使已经得到编码的信息获得了心理意义;另一方面,新信息的纳入又使已有的图式发生相应的变化,形成新的知识网络和认知结构。由于认知心理学是从人的内部心理去探索人类的学习规律,因而对知识理解的解释更加深刻和合理。[①]

① 黄燕玲,喻平. 对数学理解的再认识[J]. 数学教育学报,2002(8).

二、数学理解的内涵分析

数学理解是一种多维度的、复杂的东西。国内外相关研究非常丰富，许多数学大家、研究学者阐述了各自对数学理解的认识和观点，现列举以下一些观点：

1. 从静态的角度分析

Hiebert 和 Carpenter 认为：一个数学的概念、方法或事实被理解了，如果它成为个人内部网络的一个部分。更确切地说，数学被理解了，如果它的智力表示成了表示网络的部分。

李士锜认为：学习一个数学概念、原理、法则，如果在心理上能组织起适当的有效的认知结构，并使之成为个人内部的知识网络的一部分，那么才说明是理解了。

陈琼认为：数学理解是学习者先认识数学对象的外部表征，构建相应的心理表象，然后在建立新旧知识联系的动态过程中，打破原有的认识平衡，将数学对象的心理表象进行改造、整理、重组，重新达到新的平衡，以便抽取数学对象的本质特征及规律，从而达到对数学对象的理解的过程。

Pirie 和 Kieren 认为：数学理解由八个不同理解水平（或八个不同阶段）组成，即：原始认识、产生表象、形成表象、性质认知、形式化、观察评述、构造化、发明创造。这八个理解水平包括人们理解某一数学知识（数学概念、公式、定理等）所经历的全过程。

斯根普提出了理解的两种模式：其一，工具性理解，是学生运用记住的规则解决问题的能力，但学生并不清楚这个规则为什么会发生作用。其实，这种理解只是一种语义性理解或是程序性理解。因此，这种理解一般只适用于解决那些特定类型的问题。其二，关系性理解，是学生从一般的数学关系中演绎出特殊规则或程序的能力。利用上述分法可以初步鉴别学生对某个数学概念的理解水平或者类型。只有从工具性理解达到关系性理解，个体才能把握数学对象的本质。但要注意的是，这两种理解模式一般只是适用范围不同，并没有优劣之分。

显然，上述对数学理解的解释是源于认知心理学对“理解”的界定，都是以信息的内部表征作为解释的基础，这些观点均是从静态的角度分析的。从中可以看出，数学理解的本质应当是数学知识的结构化、网络化和丰富联系。

2. 从动态的角度分析

一些学者从动态的角度对数学理解进行了分析，他们认为数学理解还应是数学认知结构和知识意义建构的过程。事实上,数学知识的理解与数学知识的表征(指知识在学习者头脑中的呈现和表达方式)密切相关。根据数学知识的特征,数学知识通常可分为结果性知识和过程性知识。结果性知识包括陈述性知识、智慧技能和认知策略。过程性知识是伴随数学活动过程的体验性知识,分为对知识产生、发展、结果和应用的体验这四个阶段,是一种内隐的、动态的知识。正是从这样的角度分析,黄燕玲等人认为:对一个事物本质的理解,就是指该事物的性质以一定的方式在学习者头脑中呈现并能迅速提取。数学理解就是对数学知识的正确、完整、合理的表征,应该涵盖对陈述性知识、程序性知识以及过程性知识的理解等三个方面。图式的获得、产生式系统的建构、关系和观念表征的完善分别是陈述性知识、程序性知识、过程性知识理解的本质。

3. 从情境的角度分析

学生数学学习与数学理解的最终目的,是对数学知识得以生成、发展和应用的特定社会文化的适应。这是因为,学习是一个社会性的过程,它并非仅仅发生在个体内部,也不是一个行为的消极形成过程。只有当个体积极参与到情境活动中时,有意义的学习才能发生。从情境角度看,知识是基于社会情境的一种活动,而不是一个抽象具体的对象;知识是个体与环境交互过程中建构的一种交互状态,而不是事实;知识是一种人类协调一系列行为,去适应动态变化发展的环境的能力。数学理解的情境观表明,通过数学学习共同体特定的数学活动情境,借助数学学习共同体逐渐积累的、独特的数学洞察力以及数学文化感悟,学生在交互性、社会性的真实活动中学习和运用数学概念,并于其中不断发展数学概念,通过这种方法获得的数学概念、法则要比所谓的一般性数学概念、法则更有力、更有用、更具理解力。①

基于上述这些观点,我们认为,数学理解其实质就是学习者在现有的认知水平范围内,通过数学学习活动,以自身已有的知识和经验,认识数学对象的外部表征,构建相应的心理表象,从而把新知识正确地纳入已有的认知结构,或者改组、扩大原有的认知结构,使新学习的内容成为整个结构的有机组成部分,从而逐步认识其本质和规律的一种思维活动。

我们认为数学理解是学生进行有意义数学学习的基础,是指学生对数学概念、规则、定理等达到理性认识,不仅能够说出要领和规律是什么,而且能够知

① 吕林海. 数学理解面面观[J]. 中学数学教学参考,2003(12).

道它是怎么样得出来的，它和其他概念和规律之间的关系，有什么用途等。这个数学理解的过程是一个构建不断精细化、丰富化的数学知识结构的过程，这种结构彰显了数学知识结点间的丰富的网络性联系。其核心是一种能使学生对已学知识产生灵活迁移（表现为在一种新的情境中灵活地运用所学的知识以及相关技能）的学习过程。对数学知识形成深刻的、真正的理解往往意味着学习者所获得的知识是结构化的、整合的，而不是零碎的、只言片语的。

第二节 数学理解有什么功能价值？

卡彭特（Carpenter）曾指出："为了培育面向 21 世纪具有数学素养的公民，课堂必须被重构，以至于数学能被理解性地学习。"这一口号的提出的确是顺应信息社会的实际和知识经济时代的要求的。卡彭特所指的课堂重构当然是数学教育改革中的一个重要方面，但更为重要且更为准确和深刻的理念及目标应当是：基于深层数学观的改变去重构数学学习与教学的整体理念和运行框架。我们认为，无论是就学生数学学习的目标，还是就教师数学教学实践工作的开展与专业的深入发展而言，对数学本身的认识和理解（数学观的建构）都是极为重要的。

就数学理解的功能价值而言，我们认为主要有两点：一是个体的需求，二是时代的呼唤。

从个体发展的角度看，布鲁纳认为，理解不仅仅是把新知识与先前的知识产生联系，而是创建了一个丰富的、整合的知识结构……当知识被高度结构化的时候，新的知识就能被连接，并被融合进已有的知识网络中，而不是只产生元素之间的单个连接……高度结构化的知识不易被遗忘，它有多重途径被找回，而孤立的知识片段更难于被记忆。数学理解的作用、价值清晰可见。首先，知识的理解有助于完善个体大脑内部的知识结构网络，从而推动记忆，进而又更易于同化与理解新知识、新信息，这是一个良性学习过程。其次，知识只有被深刻理解了，才具有迁移与应用的活性，这种迁移能力对个体未来发展是十分重要的。学生理解数学的知识内容、方法技巧、思想策略等，能够熟练、准确地解答各种数学问题，能够在各种活动、测试中展现出他们较强的数学能力，显示出他们在知识层面上的深刻数学理解力。具体地，数学理解对学生个体的学习而

言具有以下重要功能:①

1. 数学理解具有繁殖力——联系的丰富性

数学知识的高度结构化、网络化有助于理解更具生成性。因为此时新信息更易被连接或纳入到已有的知识网络中,使已有的理解不断拓展、深化。学习心理学表明,先前理解得好的知识在新的情况下更有可能产生新的理解,也就比较容易建成已有知识和新的知识之间的联系。这样就形成了一种滚雪球的效应,即指理解的繁殖性。

2. 数学理解能促进记忆——联系的牢固性

巴特莱特关于记忆的研究使大家愈来愈清楚记忆是一种构造性的或再构造性的过程,而不是一种被动的储藏工作。创建新知识与现有知识之间的联系,可以将数学知识联系得更牢固并利于记忆。原因是:第一,数学知识的整个网络一般不像个别的信息那样容易变质;第二,当一个信息联结到一个较大的网络上时,会有更多回忆它的路径,它也更容易得到恢复。所以理解可以使记忆中数学知识间的联系更牢固,更不易被忘却。

3. 数学理解能减少必须要记忆的量——联系的紧凑性

数学理解促进记忆所引发的一个问题就是——什么是必须记住的。如果某一个数学知识点没有得到理解,它就会单独地、孤立地存入记忆中的某个位置,占用一个记忆单位。由于记忆容量的有限与狭小,显然这会不利于以后的学习。而当一个数学知识点获得理解以后,它就会与其他知识点紧密地相联,并与它们形成知识网络。网络的结构越强,需要单独记忆的东西就越少。随着理解的不断深入,网络内部就会得到简化,网络与网络之间的联系也会加强,一些网络能进一步组成新的整体,从而使整个智力网络结构简化。所以,网络之间的联系越紧凑,需要记忆的量就越少。当减少了必须要记忆的条目的个数时,信息的提取就更方便了。

4. 数学理解能促进正迁移——提取联系的顺畅性

迁移是心理学中的一个重要概念。正迁移是指一种学习能够促进另一种学习,负迁移是指一种学习干扰或抑制了另一种学习。任何一次学习决不会孤立地存在,它总是受其他学习的影响也影响其他学习。因此,教学要促进正迁移,避免负迁移。在数学学习中,理解活动能建构数学知识的不同表征之间的

---

① 张萍,宁连华.从联系的角度看数学理解[J].教学与管理,2006(11).

联系，它在一个知识结构内部或更大的结构范围内以及各个结构之间建构知识的意义，使它更能够发挥知识的潜能，为迁移提供潜在的支持。在理解形成过程中，对相关知识、方法等的异同进行比较、判别、分析、提炼和抽象，从而打破原以为无关的知识、方法之间的藩篱，为迁移创造条件。建立理解后，学生就可以根据知识间的联系，把在一种情境中获得的知识顺畅地提取出来运用到另一种全新情境的学习或问题解决活动中去。因此，学生一旦理解了数学知识，就能表现出对知识的灵活应用。

5. 数学理解能影响学习信念——建立联系的主动性

学生在数学学习中主动与否将决定他们怎样看待数学学习以及他们对数学本质的认识。如果学生在学习中只是被动地模仿、记忆、训练和操作，他们就会把数学看成一个个没有关联的定理和法则。学习数学的目的就是记住这些定理和法则，并把它们直接运用到一个个具体的题目上。这样，学生会认为数学是毫无趣味的，久而久之会造成学生对数学的厌烦而导致学习困难。而如果学生在学习中主动去寻找知识间紧密而广泛的联系，达到对数学的理解并建立起自己的知识网络结构，他们就会逐渐体会到数学是一个有机的整体。学生通过对数学的理解体会成功的滋味，产生更强的兴趣，学习数学的信心也将倍增。

从课程改革的角度看，新课程改革倡导要深切关注学生的发展，要在课程的整个过程中真正确立学生的主体地位。这一重要理念实质上为我们在两个方面确立了前进的突破口：

第一，要在整个数学教学中把学生的理解视作重要的关注点，因为只有被学生理解了的数学，才能真正成为支撑学生今后发展的资源，也只有理解了数学的学生，才是从根本上享有了主体地位的学生，才更是真正享受学习、理解学习的学生。

第二，教师在理念上确立了关注学生的理解，在实践上也就相应具有真正面向学习者的灵活的、被教师深刻理解的教学方法论，使教学真正成为支撑学生的数学理解不断发展的支点。从而实现从教到学、从执行到设计、从知识控制到知识管理的转变，避免以表面活动为基础、以灌输为中心的教学指导，避免造就刻板答案与表面知识的死记硬背的学习方式。

因而，数学理解教学的实质是让学生建立良性的数学观，能够通过数学理解生活、理解世界，具备较高的数学素养。

总之，新一轮数学课程改革认为数学教育不仅应当帮助学生很好地掌握数学的基础知识与基本技能，也应帮助学生初步学会数学思维，并逐步养成相关的情感、态度与价值观。通过数学教学能够帮助学生养成一种新的精神：它并非与生俱来，而是一种后天养成的理性精神；一种新的认识方式：客观地研究；一种新的追求：超越现象以认识隐藏于背后的本质，并能让数学原理运用于生活；一种新的不同的美感：数学美……

第三节　数学理解的内在机制是怎样的？

弗赖登塔尔认为：与其说是学习数学，还不如说是学习“数学化”。根据这一思想，他研究了认知水平、“概念的”数学化与数学反思三者之间的内在关系，并给出了这三者之间变化发展的一个模型。这一模型对数学理解的研究具有很好的启发作用。我国学者钟志华构建了一个模型来反映数学理解、数学语言与数学反思这三者之间的内在联系（如下图所示）：

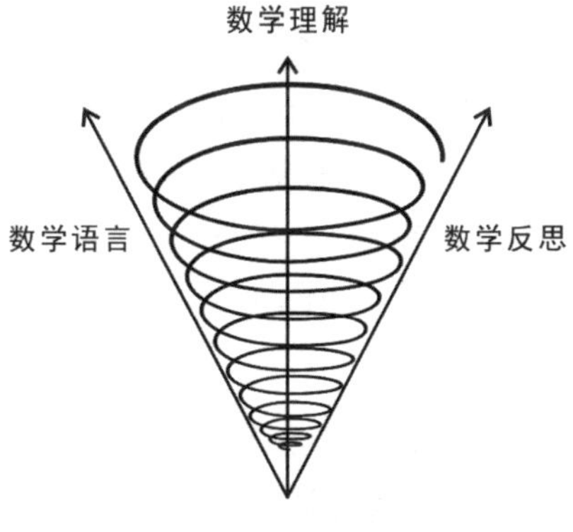

根据这一模型，钟志华认为数学理解的内在机制就是运用数学语言进行反思，数学教学的本质就在于如何促进学生进行数学反思。

一、数学理解、数学语言与数学反思三者之间的内在联系

1. 数学语言是促进数学理解的外在动力

首先，数学理解是在数学语言框架下的理解。伽达默尔认为，整个理解过程乃是一种语言过程，语言就是理解本身得以进行的普遍媒介。其次，数学理解在某种意义上来说就是对数学语言的理解。数学理解的本质就是要在数学对象之间建立联系，揭示所理解对象的意义。数学理解的对象是数学语言，数学理解是从已有的数学理解出发，通过对新的数学语言进行反思，从而产生新的数学理解。再次，数学理解往往要通过数学语言来实现。借助数学语言的推演

可以使感性的理解得以深化，错误的理解得以澄清。在解决数学问题的初始阶段，人们可能会对所解决的问题产生一些直觉的认识，如直觉地预感到解题的思路、直觉地猜测出问题的结果。然而这些直觉通常还比较朦胧，甚至有些直觉中还包含着错误，但借助于数学语言的推理论证后可以使朦胧的理解得以清晰、错误的理解得到澄清。事实上，数学理解的本质是要揭示所理解对象之间的内在联系，因此只有通过语言来充分揭示所理解对象的来龙去脉、历史背景及其背后所蕴涵的数学思想方法，才能达到对数学本质的深刻理解。

2. 数学反思是促进数学理解的内在动力

数学理解的深化有赖于数学反思，数学反思是促进数学理解的内在动力。弗赖登塔尔指出，反思（即反省思维）是数学思维活动的核心和动力。杜威认为，所谓反省思维，就是对问题反复而严正、持续地思考的一种过程。学生要能够在理解过程中进行结构的再组织，其必不可少的机制是心理学上的反省思维。在普通情况下，我们以外界的事物和过程作为思维对象进行思考，而反省思维的对象恰恰是本人自己的思维过程，而不是“客观”对象。学生面对一个不能马上理解或解决的问题，为了加深和扩充自己的理解，不只是将自己的理解直线式地抽象为更高水平的理解，而是通过重新返回更浅理解水平来完成。数学理解之所以能从低层次到高层次，关键靠学生主体不断地进行反思和抽象。反思和抽象是不断提高数学理解水平的重要手段，学生在表达自己对数学知识的理解过程中需要不断反思。

3. 数学理解是对数学语言进行数学反思的结果

反思离不开数学语言，数学语言是数学反思的工具。维果斯基认为，思维和语言之间的关系不是一件事情而是一个过程，是从思维到语言和从语言到思维的连续往复运动。在这个过程中，思维与语言的关系经历了变化，这些变化本身在功能意义上可以被视作是一种发展。

数学语言为数学反思提供反思对象。没有数学语言，数学反思就成为“空转的轮子”。事实上，对数学反思的主体——人而言，没有数学语言，大脑就会失去外部信息的输入，数学反思就无法正常进行，持久下去就会导致数学反思能力的退化甚至丧失。语言（数学语言）也是反思的工具。用语言、符号表示数学的直接经验、过程所起的作用在于让经验事实有了象征或替身，给思考对象一个落脚点，为反思对象提供可以直接正视的物质性对象。

语言对反思具有定位作用。由于思维始终处于不断流变之中，而且稍纵即逝,因此,如果没有一种东西将其记载或定格下来,那么这种偶然泛起的思维浪花就会迅速消逝,湮灭于强大的思维洪流之中。此外,语言对思维还具有简化和促进作用。在数学教学中,数学反思的进行往往要通过数学语言的运用来实现,这是因为数学语言可以明化数学问题、简化数学推理,触发人们更好地整理思维,并促进反思的不断深化。

二、数学理解、数学语言与数学反思三者之间的循环

数学理解、数学语言及数学反思三者之间的循环变化过程可表示为下图:

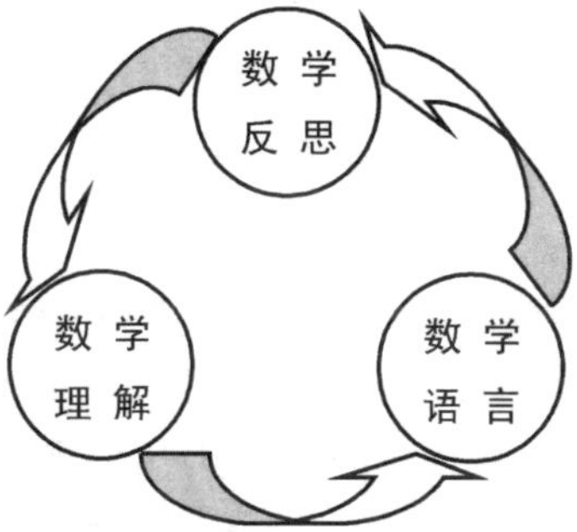

上图中,先从逆时针方向来看,“数学理解—数学语言—数学反思—数学理解”这一条路线反映了数学理解从已有的数学理解出发,通过对新的数学语言进行反思活动,从而产生新的数学理解的过程。其具体过程如下:

(1)理解者对新的数学语言进行理解。数学理解的对象是数学语言,数学理解是从已有的数学理解出发,通过对新的数学语言进行反思活动,从而产生新的数学理解。

(2)数学语言导致数学反思。数学语言作用于理解者的头脑,往往会引发理解者的一系列思考。一般来说,当我们拿到一个问题以后,我们通常会在头脑中产生一系列的想法,如:我以前见过它吗?我见过类似的问题吗?我见过更一般的问题吗?我见过更特殊的问题吗?这个问题的已知条件是什么?未知量是什么?……这些想法产生的过程本质上就是反思逐渐展开的过程。

(3)数学反思促成新的数学理解。新的问题作用于理解者的头脑后激发起理解者的反思,通过反思使得前面的问题逐渐得以解决,原来疑难、困惑的地方得到澄清,原来没有联系的知识点之间建立了联系,原来比较抽象的知识有了新的解释,原来意义不明的知识有了新的意义……最终产生新的更加深刻的数学理解。

再从顺时针方向来看,“数学理解—数学反思—数学语言—数学理解”这一条路线则表示数学理解是从已有的数学理解出发,通过数学反思而产生新的数学语言并进而促进理解者达到新的数学理解的过程。下面我们来看一下循环的具体过程。

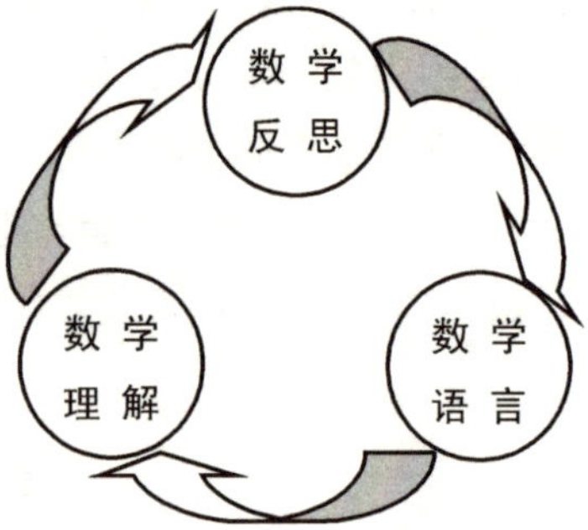

(1)通过数学反思将理解者头脑中已有的理解展现出来。这时,理解者通常会思考:我想表达什么?我打算怎么来进行表达?我所表达的核心思想是什么?我准备使用什么语言、采取什么方式来表达?我是否准确地表达了自己的思想?我这样表达别人能否理解?能否得到别人的认可?

(2)通过数学反思产生新的数学语言。理解者通过反思将已有的理解或问题转化为数学语言,这是将头脑中的用于思考的内部语言转化为外部的用于交流的数学语言的过程。而要将自己的思想表达出来往往要对已有的理解进行分解与重组,并将它们用别人能够理解的数学语言表示出来。这样产生的语言对理解者来说已经是一种新的数学语言了,这样通过数学反思就促进了理解者数学语言的发展。由此,从某种意义上来说数学语言的产生是数学反思瓜熟蒂落的必然结果。产生新的数学语言的过程,在某种程度上也是一种创造的过程。

(3)数学语言的发展反过来又会进一步促进数学理解的深化。高级数学语言的掌握可以居高临下地对低级的数学理解进行批判、总结,从而使得原有的数学理解得到进一步的深化。①

第四节 小学生数学理解有哪几个层次?

作为过程而言,数学理解追求的是在数学学习历程中,学生个体对数学的理解不断深入与拓展。这也进一步表明,小学生对数学概念、命题、法则、公式的理解,往往有一个逐渐深入和完善的过程,不可能一蹴而就。对学习者来说,数学理解必然是一个逐步改进与完善的层级递进的发展过程。

就数学理解的层次而言,于新华、杨之认为可以分为五个层次,即零层次、常识性层次(知识性层次)、逻辑性层次(能力性层次)、观念性层次(思想性层

① 钟志华.理解性数学教学论[D].南京:南京师范大学,2007:51—59.

次）和无尽层次。中国知名数学教育家傅种孙说：“几何之务，不在知其然，而在知其所以然；不在知其所以然，而在何由以知其所以然。”这句话，提出了几何教学力争达到较高理解层次的要求。不知其然者，全无理解，自然是零层次；“知其然”即结果、结论（定义、命题条件和结论），相当于第一层次的理解；而“知其所以然”即结论之因（概念为何这样定义，结论的证明），即上升到理解的第二层次（逻辑性理解）；在傅先生看来，这还是远远不够的，还要弄明白“何由以知其所以然”，即怎样想到这样定义、这个解法或证明的。这就涉及思想方法，离不开研究的经历和观念的指导，从而达到了理解的第三个层次，即观念性层次。

向先应把数学理解划分为前理解、误解、不充分理解、理解、后理解五个层次。下图形象直观地反映了这五个层次：

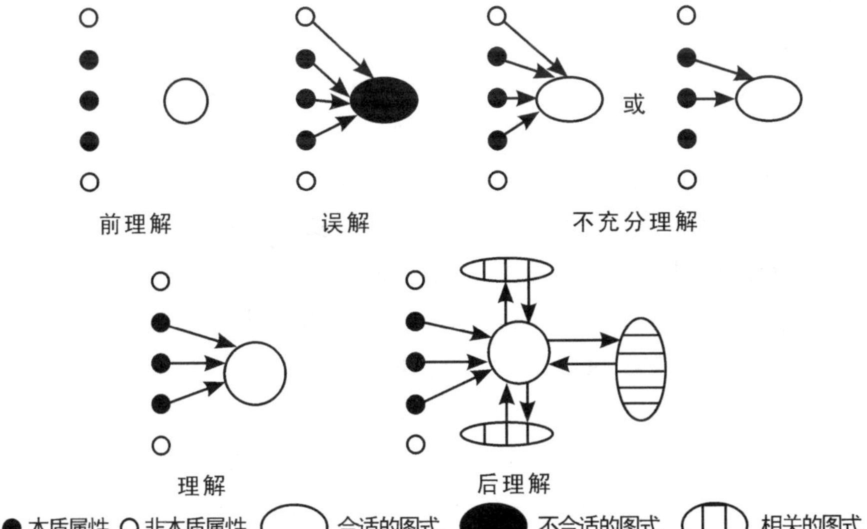

综合诸多研究现状，笔者结合对小学生数学理解过程的观测与考量，认为小学生数学理解可以大致划分为五个水平层次：零理解水平、不完全理解水平、确切理解水平、透彻理解水平和后理解水平。

零理解水平，即学生在数学学习中只会背诵概念规则、模仿做题，这种层次的学习实际上是不理解，或者叫作零理解。

不完全理解水平，即能重述概念、公式、法则等，知道概念的外延和对象的初步分类，能读懂公式的推导和定理的证明过程，解题时能模仿和套用例题的整个解答过程及符号的使用。但知识是零散的，有木无林，缺乏系统性。在这个水平层次，学生对对象的本质属性与非本质属性联系的认识还不是很清楚，在把本质属性纳入合适的认知图式中时，也把非本质属性一起纳入，从而会产生一些似是而非的认知结果。即老师们常说的：理解得不到位。另一种情形是遗漏了对象的某些本质属性，作了不适当的纳入行动。

确切理解水平，即学生能分清对象的本质属性与非本质属性，并搞懂二者之间关系，且使对象纳入合适的认知图式之中。这意味着学习者对自身知识经验的一种抽象性的整理、组织、概括与重新表征，对相关概念、公式、法则等数学知识达到了形式化水平。这种理解水平体现在学生对知识能牢固记忆，对概念能分析其定义、内涵、外延；对规则能分析内容、结构，能阐述其推导过程；对相关知识能按逻辑顺序，排成网络，有木有林，并能将知识用于解题。

透彻理解水平，即讲究知识的再发现、再发明，亲历知识的生长过程，了解概念形成和规则发现的大致过程，以及相关数学思想方法的脉络。学生对知识是结构性记忆，不仅见木见林，而且对数学有整体的认识，在解题时特别注意回顾反思环节，并且对数学精神、数学美、数学的价值、数学的文化教育功能有切身感受。达到这种理解水平的学生，他们的认知结构中有大量融会贯通的思维模块，成套的技能技巧，并处于激活备用状态。这样的理解，新旧知识融会贯通，靠思想观念纽带，形成了有机的、多功能网络。

后理解水平，即在理解的基础上，学生以该对象作为纽带，充分调动其他相关的图式与它发生联系，使之处于一种拓展型抽象结构之中，从而对该对象的理解更深入透彻，具有启发性和创造性，即具备了发散性思维。后理解水平还有助于使学生的“最近发展区”明朗化，它是“一个阶段为下一个阶段作准备并发起下一个阶段的生态继续”（伯奇（Birch）和科布（Cobb））。它是最高层次水平的数学理解。

总之，在数学学习中，理解需要经历一定的时间、过程才能逐步深入，不能认为只有一次完成对知识的本质和规律的认识才算是理解。对知识的认识，即使是初步的、不完全的，只要它与知识的本质和规律相联系，不是单纯依靠直接感知揭露的，都可以称为理解。在学习的不同阶段，学生对所学知识的理解可以有不同的层次，随着学生身心水平的不断发展、认知结构的不断完善，其理解也会越来越深入。

第五节　小学生数学理解有哪些内容？

从广义的角度来看，小学生数学理解的内容应涵盖小学阶段课程标准中的所有学习内容，包括数与代数、图形与几何、统计与概率以及综合实践应用等领域，涉及方方面面的内容。

现代认知心理学将知识分成两类，一类是关于事实性知识的陈述性知识；另一类指关于进行某项操作活动的程序性知识。其中，程序性知识又分为两类，一类是通过练习，其运用能达到相对自动化程度的程序性知识（智慧技能）；另一类是受意识控制而难以达到自动化程度的策略性知识（认知策略）。显然，这种对知识的分类主要是针对结果性知识而言的，虽然“策略性知识”中含有“过程性知识”的因素，但策略性知识更多的成分是表明结果性知识的获取和应用的策略。

《数学课程标准（2011）》突出强调了“过程性目标”的教学思想，用经历、体验、探索三个动词刻画了数学活动水平。这种过程性目标，其实质是蕴含了过程性知识的真正内核，即过程性知识是伴随着数学活动过程而形成的体验性知识，这种体验主要包括对数学知识产生的体验、对数学知识发展的体验、对数学知识结果的体验和对数学知识应用的体验。这种过程性知识是一种内隐的、动态的知识，因为它没有明确地呈现在教学材料中，而是隐性地依附于学习材料，需要学习者在学习中融会贯通，再者是它始终伴随着数学知识发生、发展过程，学习者必须在学习的过程中体悟和习得。

由此看来，我们可以将小学生数学学习的内容分为结果性知识和过程性知识，其中结果性知识就是指陈述性知识和程序性知识。相应的，根据这样的分类，小学生数学理解应全面涵盖陈述性知识、程序性知识和过程性知识这三个方面的内容。

陈述性知识是个人通过有意识地提取线索，能直接陈述出来的知识。这类知识主要用来回答“是什么”的问题，如“三角形有三条边和三个角”“素数是因数只有1和它本身的数”等。这类知识一般通过理解和记忆获得，也可以称作语义知识。就小学数学具体内容分类而言，对陈述性知识的理解主要是涉及一些概念、规则等本质内涵的理解。

程序性知识是个人没有有意识地提取线索，只能借助某种作业形式间接推测其存在的知识。它主要用来解决“怎么办”的问题，如学生利用图形概念去识别图形，按照计算法则进行计算等，都需要用到程序性知识。其实，程序性知识就是一套办事的操作步骤，主要是运用习得的概念和规则加工外在的信息。它是一种智慧技能，本身是从陈述性知识转化而来的，是陈述性知识的动态成分，其实质是解题方法、技能和策略等。因而，对程序性知识的理解，主要应解释为学习者对解题方法、技能和策略等的获得、形成过程的理解。①

过程性知识是个体对数学知识发生、发展过程的体验性知识，包括对陈述性知识和程序性知识获得过程的体验，它动态地贯穿于学习的全过程。其本质是一种认知策略，它运用习得的概念和规则来调节、控制自己的认知加工活动。对过程性知识的理解，主要应为学习者对数学思想方法和数学活动经验的理解。

第六节　如何观察与评价小学生数学理解的程度？

小学生具有个体的认知和经验水平差异，这种差异体现在数学理解上，就反映出学生对数学学习内容的理解程度各异，他们对数学概念、规则乃至解题方法策略等的理解往往会处在不同的阶段水平。从数学理解的本质来看，小学生学习数学知识不能只停留在表面上的形式地记忆，或者机械套用一些法则、公式等来解答单纯模仿性的习题，而是要对数学知识的本质属性等达到清晰辩解的程度，不仅要认识其外部表征，还要建构起相应的心理表象，同时纳入已有的认知结构，找到关联点、固着点，实现认知结构的合理扩充。

从现代认知心理学的视角来看，数学理解的实质是一种心理层面的活动过程及其结果，我们无法直接观察到学生实现数学理解的内部心理变化和思维活动过程，但我们可以通过对学生各种外部表现与行为结果的观察来判断、评价学生是否实现数学理解，以及理解到什么层次水平。

通常我们可以采用对话问答法、操作观察法、作业研究法等方法来获取学生对数学对象理解结果状态的信息，并从中分析学生的内部思维过程，从而考察和评价学生的数学理解情况。从学生的数学理解是否深入本质、是否寻求固着、是否着眼联系以及是否根植网络等不同维度来判定其理解水平。而具体的观察内容则可以从学生是否能作言语表述（包括释义、举例等）、是否能操作分析、是否能提取应用等方面获取相关信息，然后作出综合判断。②

---

① 黄燕玲，喻平. 对数学理解的再认识[J]. 数学教育学报，2002(8).

② 陈琼，翁凯庆. 试论数学学习中的理解学习[J]. 数学教育学报，2003(2).

一、对数学知识理解的标志

能用言语表述是衡量学生对数学知识理解的标志。言语表述是指学生能用自己的语言来正确地表述数学概念、公式、法则等数学知识,能依据自身已有的数学知识和经验对教师所讲的内容作出解释,能举出恰当的例证,能够根据数学内容来提出问题和回答问题。从学生的表述中发现学生是否认识了数学对象的外部表征,以及是否构建起相应的心理表象。

二、对数学知识确切理解的主要标志

能否进行实际操作分析是衡量学生是否达到对数学知识确切理解的主要标志。实际操作分析是指学生能根据所学的数学知识进行判断、运算、推理、证明等。在这一过程中,学生通过建立新旧知识的动态联系,打破原有的认知平衡,将数学对象的心理表象直接纳入认知结构。

三、对数学知识透彻理解的重要标志

能否进行具体运用是衡量学生是否已对数学知识深刻理解的重要标志。具体运用是指学生能综合运用所学的数学知识解决相关的数学问题。实际上,具体运用的过程也是学生对数学对象的心理表象进行改造、整理、重组,达到新的平衡,以便抽取数学对象的本质特征及规律,从而对所学数学知识加以运用的过程。

比如,在学习了平行四边形面积的计算之后,学生面对"一个平行四边形相邻两边分别是 10 厘米、8 厘米,一条边上的高为 9 厘米,它的面积是多少平方厘米?"这样一个综合性问题时,能够联系以往所学的相关知识,从不同角度进行探究和思考。正确解答此题的关键就在于找准平行四边形的高 9 厘米所对应的底边究竟是 10 厘米还是 8 厘米,这其中涉及的旧知识有"直线外一点到该直线的线段中,垂线段最短""直角三角形中,直角边应该小于斜边",再综合平行四边形面积计算公式,才能够正确解题。这些知识如果单独呈现在单一性的习题中,学生无疑是能够准确识别并解答的。但是现在它们被涂上了"保护色",加大了解题的难度,学生依然能够从题中找出关键点,灵活运用已有数学知识,这其实是对复杂背景下的数学对象进行了再认、再现,体现了学生对数学知识的深度、透彻理解。

总之,学生能把言语表述、实际操作和具体运用三者结合起来,是全面理解数学知识的标志。这种结合越好,表明理解越深。通过这三者的关系,我们就能判断学生是否理解了数学知识。

第二章 小学数学理解性探究学习概述

2001 年 6 月 8 日教育部印发《基础教育课程改革纲要(试行)》,其中的具体目标明确指出:"……改变课程实施过于强调接受学习、死记硬背、机械训练的现状,倡导学生的主动参与、乐于探究、勤于动手,培养学生收集和处理信息的能力、获取新知识的能力、分析和解决问题的能力以及交流与合作的能力。"当前,探究学习作为新课程改革提倡的一种学习方式,已日益受到广大教师的青睐,广泛存在于各式各样的课堂教学中,改变着传统的教学观念和方式。然而,探究学习在成为教育界的一种"时尚"的同时,也正悄悄地反映出一种口号化、浅表化倾向。探究学习的提出和实践是为了培养学生的独立探索和创新实践能力,但作为一种新型的学习方式,小学数学教学中的探究学习的价值是否仅限于此?怎样的数学探究学习能更好地促进小学生数学理解?针对小学生数学理解与探究学习的结合点,本课题组提出了小学数学理解性探究学习这一核心概念,并就相关问题作出探讨。

第一节 什么是小学数学理解性探究学习?

要全面认识小学数学理解性探究学习,应将探究学习和数学理解两个维度整合起来考量,必须从探究学习的内涵、特征及其价值等入手,并从数学理解的角度加以审视,进而对小学数学理解性探究学习形成完整的认识。

一、一般意义上的探究

"探究"是当前教学和科研中比较热门的词语,对其含义的理解各说不一。《辞海》(1989 年版)从语义上将探究解释为"深入探讨,反复探求事物的本质和规律"。《牛津英语词典》则认为"探究是指求索知识、信息,特别是求真的活动;是搜寻、研究、调查、检验的活动;是提问和质疑的活动"。《现代汉语大词典》的理解为"探究是探索、研究,即努力寻找答案,解决问题",而"探索,就是多方寻求答案,解决疑问","研究,就是探求事物的本质,发现规律,考虑或商讨"。

从广义上来说,探究泛指人类获取信息和理解事物的一般活动。它是人在遇到感兴趣的问题时自发产生的一种探求其答案的欲望和伴随而来的一系列思维和行为方式。可见探究是人的本性,是人类生活和工作的日常行为。

从狭义上来说,探究是指科学研究或者类似科学的研究,其含义为“探究是多层面的活动”,包括“观察,提出问题;通过浏览书籍和其他信息资源发现什么是已经知道的结论;制订调查研究的计划;提出解答、解释和预测;交流结果等。探究需要确定假设,进行批判和逻辑的思考,并且考虑其他以代替的解释”。

探究在本质上是科学家用来解释自然领域或科学问题的一种思维方式。它追求知识的确凿性,即对任何理论不轻信盲从,不迷信权威,而是用证据来证明。探究是一种过程,有一定的活动程序或阶段:形成问题、建立假设、制定研究方案、检验假设、作出结论。

探究过程始于人们注意到一些令自己感兴趣、觉得惊奇或者有疑问的现象。那些现象对于他们来说可能是完全陌生的,或者用他们以前的经验和现有的知识无法解释的。在探究的过程中,人们必须找到适合自己前进的道路。在实际探究进程中,人们前进的道路往往不是线性的,而是多渠道的,很少会一帆风顺,更多的则是由一系列反复、循环的事件组成的过程。随着探究的展开,探究者会观察到更多的现象,也会产生更多的问题,这不仅为探究者与探究对象更加深入地互动提供了机会,同时也为以后进一步深入理解提供了更大的可能。①

二、学习中的探究——探究学习

以上从广义和狭义两个维度对探究的解释,都没有反映出学生学习中的探究。学生是一个特殊的人群,学校学习是一个特定的人生阶段。在这样一种特殊人群、特定阶段的探究具有它自身的特点——它既像科学探究那样关注结果,又像人类探究那样重视过程和体验。

基于此,所谓学习中的探究,也即探究学习,是运用探究的方法进行的学习过程和活动,具体而言就是指学习者在教师的指导下,主动发现问题,以一种类似科学研究的方法,为解决问题而积极进行的观察与实验、猜想与论证、表述与交流等一系列活动,从而解决问题并获取知识。

从这一基本概念加以演绎,我们可以得出以下几点认识:

第一,探究学习的目的在于让学习者获得知识,发展能力,解决问题,培养科学态度,增加研究体验,培养富有个性的适应未来社会的完整的人。探究学习把学习者看作完整的人,把好奇心、探究欲、发现能力看作人与生俱来的本

① 宁连华.数学探究学习研究[D].南京:南京师范大学,2004:25—28.

性,把知识与能力、情感与态度视作人的有机组成部分,将发展视为学习的首要任务,把发挥个体价值看作人的生活目标。

第二,探究学习是一个包含收集与处理信息、提出与论证猜想、评价与交流结果等活动的生动过程。探究学习将学生从"服从者"的地位中解放出来,成为学习的主体,还予其选择学习的权利;而教师则从"统治者"转化为学习的组织者、引导者与合作者。探究学习的表现形式是丰富多彩、生动活泼的,它突出了学生的年龄特征和兴趣爱好,关注共性也突出个性,既有群体活动,又有个体表现。

第三,探究学习以问题或任务为载体,关注问题意识的培养。探究学习不仅关注学习者利用所学知识分析问题、解决问题的能力,更关注从日常生活和学习生活中发现问题、提出问题的能力,关注在完成一个研究项目的过程中创新精神与实践能力的培养,特别强调学习者在相应的情境中主动参与学习。

第四,探究学习强调学生积极主动地学习,突出学生的个性发展。探究学习中,学生成为学习的主人,让学生能够自主学习,即学生可自行设计学习的日程、发现问题、解决问题、组织交流与评价。这种主动性的体现有利于学生的个性伸张。

三、数学学习中的探究——数学理解性探究学习

数学课程尤其突出了学生探究学习的重要性。《数学课程标准(2011 年)》提出:"学生学习应当是一个生动活泼的、主动的和富有个性的过程,除接受学习外,动手实践、自主探索与合作交流同样是数学学习的重要方式,学生应当有足够的时间和空间经历观察、实验、猜测、计算、推理、验证等活动过程。"

按照苏斯曼(R. Suchman)的观点,探究学习向学生提供一种新的学习途径,它能使学生通过对具体事件的分析发现各种变量之间的相互关系,建立概念;会运用学生的两种内在的学习动机,一是学生在发现后受到鼓舞的高兴心情,一是在学生自觉探究和数据处理中激发的兴奋心情。学生的探究学习的最终目的是通过探究提高对所学知识的深层理解和探究能力,从而能够解决实际问题,而不是只会套用公式进行数字计算。

数学学习中的探究学习应以理解数学学习对象为目标,旨在通过探究学习活动使学生获得对数学的广泛理解。这是从目标和效果两个维度明确了数学理解性探究学习的基本要义。由此也可见,数学理解性探究学习并不单指一种具体的数学学习方式,也体现了一种关乎价值内涵的理念取向。下面具体从目标、过程和评价三个方面来谈谈数学理解性探究学习的基本内涵。

1. 目标的双重内涵:数学理解性探究学习目标关注理解数学

首先,学习者要理解数学的知识内容、方法技巧和思想策略等,达到这一理解层级的学生能够熟练、准确地解答各种数学问题,能够在测试中展现出较好的数学能力,显示出在知识层面上对数学对象的理解力。然而,不仅于此,数学理解性探究学习的更深层次目标是引导学生在数学探究学习活动中建立良好的数学观,能够通过数学去理解生活、理解世界,具备较高的数学素养。

2. 过程的动态建构:数学理解性探究学习过程关注心理建构

这个数学理解学习过程实质就是一个建构不断精细化、丰富化的数学知识结构的过程,这种结构彰显了数学知识结点间的丰富的网络性联系。数学理解性探究学习就是要促使学习者在自身原有知识网络的结点上通过探究性学习这种心智活动的不断参与,主动建构、合理联结新的知识,使其形成可靠的固着点,使之协调与平衡,并在这样的动态心理过程中不断更新和完善数学理解。

3. 评价的迁移指向:数学理解性探究学习评价关注灵活迁移

数学理解性探究学习要促进学生对已学知识产生灵活的迁移能力。这些数学知识既包括概念、规则等陈述性知识,也包括技能、方法等程序性知识,还包括在建构知识过程中所经历的心理变化、情感体验、经验发展、观念生成等诸多具有默会特征的过程性知识。评价数学理解性探究学习时应关注学习者在新的情境中灵活运用所学知识以及技能的能力,要求学习者能在知识本质内涵与大量不同新情境之间形成灵活的互动关联,做到提取方便,运用自如。

综上所述,我们认为数学理解性探究学习就是以理解数学课程内容为旨归,根据学生的心理特征及数学研究的规律性发挥学生学习的潜能,体现学生学习的主动性和积极性,使学习者在教师的指导下,以问题为导向,以类似科学探究的方法,充分利用各种数学探究课程资源,积极进行观察与实验、猜想与论证、表述与交流等一系列数学探究学习活动,收集、研究与问题相关的各种信息,提出研究问题、形成猜想、利用特例进行实验验证、演绎证明、反思推广,经历数学概念、规则命题的形成、归纳过程,体验数学问题的生成、解决及其应用的过程,在解决问题的过程中主动建构知识,理解数学对象,完善知识网络,实现灵活迁移,并在探究学习活动中提升自主探究能力,逐步建立和完善良好数学观。这样一种数学理解性探究学习过程,可以用下图来表示:

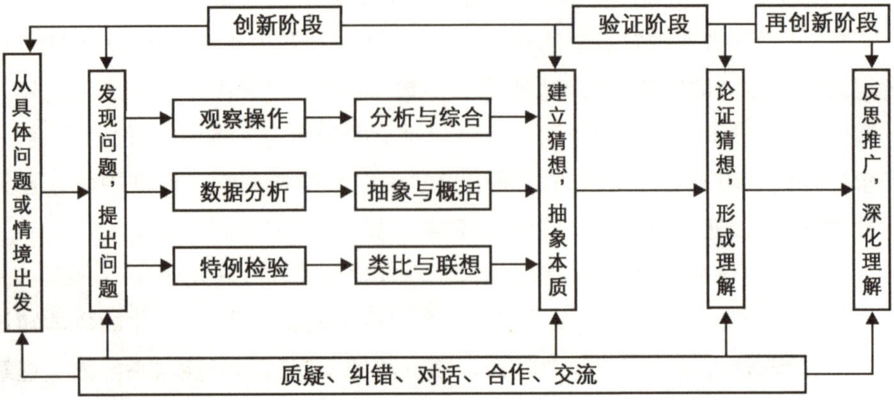

第二节　小学数学理解性探究学习具有哪些特征?

要对小学数学理解性探究学习有进一步的认识,我们还需要在上述概念定义的基础上,对其主要特征作出一定的探索和研究。笔者试图在一般性的探究学习特征的基础上,结合数学理解学习的特点,描述出小学数学理解性探究学习的基本特征。

一、一般性探究学习的特征

关于探究学习的特征,国内外学者们从不同角度进行了研究论述。美国国家研究理事会2000年组织编写了一本专著,对科学探究教与学的重要问题进行了比较系统的阐述,其中,将探究式教学的基本特征概括为五个方面的内容,即学习者围绕科学性问题展开探究活动;学习者获取可以帮助他们解释和评价科学性问题的证据;学习者要根据事实证据形成解释,对科学性问题做出回答;学习者通过比较其他可能的解释,特别是那些体现出科学性理解的解释,来评价他们自己的解释;学习者要交流和论证他们所提出的解释。

郑金洲认为探究学习作为一种新的学习方式和学习活动,体现出六个方面的特征:综合性与开放性、主动性与自主性、探究性与创造性、实践性与过程性、互动性与灵活性、层次性与超越性。高凌庵与张春燕认为探究学习具有开放性、自主性、过程性、实践性与教学方式的任务驱动性五个特征。张云亭指出,探究学习着力于学生的学,具有主体性、探究性、实践性、互动性、过程性和超越性。尹国庆在研究探究学习的内容选择时,认为探究学习的特征主要为内容选择的开放性,内容呈现的问题性,内容组织的综合性、社会性和实践性,内容层次的差异性。

把众多学者的观点加以综合，我们不难看出一般性探究学习具有的特征：

1. 学习载体的问题导向性

产生学习的根本原因是问题而不是感知。探究学习强调通过问题来进行学习，要求学生以问题作为学习的载体，自觉以问题为中心，围绕问题的发现、提出、分析和解决来组织自己的学习活动，从而形成一种强烈又稳定的问题意识，始终保持一种怀疑、困惑、焦虑、探究的心理状态，从而催生出更多的问题。在这种探究学习过程中，一方面强调通过问题来进行学习，把问题看作学习的动力、起点和贯穿学习过程中的主线；另一方面通过学习来生成问题，把学习过程看成是发现问题、提出问题、分析问题和解决问题的过程。总之，问题意识是学生进行探究学习的重要心理因素。

2. 学习主体的主动参与性

学生是教学活动的中心，是探究学习的主人。数学知识的理解、建构与学习者的主体参与程度密切相关。数学探究学习能为学生发挥主观能动性和主体参与性提供理想的空间。探究学习过程能够实现学生主体参与的全面化，力求使每一位学生都能主动参与探究的全过程；能够实现主体参与的深刻化，力求使每一位学生都能深入参与到对问题的探究中去，启动实质性的思维活动。

3. 学习目标的开放生成性

探究学习的丰富内涵决定了其学习目标必将是开放、多元、生成的。以问题驱动的探究学习是开放性的，其过程和结果是多元、生成的。学生在探索的活动中展开学习，有时不断变换学习方式，也正是在这种曲折的探索过程中，慢慢体会学习的意义，领悟探究的技巧。同时内心的情感、态度、价值观不断发生细微的变化，从幼稚走向成熟、从模糊走向清晰。有时学习使用的方法可能是幼稚的，探究的结果可能是粗糙的，但在这些过程中培养的探究精神、发展的实践能力、激发的创新意识却是可贵的。他们在学习过程中培养、发展的超越学科的共通能力，是他们受益终身的宝贵财富。

4. 学习过程的综合实践性

探究教学强调学数学的方法是做数学，强调学习与社会、科学和生活实际的联系，特别是用数学的知识发现社会和生活中的问题。为了使这一教学理念得以体现，就应在其教学中加强数学与实际的联系。探究学习要求从实际的问题中抽象出数学内容。教学中尽可能从学生熟悉的生活和其他学科的实际问题引入抽象的数学概念，得出数学规律。并且，教师要创造条件让学生把所学的数学知识运用到实际生活中去，解决实际问题，使学生认识到数学不但源于生活实践，而且用于生活实践。

5. 学习效果的真实灵活性

一方面，用来开展探究学习的问题必须反映学生的现实生活，是发生在学生身边的真实现象和问题；另一方面，在探究学习中，教师不直接告诉学生与教学目标有关的知识与认知策略，而是创造一个特定的学习环境，让学生经过探索后亲自发现和领悟它们。教师总是不断激发学生学习的主观能动性，引导学生积极分析和思考，使他们能够积极主动地从探究的一个阶段过渡到另一个阶段。因此，学生的学习效果一般是真实的，也是灵活的，有时也是不可预测的。

二、小学数学理解性探究学习的特征

同样，小学数学理解性探究学习也具备上述一般性探究学习的基本特征。当然，依照理解性探究学习的内涵来看，它更关注小学生通过探究学习活动来实现数学理解的基本目标和价值取向，因而，小学数学理解性探究学习还具有自身认知的特点。

1. 体现高级智力的主动积极参与

学习者建构对数学知识的理解一定是个体积极主动地与数学学习对象进行认知交互的过程。众所周知，数学学科具有很强的逻辑严谨性，其高度抽象的形式化特征往往将本质的意义和真实的内容隐藏在符号形式的背后，因此“数学学习更需要积极的思想活动、深刻的内部思考、广泛的知识联系……因而，数学学习更需要高水平的智力参与”。① 所以，数学理解性探究学习需要学习者投入更多的智力能量，需要表现出更加强烈的学习热情，需要展现更强的积极参与性。

2. 体现多样性和默会性融合的个体认知风格

每个人都会将诸多的个体性因素融入对数学知识的理解中。R. 柯朗把作为思想构造物的数学知识誉为“人类智慧的一种表达形式”，他所说的“一种”就是体现了对多样性的肯定。表面上抽象的、形式化与符号化的数学知识体系并不代表数学的全部，其背后所蕴藏的复杂性、生动性和探索性的多样化内涵更能展现出数学的魅力。另外，作为个体的理解过程而言，也必然会存在着理

① 吕林海. 数学理解性学习与教学研究[D]. 南京：南京师范大学，2005.

解的多样性和默会性。我们提倡开展数学理解性探究学习,也正是需要引导学生在探究过程中实现学生多种理解的相互碰撞,更好地促进学生对数学知识的理解和建构。

3. 体现理解性认知的创造性本质

数学理解性探究学习体现着一种创造性本质。数学理解推崇的是对数学对象的深层次理解,这种推崇本质上是在弘扬着思维的创造性。首先,学生对数学对象的理解,需要一种高级智力活动的参与,这种高级智力活动的核心要素其实就是思维的创造性。其次,学生在深度理解数学对象之后,才能进一步实现对新知识、新对象的再度创造,这种再度创造或是构建新知,或是解决新的实际问题,这都是在理解的基础上进行的创造性活动,是对已有知识的重新梳理和对自身思维能力的再度锤炼。

第三节 小学数学理解性探究学习有哪些类型?

在青浦实验中,顾泠沅教授根据多年的教学实验研究,将教与学分为三级水平:记忆水平的教学、解释性理解水平的教学、探究性理解水平的教学。我们针对第三级水平的教学进行研究,它是教师有目的地在新问题情境中引起学生的认知冲突,促使学生积极介入,教师、学生共同参与提出问题,共同进行研究和评价。这其实是与我们提出的数学理解性探究学习相吻合的。这样的学习,在获得知识方面,重视培养学生对新问题的敏感性,从实际问题中抽象出数学模型或作出归纳假设,探索新知识,并增强数学观念;在应用知识方面,是在相当开放的变式情境中重视对数学内容的扩展,通过推理获得通性通法,或是通过对数学问题的广泛延伸,使之同时具有对解决问题过程的合理性、完整性、简洁性的追求。

小学数学课程尽管都是初级阶段的数学知识,但其在整个数学体系中是最基本的东西,是后续学习的基础,在这个阶段,教师要在教学数学基础知识的过程中,注重培养学生良好的数学学习素养,尤其是要让学生积累数学学习的基本经验,感悟初步的数学思想方法。针对小学阶段数学课程内容的基础性和丰富性、学习方式的多样性和综合性、儿童思维由直观性向逻辑性过渡等特点,我们开展小学数学理解性探究学习也应注意针对不同的学习内容采用不同的探究学习类型和层次。

一、基于操作体验层面的理解性探究学习

小学生以形象直观思维为主，随着年龄的增长，逐步向抽象逻辑思维过渡。鉴于这样的思维特点，小学生进行探究性活动时相当多的是以直观操作、形象感知等具体实践体验活动为主的。这种类型层次的探究学习活动主要是以测量、制作、摆放、实验、游戏等外部动手实践操作活动为支撑，获取对客观事物、事实的直观感知，形成具体的个性化体验和感悟，在此基础上进行猜想、验证、推理、归纳、抽象等数学思维活动，以实现对数学对象的理解。由于这样的探究活动注重操作、形式活泼、趣味性强、符合儿童心理特征，对小学生具有较强的吸引力，因而在小学数学学习中经常被采用，适合许多小学数学知识技能的理解性探究学习。

比如，在学习两位数减一位数的退位减法时，如 35 －8，不少学生在练习过程还经常会出现个位上减不够时倒过来减的错误。其实，这可以被认为是学生对退位减法的基本算理理解不够到位，而不能简单归结为学生的粗心大意。这一学习内容在整个小学整数减法计算中处在一个承上启下的关键点上，一般被认为是小学数学学习的核心内容，因而在这一内容的教学中，教师往往会设计探究学习活动，启发学生开展学具操作实践活动，借助操作小棒，动手实践，动口表述操作过程，并逐步抽象其中的数学思维过程，获取直接而丰富的数学感性经验支撑，为理解退位减法的算理夯实经验基础。在操作中紧扣住“拿出一捆小棒，打开变成 10 根，再和 5 根合成 15 根，然后再减去 8 根”，学生在充分表述和归纳中逐步实现对退位减法这一难点的突破，同时，教师还应引导学生逐步脱离小棒操作，实现对基本算理的概括，形成计算经验，并把这一操作实践活动的经验加以积累和提升。

诸如此类的数学操作实践的探究学习活动在小学数学课堂上是较多的，但总体上说，这种理解性探究学习活动起点、成分较低，探究方向和过程基本以教师确定与控制为主，属于浅层次、低要求的局部、封闭式探究。值得注意的是，这种操作体验层面的探究学习活动，不应过多地停留在纯外部操作活动上，而应及时帮助学生从直观操作层面提升到内部数学思维操作层面上去，这才是理解性探究学习活动的精髓所在。正如成功智力理论的提出者斯滕伯格所说，以生活类操作为特征的实践性思维对学习的作用是不容忽视的，但是这种作用只有上升到更高层次的分析性思维才是真正有效的。就数学探究学习而言，必须将外部热闹、花哨的实践性操作引导到对事实、现象的数学思考上，即由“经验

数学”上升到“理性数学”，才能提升探究的水平。①

二、基于情境认知层面的理解性探究学习

这一层次的理解性探究学习主要是教师根据学习任务的背景、特征以及知识生成的思维过程，设计相关的认知情境，将探究活动镶嵌在真实或模拟真实的情境中展开，使探究任务生动有趣，充分调动学生参与的积极性，在真实、具有挑战性的认知情境中开展丰富的探究学习活动，逐步建构数学模型，达成数学理解。这种学习过程，也正体现了数学课程标准中所说的“从实际背景中抽象出数学问题、构建数学模型、得到结果、解决问题的过程”。在这样的探究、分析、思考过程中，丰富探究的内涵，提升探究的层次。

这种基于认知情境来引导学生开展探究学习活动的教学，通常也被称为“抛锚式”教学，即以蕴含着知识的情境（称为“锚”）作为维系探究学习的支架，学生以此为探究的方向和目标，开展系列探究学习活动。这种教学理论认为：知识必然有其赖以生长、解释的情境，在一定的情境下探寻“知识场”，理解知识，才更深刻有效。

在“圆的认识”的教学中，有位老师就设计了“寻宝活动”这个非常巧妙的学习素材和活动情境，为学生形成“圆”的概念搭建了一个有意义的认知平台。在寻宝活动情境中，老师给学生的提示信息是“宝物在距离你左脚 3 米的地方”。活动一下子抓住了学生的好奇心，让学生快乐地投入到老师设定的带有数学意味的情境中。老师先让学生们在头脑中想一想宝物可能在哪里，然后在作业纸上把宝物“点”出来。学生找到了很多，当宝物越来越多时，就呈现出连点成曲线的“圆”形来了。此时，学生对圆概念内涵的把握已经超越了单纯从实物抽象的水平。他们在老师的引导下，已经从圆的轨迹定义层面来把握圆概念的本质内涵了。这个有效的活动情境真正引发了学生对概念本质特征的自觉探索，让学生经历了概念引入的完整过程，为概念的形成奠定了坚实基础。

在一般人的眼里，数学重视抽象推理、形式演算，是“枯燥乏味”的。而基于情境认知的理解性探究学习设计就是要注重挖掘数学知识存在的意义背景，并据此设计出合理的探究活动情境，引导学生有趣地学习数学，感知数学的亲切和温度，感受数学“冰冷、美丽外表”下饱含的“火热思考”。

当然，设计基于情境的探究活动必须要注重挖掘数学知识的背景，以合理

① 宁连华. 数学探究教学设计研究[J]. 数学教育学报，2006(4).

的问题切入展开探究性学习的过程。完成这样的设计是具有一定难度的，它要求教师不仅要具备较深厚的专业功底，而且要有一定的探索精神和创新意识。这也决定了基于情境的探究教学设计是属于较高层次的“半开放式探究”。

三、基于开放问题层面的理解性探究学习

构建科学、可行而又具有探究价值的开放性问题是这类探究教学设计的关键。就问题本身而言，设计时可以考虑以下几种类型：(1)条件开放的开放性问题，即求解问题所需的条件或过多，或不足，或不够明确、完备，学生无法直接根据给出的条件来解决问题。(2)方法开放的开放性问题，即问题的求解思路、方法多种多样，且使用何种方法展开探究没有明确的暗示和导向，“条条大路通罗马”正是方法开放的真实写照。(3)结论开放的开放性问题，即结论不是唯一确定的，根据着眼点的不同可以探索出不同的结论。特别是，探索出什么样的结论并不是最重要的，学习者一定程度上的过程体验才是这类问题探究的精神实质。

下面是一个开放式探究学习活动的案例：

在一堂复习课上，教师出了一道“课改题”：本市出租车的计费方法是3千米以内(包括3千米)8元，3千米之外每千米1.8元，小明一家三口人乘出租车去离家6千米的外婆家，他们共要付多少元出租车费？学生在审题以后便动笔计算起来了，不一会儿，学生们都有了答案。他们将解题思路说得比较清楚：先想前3千米共花8元，还剩下3千米，要花$1.8\times3=5.4$元，两部分的价钱合起来是13.4元。因为学生有类似的乘出租车的实际经验，所以解答起来自然就容易了。于是教师又把题目变成了逆向思考的情形，再考考学生：本市出租车的计费方法是3千米以内(包括3千米)8元，3千米之外每千米1.8元，妈妈给小明19.7元，他最多能乘多少千米？学生因为熟悉了其中的数量关系，解答此题也没有什么大的障碍，有的学生运用列方程解应用题的方法，也很容易地解答出来，还有些学生直接运用算术方法解出。

教学过程挺顺利的，为了巩固解题策略，教师还特意补充了一道同类型的生活问题让学生练习：某城市市内公用电话的计费方法是前3分钟之内(包括3分钟)为0.2元，以后每分钟0.1元。妈妈给小红1.2元让她给本市的奶奶通话，小红最多可以与奶奶通话多少分钟？因为有了上面两题的解题经验，绝大部分学生都能够快速迁移解题方法，较快算出结果：$1.2-0.2=1$(元)，$1\div0.1=10$(分钟)，$10+3=13$(分钟)。学生无疑是掌握了解题的关键：将总共花去的钱看作由两部分组成。此时另一位学生突然站起来说：“老师，你们的答案不

对，如果让我用1.2元去打电话，我可以打18分钟！”全班同学都愣住了，有些莫名其妙，甚至有点怀疑自己的耳朵。该同学解释说：“因为前3分钟（包括3分钟）共收费0.2元，所以我打了3分钟便挂电话，然后再拨通，打3分钟再挂断，这样1.2元一共可以打6个3分钟，不就是可以打18分钟了吗？”大家顿时恍然大悟，并不由地为他鼓起掌来！

这样一来，引得其他同学对前面做的乘出租车的问题也起了怀疑，纷纷按照该同学的解题思路重新计算。不一会儿，有些同学做出来了：妈妈给小明19.7元，如果按该同学的方法只能乘8千米多些，$19.7 \div 8 = 2$（个）……3.7（元），$3.7 \div 1.8 = 2$（千米）……0.1（元），$3 \times 2 + 2 = 8$（千米）。其他同学也算出来了，咦！刚才算出的答案是9千米，怎么按这个“精明”的方法算，只能乘8千米多一些呢？大家也都满脸疑惑。

同样的方法，怎么会有时可行，有时又不行呢？老师引导学生们进行了深入探究。通过对起步价中每千米的单价与起步价后的单价相比，发现前者要高于后者，因此将两段的总价分开来算比较合算；而在打电话一题中，前3分钟的单价是0.06元多些，而3分钟后的单价是0.1元，前3分钟的单价低于3分钟后的单价，因此用该同学的精明之举比较合算。原来如此！经过师生共同探究，大家明白了其中的道理。

将学习任务以一个或多个具有较高思维价值的开放性问题呈现，这样的问题一般具有足够的吸引力，能够激起学生的认知冲突，“迫使”学生以“科学研究者”的姿态主动参与，认真尝试、猜测、探索，亲身感受和经历数学发现的过程。这就是条件开放、方向不明、结论未知的“自由式”探究。又由于这样的探究活动通常要涉及学生的创造性、发散性、批判性等高层次思维品质，因而属于数学探究教学设计的最高层次。

二 建构篇

JIANGOUPIAN

第三章　小学数学理解性探究学习的系统解构

小学数学理解性探究学习是一种数学学习的方式，也是小学数学课堂教学的一种基本范式。课题组在相关理论资料学习、课堂教学实践研讨的过程中，感觉到它是一个独特的教与学的完整系统。因而，我们在探索和实践中对这个系统进行了深入剖析，从数学理解性探究学习开展的基本条件、认知心理过程、目标指向、内容选择、设计要素以及探究技能培养等方面进行精心解构，提出了一些不成熟的观点。

第一节　开展理解性探究学习需要哪些基本条件?

数学理解性探究学习是新课程理念下的数学学习方式，它是一种基于自主探究活动的学习，因而它也更多地体现为一种认知心理活动过程。这种认知过程的发生源于适切的探究活动情境对学生的作用。在一定的探究场所和新异的探究情境刺激下，学生会产生本能的探究欲望，这是数学探究学习发生所必不可少的构成要素。

儿童天生具有好奇心和探究欲。当他们处在一个使他们感到困惑的环境时，就会本能地开始探究。这便是理解性探究学习的起源。但是，这并不是说学生的任何数学学习过程都必然会成为探究的过程，因为学生的数学学习还有接受学习等其他重要的方式。事实上，只有在一定的条件下，学生的数学学习过程才可能成为探究学习的过程。这些条件既包括客观环境方面的，也包括主观人为创造方面的。一般来说，主要包括以下几个方面：

一、有可能且有必要探究的学习材料

小学数学知识是整个数学知识体系中最为基础的内容。然而对于小学生来说，受其年龄特征的影响，他们在学习过程中面对一些基本概念、规则等的学习时，存在着不同的难易程度。从学习心理来看，那些简单易学的数学学习内容，一般是不能引起学生的探究欲望的，因为他们不需要经过探究就能有所发现，他们只需要凭借已有的生活和认知经验基础，就能加以同化和吸收，并内化为自身的认知结构直至理解掌握。但对于小学生来讲，这样的内容并不占多数，因为他们毕竟是小学生，其年龄、思维特征和生活经验决定了他们的认知结构还是粗浅的，认识事物的过程也是比较缓慢的，因而探究学习活动必然成为其主要的学习方式。

然而这也并不等于说小学阶段所有的数学学习内容都必须要学生经历探究才能获取和建构，很多时候，不少内容可以由教师直接讲授。特别是那些描述性的数学概念，如“表示左右相等的式子叫做等式”“含有未知数的等式叫做方程”“有两条边相等的三角形叫做等腰三角形”“三条边都相等的三角形叫做等边三角形，也叫做正三角形”……这类定义式的概念，由于其条件和结论十分明显，不需要再花很大的精力去探究，学生也很容易抓住数学概念的本质，因此，采用接受式教学方式比较适合。当然，小学数学中还有一些学习内容其本身具有一定的主观规定性，是一些约定俗成的东西，这些内容也不必让学生去探究，可由教师进行直接讲授。比如，在“用字母表示数”一课中，关于乘号的省略规则，是一种约定俗成，不需要由学生再去花时间探究，可由学生直接读书并记住就行。当然，一些老师会引导学生发现乘号和字母 X 之间相像，改写为“ · ”又与小数点混淆，以此来强化学生对规则的理解，这也无可厚非，但这并不属于探究学习的范畴。

我们认为，从学习材料的角度看开展理解性探究学习的基本条件，就是学生所学习的数学材料是有可能且有必要探究的内容。而所谓有可能且有必要探究的学习材料，则是指学生现有的认知结构和认知方式无法直接同化和吸收，但在教师引导和学生主动探究下能够凭借已有的知识经验来建构和内化的学习材料。这样的学习材料在小学数学教材中比比皆是。例如，低年级认识乘法这个核心概念时，就应该让学生经历主动探究和发现的过程。因为乘法概念对学生来说是全新的，单凭教师的讲授，学生是无法真正理解其内涵并在头脑中建构和纳入的。因而在教学中，教师应该为学生提供丰富的、有结构的感知材料，如两只两只出现的小兔、三只三只出现的小鸡等，让学生在计算只数时感到相同加数连续多次相加，有点麻烦，此时便萌生了求简便、省事的念头，在这种认知冲突下，让学生主动地创造发明新写法，凭借学生们的“奇思妙想”逐步引导、揭示乘法的概念，就是一种水到渠成的教学，体现了数学理解性探究学习的基本要义。这样的学习材料是有必要且有可能进行探究学习的，这样的学习有利于学生对数学知识的深度理解。

除上述例子外，还有许多内容也是有必要且有可能进行理解性探究学习的，如“三角形三边的关系”“三角形内角和”“长方形面积计算”“运算律”“解决问题的策略”等,都适合采用探究学习方式进行教学。面对这样的学习材料,学生要想真正掌握、内化,就必然要经过一番探索,并有所发现,要让学生根据自己的学习目的和知识客体的特性操纵知识客体,同时对自身的认知结构和认知方式进行调整、改造和变革,以便在知识客体和自身的认知结构之间建立内在的联系,从而将外在的知识真正内化到自己已有的认知结构之中。

当然,教师设计探究性学习时,设计的问题需要具有一定的难度,但也不可难到高不可攀,因为望而生畏的难题容易挫伤学生继续前进的积极性。教师应当根据学生的实际情况,选择难度适中的学习材料,或给以必要的提示,以确保探究的价值与可行性。

二、数学问题情境的引导

问题是数学理解性探究学习的根本载体。由数学理解性探究学习的基本内涵可知,其学习过程实质上就是以一系列合适、合理的数学问题为导引而展开的数学活动过程。创设一个由问题引出的情境、实验或悬念,激发学生去动手、动脑,并在探究过程中发现、产生新的问题,进一步思索、猜想、反思、寻求方法……可以说,“问题”是探究学习的启动器和动力源,是从未知到已知、从静态到动态的转换器,是维系数学探究活动的纽带。但应注意,“问题”的呈现必须与学生已有数学认知结构的发展水平处于适度的关系,这种适度性表现为既有新奇的一面,又有熟悉的一面;既有适应之处,又有不适应之处。总的来说,问题情境一般应具有一定的新异性,尽量超出学生的预期,体现出一定的“最近发展区”,要能使学生形成必要的认知冲突。

值得一提的是,这里所提及的“问题”,并非是指日常课堂教学中的师生之间普遍性的一问一答的提问问题。我们必须要具体把握理解性探究学习中的“问题”与一般教学的“问—答”式中的“问题”之间的显著区别:①“问—答”式中的问题只要求找出这个问题的答案;而理解性探究学习中的问题是要唤起一个连环的数学探索活动,要求的不仅仅是找出这个问题的答案,更为重要的是让学生在探究活动过程中主动获取处理问题的方法、体验与感悟,进而获得对数学知识技能的深度理解。②“问—答”式中的问题一般不留出进一步展开的余地,具有“不可再生”性,属于“完整性”、“封闭性”或“可预测”问题;而理解性探究学习中的问题除了引出系列活动外,往往还能够派生出一系列相关的问题或诘问(许多问题是出乎意料的),因而具有明显的“可再生性”和一定的“难以预测性”。①

数学理解性探究学习所需的问题应该对学生具有足够的吸引力，易于成为学生思维和感知的对象，从而在学生心理上造成一种悬而未决又渴望解决的求知状态，这就是通常所说的“问题意识”。问题意识会激发学生强烈的学习愿望，从而使学生注意力高度集中，积极主动地投入探究学习活动；问题意识还可以激发学生勇于探索、创造和追求真理的科学精神。

没有强烈的问题意识，就不可能激发学生认识的冲动性和思维的活跃性，更不可能开发学生的求异思维和创造思维，从而也就无从探究、发现。在问题情境创设时，教师应充分甄别其思维含量，要让问题情境能够与学生的认知基础发生巧妙的、实质性的作用，促进新知的建构。比如，张齐华老师在执教“认识整万数”时，便很好地做到了这一点。学生在认识整万数之前，已经认识了万以内的整数，在平时的学习中对万以内整数的计数单位、数位以及十进制计数法都已有了较为深刻的理解。张老师敏锐地把握住数学知识本身的内在联系及其规律性，并充分发挥其在知识结构扩展中的作用，巧妙设计了拨数的游戏：让学生在只有个级的计数器上拨出 3，30，300，3000 四个数。这个环节不仅帮助学生回顾了相关的数的概念，进一步理解了“同样多的珠子在不同的数位上能表示不同的数”的道理，而且进一步巩固了十进制计数法，为后续创造性认识计数单位“万”奠定了基础。当游戏进入到拨 30000 这个数时，教师精心创设的问题情境与学生已有认知基础之间发生了巧妙的作用。“在现有的计数器上拨不出 30000，能想办法拨出 30000 吗？”这个问题的抛出，给学生的思维带来了一次挑战。在尝试与创造中，学生们产生了“合并两个计数器变成八位计数器”的奇思妙想。在交流讨论中，学生们用自己朴素而真实的操作性语言道出了计数单位“万”的概念本质。

总之，良好、适切的数学问题情境是理解性探究学习的必需条件，教师应让学生们置身于适合自主创造的问题情境中，凭借学生们已有的认知基础，充分发挥学生的学习潜能，在自主探究学习中实现对数学知识本质的充分理解和自主建构。

三、学生具备一定的数学推理能力

学生从事数学理解性探究学习活动必须要具备一定的数学推理能力。学

① 钱峰. 数学探究学习发生的条件分析[J]. 数学之友，2011(4).

生要在给出的数学问题情境中探究、建构数学模型，就必须清晰地分辨出该情境中的重要因素而舍去不重要的因素，也就是说要抓住问题的本质因素而舍去非本质因素。要达到这样的目标，必须依靠恰当的数学推理，通过适当的推理过程进行分析、判断和选择。数学成绩优秀的学生往往能够在较短时间内洞察数学问题的特征，确立探究的方向，这很大程度上依赖于他们较为扎实的数学推理功底。相反，一些学生正是因为数学推理能力欠缺，导致不能够清晰地把握数学问题的主要特征，面对数学问题往往会无从下手，找不到解题的方向和路径。因此，数学理解性探究学习还应有一定的推理能力作为基本条件，少了它，探究活动将无法展开。

数学教育家斯滕伯格认为数学推理具有三种基本方式：分析性推理、创造性推理和实践性推理。这三种基本方式在数学探究学习过程中同时起着重要的作用。其中，分析性推理倾向于演绎式逻辑分析，创造性推理倾向于直觉、猜想与发现的活动过程，而实践性推理则是指在具体、真实的问题情境中推断、策划解决问题的办法。斯滕伯格并强调指出，分析性推理是数学推理的基本要素，也是数学探究活动的主体过程，因为它在一定程度上对后两者具有明显的促进和制约作用。但有效的数学探究活动应同时注意培养和评估三个方面的推理能力。

开展数学探究学习必须要将数学问题数式化。这种数式化包括把文字呈现的问题“翻译”为数学符号、数学算式等呈现的问题，或从实际问题中提炼出数学模型，或从一类问题中提炼出具有代表性的数学表达式，等等。这种转化的过程必须要依靠数学推理的上述几种方式。因而，是否具备相应的推理能力，直接影响到学生探究学习活动的成败。为了有效地将数学问题数式化，一般采用两个探究策略：一是就给出的材料借助创造性和实践性推理，探索相关性的问题；二是思考“倘若不是这样，将会怎样”的分析、反思性推理。后者的反思性分析推理能使探究的层次更为深入，也会使学生对数学知识技能的理解更为深刻。当然，这对学生推理能力的要求也就更高。

另外，需要说明的是，数学推理活动与数学探究活动不是前后相继的两个阶段，即不是先具备了推理能力才能开展探究活动，两者其实是相辅相成、互为促进的，数学推理的过程本身是一个探究活动过程，而数学探究活动也同样需要具备一定的数学推理能力。

四、良好的主体参与环境

主体参与是探究学习的根本保证，没有主体的全身心投入，设计再好的探究活动也只能是纸上谈兵。但要学习者主体有效地参与探究活动，必须创设良好的探究学习环境。就数学探究学习所需的环境而言，可以分为“硬环境”和“软环境”。“硬环境”指探究所需的学习材料、活动场所等客观物质条件，如教室器材、学具物品、图书资料、电脑软件等。而“软环境”则指融洽的课堂气氛、自由的探究空间、浓厚的探究风气等。从数学学科的特点来看，“硬环境”对数学探究学习不具有决定作用，“软环境”才是制约数学探究学习的根本原因，它决定了主体参与探究的主动性和积极性。

营造主体参与探究的良好“软环境”至关重要。因为独立钻研、缜密思考作为数学理解性探究学习的主要特色，必须建立在自觉自愿的基础之上，如果是被强制或者勉强地参与学习，不可能收到良好的探究效果。反之，如果学生处在一个开放、民主、充满信任和鼓励、轻松愉快的环境里，则容易形成一种情绪高涨、思维活跃的最佳探究欲望，参与探究学习的热情和效率自然也就较高。因而，在数学课堂教学中，教师要为学生营造良好的有利于学生自主探究学习活动开展的环境，努力做到“二多二少”：(1)多点时空，让学生思考与操作。时间和空间是探究学习活动的重要因素，教师要灵活地把握学生思考与操作的时间，并要善于打破人与人之间的界限，让学生在广阔的天地中去探索。(2)多点情感，让学生体验与感受。在课堂上，要善于营造一种良好的氛围，充斥一种积极的情感，充分挖掘教材内在的积极情感因素，调动教师本身的情感因素，与学生多一些沟通、多一些心灵之间的撞击，让学生体会与感受到探究学习的乐趣。(3)少点打断，让学生表现与完善。教师要让学生把自己要表达的意思讲述完整，不要急于打断，千万不要在学生没表达完之前急着替他说完或急于提示，甚至在学生说不出时急于让别的学生来回答。(4)少点否定，给学生信心与勇气。学生的发言不一定尽善尽美，甚至会有明显的错误，教师要站在学生的立场上加以考虑，努力发现其思维的闪光点，不要急于否定，一棍子打死，要用富于艺术性的语言使学生在教师的评价中得到信心和勇气。这样，学生才能在课堂探究学习活动中得到参与的乐趣，体验成功的快乐，增强成功探究学习的信心。

第二节　理解性探究学习具有怎样的认知心理过程？

理解性探究学习是以问题为导向，在尝试解决问题的过程中建构新知的活动。因此，理解性探究活动的核心过程是一个解决数学问题的过程，这个认知心理过程可以用下图表示：

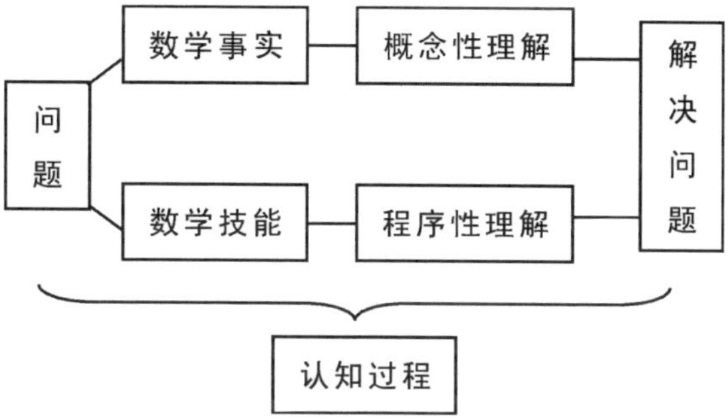

在这一解决问题的数学探究过程中，学习者的概念性理解和程序性理解会起到重要作用，前者涉及学习者对有关数学事实性知识的识记、回忆，对概念本质特征、定义、公式等的理解，相关概念在新情境中的应用以及解决问题过程中不同概念之间的综合联系等；后者涉及对算法、规则、策略等数学技能的识记和回忆，更为重要的是学习者在推理的基础上对数学技能进行分解、组合、深化等理解后的精细加工处理。①

数学理解性探究学习是以解决问题为核心的，在解决问题的过程中进行一系列的尝试探究活动，在解决问题的同时促成学习者对数学知识的意义建构。学生对一个数学问题的探究过程大致可以分为问题表征与假设生成、原型匹配与调整重组、自我监控与反省概括三个互相交织的基本认知活动线索。因此，理解性探究学习的基本认知心理过程可以分为三个基本认知活动阶段。

一、问题表征与假设生成

数学探究学习开始于需要探索的问题，这种问题往往与学习者原有的领域知识密切相关，学习者要基于有关的背景知识来形成对问题的理解，明确问题的结构，确定问题所涉及的各个变量，澄清已知的某些变量关系，明确要探索的变量关系，也就是要形成对所探索问题的心理表征。

① 宁连华. 数学探究学习研究[D]. 南京：南京师范大学，2004.

问题表征是个性化的，学习者基于自己的背景知识和已有的数学活动经验，通过分析和直觉的数学思维活动，有选择地注意问题情境的某些特征，并确定所要探索的变量关系的各种可能性，即形成各个可能的假设，并对各种假设的合理性进行大概的评价和权衡。

问题表征的深度直接影响到探究活动的进程。面对实际的数学问题，学生往往要从题目所给的信息中抽出关键的字句，把实际问题表征为一个数学问题。解决问题能力强的同学可能会将问题表征为与已有原型相关的任务，运用某种模型进行思维，也能灵活地变换表征角度，把同一个问题空间表征为不同的形式，而不是按照问题的呈现形式直接分解任务。这样，探究的路子和范围无形中得以拓宽。

关于长方体和正方体体积问题的练习课上，有这样一道习题：

在一个长 24 厘米、宽 9 厘米、高 8 厘米的长方形水槽中注入 6 厘米深的水，然后放入一个棱长 6 厘米的正方体铁块，水面上升了多少厘米？

因为这是学完长方体、正方体体积计算后的第一堂练习课，所以对班中绝大部分学生来说，他们还是第一次见到此类综合性的体积问题。老师并没有给予学生相应的提示，而是让学生们进行自主探索、尝试解答。过了一段时间后，多数学生相继解决了这个问题，还有一部分学生存在困难，仍在冥思苦想而不得其解。从学生的交流讨论中可以看出学生的探究思维活动的起始就是表征问题、假设生成。具体来说，学生进行了以下一些思考：

(1) 读了题目之后，明确了题中的条件、已知数，弄清了要求的问题。

从表面上看，学生已经知道了条件和问题，但还只是文字层面的。

(2) 进行了事理、过程的想象，根据平常生活中的经验，当铁块放入水中时，水面就上升了。

此时，学生已经弄清楚了问题的实质。

(3) 水在有形的容器中也是有形的，上升的高度其实就是什么呢？就是上升的“长方体水形”的高度。

此时，学生已经凭借对数学概念、事理的理解，形成了对问题解决方案的个性化假设，并灵活地在头脑中建构了一个数学模型。

二、原型匹配与调整重组

学习者在识别了某个具体数学问题的类型及其特征，并作出个性化理解和可能性假设之后，一般首先与个人头脑中长时记忆里的原型进行匹配，寻求解决问题的策略。专家之所以能在瞬间解决一些数学问题,正在于其原型丰富,匹配迅速,已达自动化的程度。即便头脑中没有现成的原型可与新问题情形匹配,也能凭借其丰富的解题知识块,从问题信息所呈现的蛛丝马迹中洞察出解题的方向,并结合已有的原型和新问题的特征进行必要的调整和重组,探索出解决问题的策略。正如围棋高手记住了大量的定式后,重组、应变的能力自然增强一样。

在上例中,学生继续探究必然经历以下思考:

要求长方体的高,这是一个与体积有关的问题。长方体的体积÷底面积=高,这是一个重要的公式。然而,上升的水的体积是多少呢?

上升的水的体积也就是放入的铁块的体积,这样就找到了一个至关重要的关系。

正方体铁块的体积可由棱长×棱长×棱长求得,这也就是上升的水的体积。

上升的水的体积(即铁块的体积)÷水槽底面积=水上升的高度。

此时学生已经在头脑中实现了体积的转化,完成了原型匹配和调整重组的探究过程,探索出了解决问题的策略。面对一个新问题,学生依照解决问题的基本思路,进行分析思考,调用相关生活经验和已有知识基础,成功地找到了解决新问题的金钥匙。探究能力强的同学头脑中储存的不是具体的问题,而是一类问题的共同特征,不是具体的方法,而是此类问题的分析思路。这样,在遇到陌生的问题情境时,会把相近的原型加以改造,创造新的联结,得到新的原型,至少可以确定进一步探索的方向。

三、自我监控与反省概括

数学探究学习是一种更为突出自我引导的学习活动。在这种学习过程中,学习者的自我监控显得尤为重要,这包括学习者对问题探究过程的计划、监视和调节。这种自我监控融会、贯穿于问题表征与假设生成以及原型匹配与重组改造的整个活动过程中,如检验表征是否恰当,解题受阻时的原因分析和变通,形成新原型的创造性等。只不过,在整个探究过程中,自我监控活动往往在瞬间完成,它的存在不易觉察。

学习者为了从探究活动中建构起相应的概念、原理,发展更高水平的认知技能,针对探究活动的反省概括将成为一种具有重要意义的活动。反省概括包括两个最基本的含义:

反省性抽象。探究活动所形成的新意义往往隐含于探究过程之中，为了达成有效的知识建构，学习者需要监察、回顾问题的结构特征及其解决过程，再现、抽象出其中的意义要点，从过程中概括出原理性知识或认知策略。

反省性整合。学习者需要按照探究活动中意义推论的逻辑路线，依据它们之间的逻辑联系，将所涉及的各种意义要点联系起来，并将它们与作为其基础的原理概念、相关的背景经验、探究中的各种事实资料联系起来，形成良好的知识结构。反省概括的内容既包括原理性知识，也包括有关探究活动的程序性知识和策略性知识。

在上述例子中，老师在其中做了一个小手脚，形成了“一数之差”：

在一个长24厘米、宽9厘米、高8厘米的长方形水槽中注入4厘米深的水，然后放入一个棱长6厘米的正方体铁块，水面上升了多少厘米？

学生经历了如下的探究学习过程：

(1)初次答题过程。

学生一看到这题，似曾相识，毫不犹豫地解答起来，由于已经有了上次成功解答的经历，这次解题可以说是毫不费劲，一会儿工夫就做完了。在交流汇报中，学生的解答过程如下：

$6\times6\times6\div(24\times9)=1$(厘米)。

解答思路仍是“上升的水的体积(即铁块的体积)÷水槽底面积＝水上升的高度”。

然而“水面上升1厘米”这个答案是错误的。学生们的答题情况是在老师意料之中的，已有的认知经验导致了认知上的误区与障碍。

(2)再次探索过程。

怎样让学生认识到这个答案是错误的？是老师直接指出，还是有学生通过反思回顾，自己主动意识到呢？

老师采取了后者。因为在一次完整的解题过程中，自我回顾反思也是必不可少的，而这一个环节往往是学生们所忽略的，借此机会正好可以让学生体会到回顾反思的重要性。

让学生们反思什么呢？为了引领学生的思路，老师提出这样一个问题：上升后水面有多高？你们发现了什么？

学生们讨论开了：

“上升后水面高度为5厘米(4＋1)。”

“铁块的高度是6厘米，铁块并没有被水浸没。”

“上升的水的体积并不是铁块的全部体积，再用铁块的体积去除容器的底面积就不对了。”

那又该如何解决这个新问题呢？首先还是要重新认识问题，要从生活与数学的角度还原出问题的原型，建立起数学模型。老师提问引导：既然没有浸没铁块，那么想象一下，这是怎样的一种形态？以下是学生的讨论交流情况：

“能不能把它看作是一种特别的容器？它的底面形状变成怎样的了？”

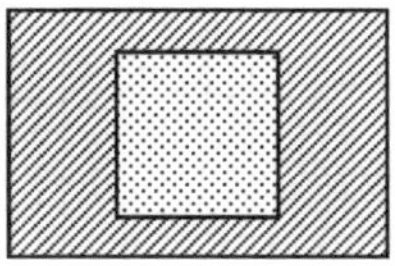

“容器的底面积变小了（如图所示），变成 $24\times9-6\times6=180$ 平方厘米了。”

“在这个特别的容器中，水的高度是多少呢？”

“水的总体积没有变化，只是底面积变了，根据体积÷底面积就可算出现在水的高度了。”

“上升的高度可以用后来水的高度减去原来水的高度求得。”

至此，新问题的解决方案已经基本拟订了，接下来就是学生去实施计划、解决问题了。

解决问题后，教师再次引导学生回顾整理解题过程。

这个问题与原来的问题有什么本质区别？以下是学生的反思：

“最根本的区别是水有没有浸没铁块。”

“浸没的情况可以用上升水的体积÷原来容器的底面积求得答案。”

“没浸没的情况下可以把容器想象成一个特殊容器，求出后来水面的高度，再减去原来高度就是上升的高度。”

总之，数学探究学习认知过程的三种基本活动——问题表征与假设生成、原型匹配与调整重组、自我监控与反思概括，形成了一条螺旋递进、相互依存的探索活动链。①

在把握这一活动序列时，还需注意以下几点：

一是问题表征是假设生成的基础。假设空间不是一个预先存在的客观结

① 宁连华．数学探究学习研究［D］．南京：南京师范大学，2004．

构,而是学习者基于原有知识通过积极的数学推理活动建构起来的,是学习者对问题结构及可能存在的关系所生成的理解。因此,假设的生成不只是一个搜索过程,更是一个建构理解的过程。

二是原型匹配与调整重组是整个探究活动的骨架。尤其是调整重组要求学习者的心理参与程度最高,因为大多数需要探究的问题,没有现成的原型可供匹配,就需要解题者灵活变通,创造性地调整、重组,建立新的原型。

三是在整个探究活动中,除了用以维持、调节探究学习过程的自我监控活动以外,学习者的反思概括可能是一个非常重要的环节。它一方面要通过反省性抽象来提炼出所获得的意义和技能,同时又要通过反省性整合将所获得的新经验与更广的知识结构整合起来。

第三节　理解性探究学习有哪些目标指向?

探究学习既是一种必需的学习方式,也是一种有效学习的理念。相对于接受式学习来说,探究学习注重由学生亲历数学知识的形成过程,在主体探究活动中厘清、把握数学对象本质,主动建构数学新知,不断完善认知结构。它是一种建立在学生个体主动性充分发挥的基础上的有效学习。就名称而言,学生开展数学理解性探究学习的最根本目标是促进自身数学理解的形成以及不断增长。这是理解性探究学习的总体目标,但作为一种数学理解性学习方式,其具有多方面的具体目标。结合《数学课程标准(2011)》中提出的课程目标来说,理解性探究学习在学生数学“四基”、“四能”以及情感、态度、价值观等方面目标的落实上,都具有很明确的指向性。

一、指向数学本质的理解

学生对数学知识、对象本质的理解,是数学理解性探究学习的首要目标。数学新知的理解需要一个形成过程。就理解的本质内涵来看,数学知识的理解是学习者逐渐地将现存的网络与新的信息联系起来形成的,或是在以前没有联系的信息之间建立起新的联系而形成的。理解的形成不是一种或有或无的现象。理解某一数学知识不是一蹴而就的或者丝毫没有的现象,而是一个逐渐产生的螺旋上升的过程。

同时,探究学习,还能促进学生对数学对象理解的不断增长。认知专家在对学生的理解过程作仔细分析后发现,理解增长的方式主要是网络中原有表征形式之间联系的调整。这种调整、变化就是重新组织。经过重新组织后形成新的联系,旧的联系可以被改变或抛弃。希尔伯特教授曾着重指出,这一组织过程并非一帆风顺,有可能是一个更为紊乱的过程,有时候表现成暂时的倒退,但最终的方向是进步,一般是网络的变大或网络的组织更完善。当产生一个更具有丰富的联系和凝聚力的网络时,理解就增长了。

数学理解性探究学习是一种关注学习者主动探究新知过程的学习活动,它讲究的是一种"有过程"的教学,在过程中实现对数学对象本质的理解。

例如,在探究"圆的面积"时,有如下探究过程:

师:(出示圆形)我们已经认识了圆并会求圆的周长,这节课我们将共同学习"圆的面积",那么什么是圆的面积?怎样求这个圆的面积呢?请同学们猜想一下。

生:(思考片刻后回答)可以用剪拼的方法试一试,看能否把圆形剪拼成我们学过的规则图形,再求出它的面积。

师:那好,现在就请你们以小组为单位,动手剪一剪,拼一拼,看一看能否把圆形转化成我们学过的图形来求面积。

(1)小组合作动手剪拼。

(2)汇报结果。

生 1:可以把圆形对拼成扇形。(学生演示:把一个圆形对折,再对折,平均分成四份,先求出一份,然后再乘四就行了)

师 :(指上面的图形)这个扇形面积你们会求吗?(生:摇摇头)看来,这种方法行不通。

生 2: 我们把圆形平均分成四份后拼成的图形貌似平行四边形,但不规则。

(3)教师肯定同学们的想法后引导:拼成的这个图形的轮廓远看是有点像平行四边形,但边缘还是曲线,如果边缘是直线就好了。想一想:怎样能使边缘接近于直线呢?刚才你们把一个圆平均分成了四份,它就有点像平行四边形。如果像上面那样继续平分圆形,边缘的曲线会不会有变化呢?

(4)小组继续合作剪拼,再次展示拼后的作品。

生 1:我把圆平均分成 8 份,拼后发现与上次拼的边缘的曲线比较,变直了一些。

师:为什么会变直了?

生 2:因为分的份数比上次多了,所以曲线变直了一些,远看这个图形有点像平行四边形。

(5)师(再次)引导:要想更接近平行四边形,还要继续怎么做?

生3:可以再多分几份。

(6)继续合作剪拼后展示结果。

生1:我们把圆平均分成了16份,结果是这样的(展示拼成的图),这个拼成后的图形真的挺像平行四边形了。

师:看来这种拼法还真有效果,这样下去你们猜会出现怎样的结果?

生:会更像平行四边形。

师:好,那你们再继续拼吧。

生2:我们把圆平分了32份,结果是近似平行四边形。

生3:我们把圆平分了64份,结果是接近长方形了。

师:(用电脑演示学生分的过程)

16份	32份	64份	128份
↓	↓	↓	↓
像平行四边形	近似平行四边形	接近长方形	更接近长方形

师:圆、三角形、平行四边形、长方形、梯形,都能求出面积。

(7)小组继续合作探讨圆的面积计算公式。

师:我们学习数学不能只停留在动手操作上,要进一步能用字母公式来表示出圆的面积,请你们以小组为单位再次合作完成这个问题。(学生探讨后交流)

生1:我把圆转化为平行四边形后,通过观察,我发现拼成的平行四边形的底等于半圆去掉直径的周长,平行四边形的高是半径r,面积$S=ah=\frac{c}{2}\times r=\frac{2\pi r}{2}\times r=\pi r^2$。

生2:我是把圆形转化成长方形来推导出面积公式的,$S=ab=\frac{c}{16}\times 8\times r=\frac{c}{2}\times r=\frac{2\pi r}{2}\times r=\pi r^2$。

生3:我是把圆转化成三角形得出圆的面积公式的,$S=\frac{ah}{2}=\frac{1}{4}\times 2\pi r\times\frac{4r}{2}=\pi r^2$。

生4:还可把圆转化成梯形来推导出圆的面积公式,$S=(a+b)\frac{h}{2}=(2\pi r\times$

$\frac{5}{16}+2\pi r\times\frac{3}{16})\times\frac{2r}{2}=\pi r^2$。

生5:我先算一个小三角形面积,再推导圆的面积,$S=\frac{c}{16}\times\frac{r}{2}\times 16=\pi r^2$。

……

以上案例中,教学从教师引导学生探究圆的面积入手,学生通过操作、观察、合作交流等主动探究学习活动,在合作交流中逐步发现了圆的面积与三角形、平行四边形、长方形以及梯形的关系,并在此基础上推算出了圆的面积计算公式。这是一种理解性探究学习,在已有的认知基础和经验上寻找到了新知的生长点,在操作实践探究活动中逐步领悟、理解圆面积的计算方法,并与已有知识建立起紧密而可靠的内在联系。

二、指向多元表征的建构

从认知心理学的观点来看,表征是指用某一种形式(物理的或心理的)将一种事物、想法或知识重新表现出来。知识可以用多元方式来表征,对这一点的理解无疑能为课堂教学的素材选择提供更广的范围。在小学数学知识教学中,多元优于单一,引导学生建立多元表征是科学建构概念的基础,单一、片面的心理表征只反映出数学概念等的局部特征,有可能产生片面甚至是错误的认识。

例如,对角认识、分类后,我们就发现有些表征是错误的,如用"牛角"来表征"角"的学生,他其实想表达的是角是"尖尖的"这层意思,这是角的外部特征之一,但不是全部;有些表征只能展示局部的特征,如三角形或五角星的表征比牛角要略胜一筹,但这两个图形中使用的线都是线段而不是射线,因此也不是最好的表征。而有些表征却是合适的,如从一点引出两条线形成的角、一点引出多条线形成的角、角的符号都属于合适的表征,此类表征越丰富,学生对角的概念的把握就会越准确。因此,如果要全面而准确地反映数学学习对象的真实本质,多元表征的累积比单一表征更具准确抽象概念的作用。尤其是在低年级数学教学中,我们需要通过问题有序地引领学生深入思考,需要通过多元表征有效地引导学生展示思维过程。这样的多元表征可以是符号表征、言语表征、图形表征、操作表征和情境表征等。帮助学生积累丰富的心理表征,能顺利突破学习难点,实现对数学知识、方法、思想的深度建构。

"认位置"是苏教版教材一年级上册的内容,要求学生能够分辨前后、上下、左右等简单的方位知识,并会应用这些方位词描述物体间的相对位置,会用"(　　　)的(　　　)面是(　　　)"和"(　　　)在(　　　)的

(　　　　)面”来表述。这一内容是学生入学不久时学的。学生分清上下、前后、左右问题不大，但进行以上两种句式的表述稍微有一定的难度，看图后完成形如“☆的左面是(　　　　)”或“(　　　　)在△的上面”等练习也有较大困难。因为填写之前，学生必须明确是以谁为中心的，这一中心的上下、左右各是什么。学好这部分知识对二年级上册学习“(　　　　)在(　　　　)的东/西/南/北面”至关重要。为了在一课时内达到优质高效的教学效果，有位老师设计了以下的操作实践、言语表述、书面书写等理解性探究学习活动过程，让学生在问题引领下有方向地前行，在积累多元表征的活动中积极思考和建构新知。

(1)你的右手在哪里？高高举起来。

(2)能用右手食指指出你的前后、左右、上下吗？全体起立，边指边说：“前前、后后、左左、右右、上上、下下。”换成左手食指，再一起边指边说。

(3)“石头、剪刀、布”的游戏。左手捏拳做石头，右手做剪刀，以石头为中心，剪刀在石头的(　　　　)面。师生边做手势边说：剪刀在石头的(上/下/左/右/前/后)面。换个说法：石头的(　　　　)面是剪刀。(板书)师生边做手势边说：石头的(上/下/左/右/前 /后)面是剪刀。

(4)再将右手换成布，师生边做手势边说：布在石头的(　　　　)面，石头的(　　　　)面是布。

(5)指板书“剪刀在石头的(　　　　)面”和“石头的(　　　　)面是剪刀”，这里都是说“石头的”哪一面，所以是以石头为中心的。

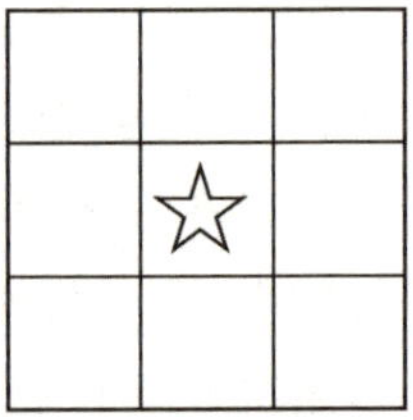

(6)让学生在纸上边听边画：1 在☆ 的上面，○在☆的左面，☆的右面是□，☆的下面是△。

(7)书面练习：○在☆的左面，☆的左面是○。问：这是以谁为中心？请用浪线画出来。你能用左手食指指着☆不动，右手借助笔尖指出它的上、下、左、右各是什么吗？边指边说：☆的上/下/左/右面是(　　　　)，(　　　　)在☆的上/下/左/右面。

1	2	3
4	5	6
7	8	9

(8)看图填空：(　　　)在 6 的上面，5 的下面是(　　　)。

要求：先用浪线画出中心，再用左手食指指中心，用笔尖指出中心的上、下、左、右，最后填空。

(9)完成课本上的其他练习。

在以上教学中，通过“以谁为中心”“（　　）的（　　）面是（　　）”和“（　　）在（　　）的（　　）面”这三个核心问题引领学生体会“认位置”的本质——以中心点为准的四个方位（平面的上下、左右）或 六个方位（立体的上下、左右、前后）。为了更好地将学生内隐的思维活动外显出来，通过外显的行为操作更好地促进内隐的思维活动的展开，教师有序地引领学生对“认位置”进行了由具象到抽象的多元化表征：让学生通过肢体和手势进行动作性思维，通过画图展开表象思维，通过画线、填空等进行抽象思维。在整个过程中，始终围绕后面两种句式，引导学生积极表述，从而借助言语表征成功地训练了学生的逻辑思维能力和语言表达能力，促进学生对所学知识的深度理解和意义建构。

三、指向认知结构的完善

开展理解性探究学习重在帮助学生形成对数学对象的深度理解。根据理解的内涵来看，学生把数学对象正确地纳入已有的认知结构，或者改组、扩大原有的认知结构，使新学习的内容成为整个结构的有机组成部分，这样就达成了对数学知识的理解。我们认为理解性探究学习应以学生认知结构的丰富拓展和逐步完善为基本的价值取向。

认知结构简单来说是学生头脑中的知识结构。广义地说，认知结构是学生已有观念的全部内容及其组织；狭义地说，它是学生在某一学科的特殊知识领域内的观念的全部内容及其组织。个人的认知结构是在学习过程中通过同化作用，在心理上不断扩大并改进所积累的知识而组成的，学习者的认知结构一旦建立，又成为他学习新知识的极重要的能量或因素。

拥有良好认知结构的学生对数学概念、规则等的理解比较透彻，他们往往能灵活迁移运用所学数学知识，一般具有良好的解题能力。其实并不是说他们比其他学生拥有更多的知识技能，而是他们对已有的知识组织得更好。好比一个图书馆里，如果里面的书籍摆放杂乱无章，我们要找某一本书时，就会感到比较困难，但是如果书存放有序，层次分明，就很容易找到所要的书。

要实现数学认知结构的不断完善，就需要教师着眼数学知识之间的内在联系，把准新知的生长点，进而引导学生开展好理解性探究学习活动，在探究活动中不断把握数学新知的本质，善于找到与已有知识之间的联系与区别，在头脑中形成对数学新知的深刻认识，并将之纳入到原有认知结构中去，或者适当拓展原有认知结构，形成新结构。在帮助学生建立良好的数学认知结构的教学中，策略和方法的确定、实施不能单单寄希望于教师的教，只有在了解学生原有认知结构的基础上发挥学生的主体作用，最大程度地唤醒和激发学生参与学习与思考的主动性，才能做到事半功倍。理解性探究学习所要做的正是如此。

在教学“除数是小数的小数除法”时，学生在头脑中已经具备了较为全面的知识包，其中包括整数除法法则、商不变的性质、除数是小数的小数除法法则、小数点移动引起小数大小变化的规律等，这些都是新知学习的基础。教师在设计理解性探究学习活动时，必须理清楚这些已有知识基础之间的内在联系，把握其在新知学习中的作用和地位，在此基础上可以在课始进行适当的复习铺垫，当然这样的铺垫应紧扣关键，避免面面俱到。在新授中，教师应设计合理的、适合学生主动运用旧知的探究情境，让学生在探究学习活动中能够主动地调用已有知识和学习经验，有效实现对新知的转化。如笔者在教学时，创设了如下的情境和探究过程：

情境：星期天，小明的妈妈去超市，看到美国精品红苹果每千克 8 元，就买了一些带回家，共用去 63.2 元。正巧，爸爸在回家时看到路边也在打折促销卖苹果，每千克 0.8 元，于是爸爸也买了一些带回家，共用去 6.4 元。回家后，小明一听这个情况就说：妈妈花了 63.2 元，买的苹果比爸爸多。你们同意小明的说法吗？

师：要知道谁买的多，我们可以列哪两个算式呢？（教师引导列式并揭示课题：小数除法。接着引导学生比较两式的不同点，并板书：除数是整数、除数是小数）

然后组织学生讨论、交流，说说判断小明说法的理由和依据。

（学生能通过计算得出 63.2 ÷ 8 的结果。对于后者，学生借助情境中合适的结构化素材“元、角”之间的特殊关系，自发地想到了将元转化为角来计算，而这也正触及了新知学习的核心之处。于是，教师进一步引导学生反思探究思路，感受转化策略在此的妙用，以及转化的基本依据）

师：刚才我们把除数是小数的除法变成了什么来算了？

师：这就是转化。这样转化之后结果会不会改变？这样转化有什么依据吗？（转化为角来算；被除数和除数同时乘以 10，符合商不变的性质）

通过上述理解性探究学习过程，学生能够主动地寻找新旧知识之间的内在联系，并结合具体的数学情境，调用已有数学知识和数学学习经验，完成新旧知识的自然转化，从而在头脑中自然地发展和完善了认知结构。

四、指向数学思维的提升

数学是思维的体操。数学理解性探究性学习活动必须以实现学生数学思维能力的提升为主要目标和任务。小学生的思维特点是以具体形象思维为主,逐步向抽象逻辑思维过渡。总体来说,他们的思维发展水平主要处于具体运算阶段,他们能够遵循逻辑规则进行推理训练,但是推理思维能力往往局限于眼前的具体情境或熟悉的经验,需要借助具体的形象进行。小学数学理解性探究学习正是契合了学生这样的一种思维发展水平现状,以具体的操作实践、运算活动为主,不断丰富学生的直接经验,不断完善具体运算、形象思维,并以此为基础,尤其是到了中、高年级,逐步过渡到通过具体表象进行思维,提升其数学思维水平,培养初步的抽象逻辑思维。

在"长方体和正方体的认识"教学中,教师可以通过创设相关的想象、探究活动情境,让学生借助长方体表象主动想象,探究长方体长、宽、高、面的基本特征。我们看以下一个教学片段:

教师以课件出示:长方体的长、宽、高分别为9厘米、6厘米、4厘米,以及六个长方形,长、宽分别为①9厘米、9厘米,②9厘米、6厘米,③6厘米、6厘米,④9厘米、4厘米,⑤6厘米、4厘米,⑥4厘米、4厘米。

师:根据长、宽、高,能想象出长方体的六个面吗?从图中选一选,分别是哪些面?

师:这个问题很有挑战性,请同学们结合自己身边的长方体,边观察边思考,然后在小组内商量商量。

(学生活动,教师巡视。指名学生上台指一指,说一说)

生:前面是4号。

师:你是怎么看出的?到前面来结合这幅图说说你的想法。

生:因为前面的长是9厘米,宽是4厘米,和4号图是一样的。

师:由长和宽联想到面,真会思考!你们还发现哪些面是几号?

生:右面是5号。

生:上面是2号。

(电脑随机验证学生所选择的面)

师:你是怎么看出来的?(学生上台边指边说理由)

生:下面也是2号。

生:后面也是4号。

生：左面也是5号。

师：根据长、宽、高，我们找到了这个长方体的6个面。仔细观察这6个面，你又有什么发现呢？

生：上下、前后、左右的面是一样的。

师：也就是说，长方体中相对的面完全相同。这些面都是什么形状呢？

生：长方形。

（教师板书揭示长方体面的特征：6个面都是长方形，相对的面完全相同）

在这个教学片段中，老师设计、安排了一个具有想象空间的数学探究活动，让学生结合已知的长、宽、高，选配长方体的六个面。这个探究活动新颖且具有挑战性，学生要充分发挥想象能力，对长、宽、高的长度及各个面的长、宽进行综合想象和推理，从不同的棱联想到不同的面，在观察、想象和推理等具体的数学活动中准确选配好长方体的六个面。学生在活动中进一步巩固对棱的特征的认识，而且能在想象、交流中自然地认识到"长方体相对的面完全相同"这个特征。想象是思维探索的翅膀。想象时，学生在头脑中激活已有的图形表象，这些表象是具体、直观的，也是片断、模糊的，需要加以整理，逐步实现结构化。

在教学中，老师通过让学生由不完整的长方体想象出完整的长方体，让学生的思维水平由直观状态走向了表象操作状态，并逐步抽象长方体面的特征，在想象中提升了思维水平。

五、指向思想经验的积累

《数学课程标准(2011)》在总目标中再次明确指出："获得适应社会生活和进一步发展所必需的数学的基础知识、基本技能、基本思想、基本活动经验。"将"双基"拓展为"四基"，可见数学思想、活动经验在数学学习中的重要意义。

数学概念、命题、规律、公式、法则等都是明显地写在教材中的，是"有形"的知识，都看得见摸得着，而数学思想、活动经验却是隐含在这些知识的背后的，是"无形"的、"默会"的知识，需要教师将这些缄默性知识从知识背后挖掘出来，使其显性化、明朗化，并使之为学生所感悟、领悟，形成学生后续学习和发展的强有力支撑。

我们来看一个课例中的几处片段：

(1)认识倍数和因数概念后的巩固练习。

（教师先让学生根据算式说说：谁是谁的倍数？谁是谁的因数？接着让学生自己说出一个乘法算式，并说说其中谁是谁的倍数？谁是谁的因数？……）

师：如果不给乘法算式，而是给出数字3、12、36，请围绕因数和倍数说几句话。

生1：3是36的因数，12是36的因数；36是3的倍数，36也是12的倍数。

师：其实在说之前，他已经先想好了一个什么算式？

生2：12×3=36，36÷3=12，36÷12=3。

师：还可以说哪些话？

生3：12是3的倍数。

师：对啊，12是3的倍数，36也是3的倍数。那么，3的倍数还有哪些？

生4：3。

师：怎么想出的？

生4：3×1=3，所以3是3的倍数。

生5：6是3的倍数，因为3×2=6。

师：接着写哪个数？

生6：9、12、15……

师：写得完吗？

生6：写不完。

师：那么你们是怎样一个个找到的？

生7：用3从小到大乘一个个自然数得到的。

师：真好，这就是一种有序的思考方法。（板书：有序）

上述教学片段中，教师引导学生说出"3的倍数还有哪些"，让学生经历自主发现的过程，然后引导学生反思和回顾探索的过程和方法，并加以提炼，把活动经验提升为"有序思考"这种基本的数学思想。小学生数学活动经验的获得与积累，需要与观察、操作、猜想、验证等具体数学活动联系在一起，并产生于这些活动过程之中。由于数学活动经验具有实践性、个体性特征，所以教师应设法为学生设计好数学活动，并引导学生参与学习、经历过程，让学生在活动中操作观察、体验交流、感悟提升，逐步积累并提升属于自己的数学活动经验。

（2）师：试着找找2、5的倍数，写出5个后写上省略号就行。

（学生写后组织汇报，然后组织观察一个数的倍数有什么特征）

生：最小的是这个数本身。（教师引导其他学生一起观察证实这个说法）

师：那么最大的呢？

生：是不存在的，因为一个数的倍数有无数个。

师:请大家回顾一下,刚才是怎样来观察一个数的倍数的特点的?

生:刚才我们找出了倍数中最小、最大的数。

生:我们还从倍数的个数上说了一个数的倍数的特点。

师:对,从这三个方面我们能找出一个数的倍数的共同特点。(教师随机板书:最小、最大、个数)

数学活动经验具有内隐性特征,教师要注意引导学生反思与评价,提炼并外显所获得的数学活动经验,在此过程中,初步把数学活动经验提升为数学学习方法。上述教学片段中,教师首先让学生进行具体的写倍数活动,再组织学生观察这些倍数,讨论一个数的倍数具有什么特点。在学生交流汇报的基础上,引导学生回顾"探索和发现"的过程,获取数学活动经验,并帮助学生把这种探索发现的经验总结提炼为数学学习方法。我们知道,仅停留在感性层面上的经验是粗浅的,不易被学生自己主动把握到,需要通过一定的教学手段予以提炼和外显。因此,课堂中教师在评价、强化以及归纳小结时要引导学生对数学活动经验进行提炼、总结、提升,使之条理化、经验化。

(3)寻找一个数的因数的教学。

要求学生找出36的所有因数。学生小组合作尝试找,然后组织展示。

生1:36、18、12、9、6。

生2:1、36、2、18、3、12、4、9、6、6。

师:第二位同学找全了吗?猜猜他是怎么找的?

生3:他是从1开始,一对一对找的。想乘法算式,几乘几等于36,那么这两个数都是36的因数。

师:嗯,他学会了有序地想乘法算式来找一个数的因数,这样不会遗漏。(板书:不遗漏)

生4:他多写了一个6,因为已经重复了。

师:对,照这样找下去,到重复出现前面的因数时,就可以停止了。有序地思考还能做到不重复。(板书:不重复)

……

教师用课件演示一对一对地写36的因数的过程,然后组织学生练习写出15、16的因数。练习后组织汇报交流,接着引导学生反思一个数的因数有什么特征。

生:最大的一个因数总是这个数本身,最小的都是1。

师：根据刚才发现一个数的倍数特点的经验，一个数的因数的个数有什么特点？

生：一个数的因数的个数是有限的。

师（归纳）：是啊，找因数时要一对一对地找，从最小的开始，想到1就想到本身，然后依次往中间找，因此一个数的因数的个数是有限的。

数学活动经验具有发展性，教师除了要帮助学生积累、获得经验之外，还要创设机会让学生加强应用，巩固数学活动经验。上述教学片段中，教师让学生们猜猜生2是怎样找到36的所有因数的，这其实是在帮助学生回顾整理活动过程，提炼活动经验。而之前在找一个数的倍数时所获得的有序思考的活动经验与数学思想，则在探索新知时得到了有效的迁移。同样，在发现一个数的因数的特点时，教师又注意帮助学生迁移前面观察一个数的倍数的特点的经验。学生数学活动经验的积累与获得是一个循序渐进的过程，加强迁移应用可以促进学生的数学活动经验从一个水平上升到更高的水平，实现经验的改造或重组。

（4）师：学到这儿，让我们回过头来想一想，这一节课我们学习了什么，又是怎样学的。

课件出示三个问题：

①我们是根据怎样的算式找到倍数和因数关系的？

②又是怎样找出一个数的倍数和因数的？

③一个数的倍数和因数有什么特征？

学生以小组为单位讨论这三个问题，然后组织交流发言。

生1：我们是根据乘法或除法算式来找到倍数和因数的。想到一个乘法或除法算式，我们就能说出谁是谁的因数，谁是谁的倍数。

生2：我们是有序地找一个数的因数和倍数的，这样能做到不重复、不遗漏。

生3：我们从因数、倍数中最大的、最小的，以及它们的个数等三个方面来观察特点的。

教师相机画上表格线，形成一张因数、倍数特征的表格。

学生在活动中获得的经验，起初往往是模糊、零散的，并且不易被学生直接感受到，这就需要教师帮助学生将学习过程中习得的这些模糊、零散的经验清晰化、条理化、系统化，并固化在头脑中。上述教学片段中，教师精心设计了这个指导过程，在课末总结时有意识地引导学生回忆数学知识产生和技能形成的过程，在主动反思中积累数学活动经验，并将这些经验表达并外显出来。

总之，数学活动经验的获得是一个积累、提升和迁移和谐统一的过程。教师应精心设计丰富有效的数学活动过程，让学生在探究活动中积累经验，在迁移应用中提升经验，切实将数学知识、数学技能、数学思想方法的获得统一于数学活动经验的积累过程中，从而不断提高学生数学素养。

六、指向积极情态的建设

数学课程改革确立了知识与技能、过程与方法、情感态度与价值观三位一体的课程目标，体现了数学课程促进学生全面发展的价值追求。《数学课程标准(2011)》在课程目标中对情感态度给出了具体描述，要求学生能"了解数学的价值、提高学习数学的兴趣，增强学好数学的信心，养成良好的学习习惯，具有初步的创新意识和实事求是的科学态度"。这是情感态度与价值观目标在数学课程中的具体体现，也是我们在数学课堂中实施理解性探究学习的一个重要的目标指向。因此，理解性探究学习活动更应着眼于学生作为"整体的人"的发展，这种发展除了智力的完善外，也包括身心的健康与成熟。

例如，在"用方向和距离确定位置"的教学中，教师可以搜集索马里海盗劫持中国货轮的相关视频，创设我国海军护航编队前往事发地点进行护航的情境，情境中由国外巡逻飞机给出了事发地点(只是在坐标中给出一个位置点)，要让学生向护航编队的船长汇报一下事发地的具体位置，在这个汇报过程中，学生逐步感受到需要知道精确的方向和距离。在这样的一个探索过程中，学习材料是具有一定时效性的，学生对此很感兴趣，同时也具有较强的问题性和挑战性，能激发学生内在的学习需求，引导学生逐步走向数学知识技能的核心。

好的数学教学除了向学生传授知识技能外，还必须调动和培养学生学习的积极情态，并不断提升学生的数学学科素养。因而，小学数学理解性探究学习应特别重视以下几方面的目标：一要激发学生学习数学的兴趣，帮助学生树立学好数学的自信心；二要养成良好的学习习惯和科学态度，切实帮助学生初步养成乐于思考、勇于质疑、言必有据等良好的学科品质；三要让学生在学习过程中了解、感受数学的价值。实践证明，这些情感态度目标，不是那种脱离数学教学内容、忽视学生心理感受的"说教式""贴标签式"的情感态度教育所能达成的。另外，学生高水平的数学学科素养不能靠死记硬背数学知识来获得，而是应在主动的探究活动过程中来逐步提升。学生积极良好的数学学习情感也不是靠单一的"授→受"式学习能培育起来的。学生良好的学科素养、情感态度的涵育必须在具体生动的数学实践活动中才能得到有效落实。小学数学理解性探究学习高度重视知识的获得过程,把学习方法的获得和科学过程的体验放在极为重要的地位。

第四节 理解性探究学习应如何选择内容?

小学数学理解性探究学习在促进学生整体数学素养的提升方面具有其他学习方式所无可比拟的优越性,因而在数学教学中应得到大力提倡。然而值得注意的是,数学知识与技能、思想方法是多种多样的,并非所有的数学内容全部都要通过学生的探究性活动来学习。另外,受到课堂教学时间、探究学习材料、学生研究基础等条件的直接影响,也不容许教师全部采用理解性探究学习方式来组织每一堂课的教学。还有一些抽象的概念性内容,也很难通过简单的探究活动来完成。在小学数学教学中,应该充分考虑学科知识体系的要求,学生的思维逻辑,教学计划安排等,科学、合理、灵活地选择适切的学习内容设计理解性探究学习。

一、选择理解性探究学习的内容应遵循的原则

教师在组织探究学习时,要灵活处理教材,精心选择探究内容,能让学生经历过程、掌握方法、体验乐趣、获得知识和技能。但要避免对教材内容不加筛选、随意让学生进行探究,使探究失去应有的意义。一般来说,探究内容的选择应遵循以下原则:

1. 趣味性原则

小学生有一种天生的好奇心,喜欢探究问题。当其好奇心得到满足时,就会产生成功感。然而由于他们年龄较小,注意力集中时间短,单纯的知识教学很容易使他们感到枯燥乏味,从而失去探究学习的兴致。探究学习要完全发挥学生的主体作用,就必须注重激发学生的探究意识。因而,教师要善于选择趣味性较强的学习内容和学习材料,通过创设符合小学生认知特点的生动有趣的生活情境,使学生置身于现实的生活中,从而激发他们探究新知的内驱力,形成浓厚的探究学习心向。

苏教版二年级数学“分类统计”一课就是这样带有较强趣味性的探究学习内容。教材主题情境图中呈现了动物运动会的热闹场面,蕴含了可以分类统计的诸多信息,有狗、兔、猴三种小动物,这些动物参加的比赛项目有长跑和跳高。教材中呈现了两张统计表,让学生从图中收集信息,进行分类统计。教师可以

借助教材主题情境，创设森林运动会的故事，引入动物“小厨师”和“引导员”遇到的不同问题来激发学生进行分类整理数据的心理需求，从而主动参与探究的过程。在后续的课堂练习中，教师仍可以延续主题情境，设计发奖品等探究活动环节，让学生在活动中进一步体验收集数据、分类整理数据和分析不同统计结果的完整过程，体会分类统计的价值。整个课堂以学生的探究为主要活动，以合理、有趣的探究任务不断引领学生深入学习，学生探究学习的主动性被充分激发。

2. 现实性原则

学生的数学学习内容应当是现实的、有意义的、富有挑战性的。数学理解性探究学习活动必须建立在学生认知发展水平的基础之上。学生已有的生活经验和认知经验都是探究学习得以开展的重要现实基础。教师在选择理解性探究学习内容时，应充分关注学生的现实生活和认知经验。

例如，苏教版六年级下册“体积和容积”这一学习内容是比较适合开展理解性探究学习的，因为该内容与学生的现实生活联系比较紧密，有利于学生生活经验的发挥和迁移。在教学“体积大小比较方法”时，教师首先拿出一根普通的胡萝卜和一根较细的莴苣，让学生观察、判别胡萝卜的体积是不是一定比莴苣大，并引导学生归纳这种比较方法为观察法，此法适用于比较体积大小比较明显的两个物体。

随后，教师把那根细小的莴苣换成了另一根粗短的莴苣，和原先那根胡萝卜放在一起，问学生哪个体积大，此时学生疑惑而不能确定，于是教师就让学生们自己来想办法。有的学生说：用称重量的办法。但是这个提议立刻被学生利用已有生活经验否认了：比较体积的大小是不能光看重量的。又有学生提议算一下面积、切成块等，但这些提议也很快被其他人利用已有经验否定了：体积的大小不能光看表面的大小。于是学生又想到了把这两个物体放入装有同样多水的容器里，看哪边水上升得高，那边物体的体积就大。这个方法得到了大家的一致认可，于是教师引导学生做实验，得出了比较结果，并引导学生为这种方法取名水测法。另外，教师还补充了阿基米德用水测法判定真假皇冠的故事，并引导学生举出一些生活中用这种方法比较物体体积大小的例子。

最后，教师又取出两包长方体形状的东西，一包偏长些，另一包偏粗些，告诉学生里面包的东西浸水就要坏，不能用水测法了，怎么比较它们体积的大小。此时学生想到了算的方法，也有的想到了拆开来比比。教师当众拆开包装，原来是一盒盒火柴，看到这情景，学生自然就比出了体积的大小。接着教师组织了专项训练，让学生通过数单位正方体或长方体的个数来比较一些几何体的体积，并为这种方法命名为计数法。

在上述教学过程中，教师结合生活实际，选取生活中的常见物品，创设了一连串的实际问题情境，这些问题是摆在学生面前的具体可感的问题，从直接观察到水测法，再到计数法，学生面临着一连串的挑战，充分考验着他们的现实基础，在这些现实挑战面前，学生表现出了思维和情感的积极性、主动性，一种克服困难的意志在促使学生努力寻求好方法。总之，这个环节的教学建立在学生现有基础之上，瞄准学生的最近发展区，层层设置情境，步步安排冲突，做到逐层深入，使学生较为系统地掌握比较体积大小的一般性方法，同时帮助学生逐步深化对体积和空间概念的认识和理解。

实践表明，选择一些既能结合教材内容，又贴近学生实际，为学生喜闻乐见的学习材料，才能诱导学生勇于钻研，积极思维，赋予教材内容新的活力。

3. 适度性原则

新课程倡导自主探究的学习方式，并非排斥接受学习。也就是说并非所有的数学知识都得通过自主探究来获取。倘若教师盲目推崇探究法，则会导致泛滥化、随意化或形式化，严重影响教学效果。有适当的思维深度，有利于呈现知识的生成过程的学习内容是值得探究的，如一些概念的形成过程、计算公式的推导过程、计算法则的总结过程、规律的探究过程以及解题思路的分析过程等。

适度性是指探究内容难度适中、探究活动所需时间长短适度、探究路径适宜。首先，教师在选择和设计探究学习内容时要考虑学生的知识基础和探究能力，防止过难或过易，过难会使学生觉得无从下手继而丧失探究信心，过易则使学生感到没有挑战性和成功感而失去探究热情。其难度的定位应是学生通过努力可以解决的，即学生通过已有知识、能力的提取和综合，或通过同学之间思维碰撞，可以进行探究并能得到结果。其次，选定了探究点后时间的分配要合理、适度，要给学生留下较为足够的思考和探索的空间，充分让他们动手操作、讨论、交流。要保证学生自主探究的时空，教师应根据教学内容的特点、学生的知识基础和认知水平，把能“放手让学生探”的内容，放心、放手交给学生，让每一位学生都真切体验探究的全过程。教师还要营造开放的课堂探究氛围，让学生产生积极探究的动机与欲望，变被动探究为主动探究，为学生提供广阔的思维空间。最后，要考虑适切、适度的探究路径。比如，对于概念和原理类的学习内容,重点使用发现或者归纳的方法。不同的探究路径,往往会产生迥然不同的教学效果。

例如,“长方形面积计算公式”一课是学生开展理解性探究学习的好材料。这一内容具有适度的探究思维力度、合适的旧知基础以及合理的探究空间。学生已经理解了面积的含义,以及用数方格获取面积大小的方法,在此基础上,学生通过摆放小方格的操作性探究学习活动来研究和探索长方形的面积大小,在活动中逐步发现长方形的面积与长、宽之间的特殊关系,从而推导出长方形面积计算公式。

4. 实践性原则

动手操作、合作交流是数学学习的重要方式,小学数学教材中含有大量动手操作、合作交流的学习内容,这些内容体现了实践性原则,符合小学生认知心理的基本特点。小学生长于动作思维,他们往往需要通过动手操作实践来直观地感知学习材料,在实践中把握材料特征,逐步地建立表象,过渡到通过抽象思维来把握数学学习对象。因而,在选择理解性探究学习内容时,教师应该把握实践性原则,精心选择那些适合并需要学生进行动手操作实践的学习内容设计探究学习活动。

例如,“三角形的内角和”一课是具有较强实践性的探究学习内容。为了实现学生对“三角形的内角和是 180°”这一性质的建构,教师可以设计如下教学环节:

(1)操作:发给每个学习小组各种三角形(锐角、直角、钝角),学生选取三角形分别量一量、算一算三角形的内角和是多少度。

(2)交流:通过刚才的实践过程,你发现了什么?(通过量一量、算一算,有的学生发现三角形的内角和是 180°,而有的学生得出的结论是 180°左右。由此看出,测量时会出现误差,不能肯定三角形的内角和就是 180°。教师可以趁势指出,还需要用实验的方法加以验证)

(3)验证:小组合作操作,剪一剪,拼一拼,验证三角形的内角和是 180°。

这一探究学习设计,意在让学生“操作(积累经验)、交流(感悟性质)、验证(归纳深化)”,在这个活动过程中,学生能够主动经历数学知识循序探究、渐进建构的清晰过程。数学理解性探索学习只有借助于学生的亲身体验和充分交流,才是真正的学习过程。学生通过探索,积累了丰富的数学事实,借助交流,可以使数学事实得以强化和促进。

5. 过程性原则

通过活动，促使儿童产生积极的情感和态度，调动原有的知识和经验进行思考。当今数学教学倡导“有过程的教学”，要让学生在过程中思考，在思考中掌握知识，在掌握知识中发展思维能力，使学习变成一种主动的探索过程。培养学生的数学思考能力，是数学新课标提出的重要目标。亲历探究发现的过程，不仅是一种获取知识的教学手段，而且本身就是教学的重要目的。学生在探究性学习过程中所涉及的不仅仅是最后记住了多少知识，更重要的是学习过程浸透着情感的投入、态度的转变、方法的习得、情绪的体验。数学教学应该从重视获得知识结论向亲历探究过程转变。

因而，带有过程性的学习材料是我们开展理解性探究学习的可选题材。例如，苏教版教材一年级下册的“统计”就是这一典型题材，教材例题是这样编写的：教材首先呈现的是一幅主题情境图（如图所示），图中有一堆杂乱的正方形、三角形和圆的图片，要求让小朋友们统计出每种图形各有多少个，图中还提示：“我报名称，你们记下来。”第二幅图就呈现了一个小朋友报名称，另外几个小朋友记录的情景，接着在教材的下方出现了三个小朋友的不同记录方法，最后让小朋友选择其中一种方法整理出结果并填写统计表格。

第一幅图呈现了一堆杂乱的图形,一位学生提出“各有多少个”的问题,在这种情况下,其实最简单的解决方法是在桌上分一分、数一数。然而教材中却要求用“我报名称,你们记下来”的方法来解决问题。为什么不用简单的方法呢?其实,在一年级上学期,学生已经学会了统计已经发生的事件里的信息,如大象家来了许多客人,统计客人中各种动物的数量。在这样的事件里,统计的对象、信息已经呈现,只是数据尚未知道。这时只要采用“分类—计数”的方法(即分一分、数一数)就能得到相关的数据。而本课教材是在此基础上进一步学习在随机事件中收集信息的统计方法,即事件或是尚未发生、数量没有确定,或是事件里的信息没有固定的呈现规律。

然而这种随机事件的呈现形式,由于受到教材编排的限制,不得不采用静态的形式。其实这些静态化的文本承载了丰富的、动态的数学学习过程。现代认知心理学的研究告诉我们,人们要认识一个概念或者掌握一种技能,必须经历一个动态的学习过程,在一种特定的学习环境(问题情境)中自由探索,最终在学习者头脑中建构起关于所学内容的完整、有效的认知体系,充实完善认知结构。因此,我们教师必须透过静态的文本看到动态的过程,对静态教材文本进行动态化处理。

让教材动起来,把原本静态文本的意图领会后,要设计成一些具体的数学活动过程,让学生在具体的活动中感受到数学问题的存在,通过自主尝试、合作交流来建构合适的数学模型,经历数学知识产生、数学概念建构的全过程,最终解决问题,并发展数学思考能力。比如,有一位教师用课件设计了动物园里的小猴子吃饼干的情境,一块一块形状不同的饼干从上方掉下来,小猴子用嘴接住并吃掉,播放后让学生说说每种形状的饼干各有多少块。这样就把学生带进随机事件的情境中,让学生能够主动地感受到用以前所学的分一分、数一数的方法来统计是行不通的,从而主动地去寻找一种新的、合理的统计方法,即先要将信息记录下来,然后再进行整理统计。尽管在尝试实践中出现了不同的记录方法,但其本质是一致的,在交流中逐步掌握一种比较简便、清晰的记录方法(用打“√”的方法)。

教材由于篇幅、呈现形式等限制,不得不通过静态的文本来传递和介绍学习内容、学习程序,同时教材也不可能把所有的教学内容都讲得十分详尽,学生看到的往往是思维的结果,而不是知识的形成过程和思维活动过程(虽然教材也试图通过丰富的图文来尽可能展现动态化的学习过程,但这毕竟只是象征性的)。真正的动态化认知过程的构建必须由教师根据教材内容特点,透过教材中静态的文本型的东西看到数学知识技能形成的动态化学习、建构过程,进行合理有效的教学设计,让每个学习者经历完整的探究学习过程。

此外,小学数学课堂教学的理解性探究学习内容主要体现在抽象概念本质、提示教学规律、形成教学法则以及数学知识课外延伸时。在确定合适的探究学习内容时,教师首先要从学生的内在需求入手,了解学生对什么样的问题感兴趣,对什么样的问题存在疑惑,想去探究。其次,要尊重学生的内在需求,将探究的目标建立在学生的需求上,让他们真正成为学习的主人。但并不是说这类课非要整节都在探究,我们必须依据课程内容的关键点,根据知识之间的衔接点和学习内容本身的拓展点来合理选择探究性学习内容。一般来说,具有探究价值的内容应该具有较强的问题性,对学生具有适度的挑战性,对教学目标具有较强的生成性。例如,“年、月、日”的教学,大月、小月等许多知识是学生耳闻目睹的,通过自学就能掌握,无需再花时间去探究。而闰年的特征及规律这个知识本身有一定的难度,是整个教学内容的关键点,对学生具有一定的挑战性、拓展性,值得引导学生开展多种形式的探究。再如,“三角形、梯形的面积计算”,学生利用面积公式求三角形、梯形的面积较简单,而三角形、梯形的面积公式推导是知识之间的衔接点,公式的推导过程应让学生放开手脚去探究,其探究过程对教学目标具有较强的生成性。

二、小学数学教材中理解性探究学习的主要内容

理解性探究学习是学生在教师的指导下,以类似于科学探究的方式,通过一系列自主的探索活动去发现问题、解决问题以取得理论知识和应用知识的一种学习方式。它重在培养学生的问题意识、探究能力和创新精神,具有改变学生的学习方式和教师的教学方式的双重目的。而数学的一切符号与图形只是人们为了建立自然与社会现象的主观联系。从这个意义上说,数学的本质是发现,是主观建构,所以,小学数学以其特有的课程性质更适宜展开探究性学习。但在开展小学数学探究性学习的教学实践中,也应根据教材内容选择适合探究性学习的内容,以便能更好地引导学生培养分析问题、解决问题的能力。通过对小学数学教材的研读,我们可以确定以下一些内容是比较适合学生开展理解性探究学习的:

1. 直观性较强的内容

小学数学教材中有关几何与图形领域中图形特征、位置与方向的认识,以及计量单位认识等内容，直观性较强，而且与学生的生活实际联系紧密。学习这些内容时，教师可以引导学生充分凭借已有的生活经验，在探究性实践活动中体验和感受，积累丰富的感性认识，建立表象，分析比较，抽象概括。例如，几何图形的认识，年、月、日的认识等内容。这些内容与学生的生活实际联系紧密，学生具有一定的生活经验。教学时，可以通过让学生动手操作、观察比较、量一量、看一看、折一折、比一比、议一议等探究活动，获得相关的知识。通过这些探究活动，学生的观察能力、动手操作能力都能得到充分的锻炼和发展。例如，教学长方形的认识时，可让学生四人一组，利用手中的长方形量一量、比一比、折一折、议一议，看看长方形有什么特征。学生通过动手操作、观察比较、议论概括等活动，得出长方形有四条边、对边相等、有四个角、四个角都是直角等特征。

2. 迁移性较强的内容

教材中有些知识前后联系紧密，具有较强的序列性和迁移性，学生利用已有的知识经验很容易找到新旧知识的“连接点”。教师应该引导学生开展探究性学习活动，让学生主动调用、迁移知识储备，大胆尝试，用多种方法把新知识转化成学过的知识，进行知识意义建构。例如，计算方法（多位数加减、乘数多位数的乘法、除数多位数的除法、小数乘法、小数除法、异分母分数加减法等），亿以内数的读写法等。这些知识前后联系紧密，学生利用已有的知识经验很容易找到新旧知识的生长点与连接点，把新知识转化成学过的知识，而后找到解决新问题的方法。比如，教学小数乘法时，由于学生已经学过积的变化规律，小数点位置移动引起小数大小变化规律，整数乘法等知识，因此，可让学生利用学过的这些知识议一议：(1)能不能把小数乘法转化成已学过的整数乘法进行计算？(2)怎样确定积的小数点位置？学生通过议论选出：可通过移动小数点的位置的方法，把被乘数和乘数中的小数转化成整数，然后根据整数乘法的计算法则来进行计算，最后根据变化规律来确定积的小数点位置。这样的教学，可充分调动学生学习的积极性和主动性，使他们乐于思考、勇于探索、学会迁移，会从已有知识中找到能用于解决新问题的有效途径，培养其解决问题的能力。

3. 相似性较强的内容

数学教材中的几何图形面积、表面积和体积的公式推导过程具有较强的相似性，它们大多是通过把未知图形转化为已知图形推导出来的。这些学习内容都富有探究性。教师应安排丰富的探究活动材料，让学生进行类比猜想、实践求证和归纳概括等具体的探究活动，在活动中主动建构知识体系。例如，几何图形面积、表面积、体积公式的推导等内容。这些公式推导的方法很相似，学生在学习了运用切拼的方法、等积变形的数学思想，把平行四边形转化成已学过的长方形，从而推导出平行四边形的面积公式的方法后，在学习三角形、梯形、圆形的面积公式时，就可利用等积变形的思想，自主地进行操作、探究，从而推导出所有的面积公式。几何知识中，平面图形教学的大致顺序是：长方形、平行四边形、三角形、梯形、圆形。因此，在教学了长方形、平行四边形的面积公式的推导后，学生已初步学会应用切拼的方法，把未学过的图形转化成已学过的图形，然后再通过观察转化后的图形的各部分与转化前的图形的各部分之间的关系，推导出新的图形的面积公式。在这个基础上，再进行三角形、梯形、圆形的面积公式推导时，教师就可以直接为学生提供一些学具，让他们通过小组合作、自主探究、转化、观察、比较等探究出这些图形的面积公式。这些探究活动使学生领会了等积变形的思想方法，提高了学生解决问题的能力。

4. 规律性明显的内容

数学教材中有许多核心知识是体现数学基本规律和性质的，并且这些核心知识联系紧密，相似程度高，规律较明显，适合进行探究性学习。教师可以组织一些有利于分析事实、归纳结论的学习素材，让学生自己进行观察分析、类比列举、寻找共性、展开推理，在探究中逐步概括、归纳出一般的结论，从而获得规律、性质、法则等。例如，加、减、乘、除的运算定律，商不变的性质和小数、分数、比、比例的性质。这些知识有较大的相似性，规律较为明显，教师可以先呈现与规则有关的若干例证，由学生通过自己观察分析、操作验证等探究活动逐步概括、归纳出一般的结论，从而获得规律、性质、法则等。例如，教学“小数的基本性质”这一课，放手让学生通过大胆猜测、操作验证、观察概括的方法去探究。课一开始，可出示两组数：0.2 米、0.20 米、0.200米和 1.00 与 1.0，让学生们猜测它们是否大小相等。这时可引导学生用手中的工具对自己的猜测进行验证。学生通过用米尺、数位顺序表、方格图等的操作验证，得出 0.2 米 = 0.20 米 = 0.200 米，1.00 = 1.0。接着让他们小组合作，观察这两组数中的规律：什么变？什么不变？从而得出小数的基本性质。这样的教学能够培养学生的猜测、观察、分析、归纳、概括、动手等能力。

5. 开放性较强的内容

有不少数学问题的解决方法多样化、答案不唯一，并具有一定探究价值。

比如,有些组合图形面积计算的问题,可以从不同的角度进行思考,采取不同方法解决问题,有利于培养学生的创新和求异思维。在教学时可以激发起学生强烈的自主探究的兴致,放手让学生进行尝试探究,让学生在探究活动中感受数学学习的成功乐趣,增强学好数学的自信心。例如,在教学完较复杂的平均数应用题后,在一堂练习课上,可出这样一道选择题:某班男生平均身高 136 厘米,女生身高 138 厘米。全班学生的平均身高是多少?教师故意不给出男、女生的人数,设置陷阱。接着给出几种可能出现的情况供学生选择,引起他们的争议:(1)(136+138)÷2=137(厘米);(2)缺少条件,不能做;(3)全班平均身高在 136 厘米到 138 厘米之间,但不能确定。教师让学生四人一组进行交流讨论,并说出选择的理由,接着各小组之间交流,选择先从正确答案(3)着手,让学生说理。提问:为什么选择(3)?补上什么条件就能求出全班同学的身高?如果补上条件男生 30 人,女生 32 人,那么全班同学的身高是比 137 厘米多还是少?在什么条件下算式(1)也是正确的?你能用什么方法来证明?通过让学生列举男、女生人数相等的多个例子解答,并鼓励学生多角度思考。这样的教学有利于学生积极深入地开展自主探究活动。通过合作探究,学生不仅知道求平均数应用题的一般思考方法,还学会如何在普遍性原理的指导下,从特殊性出发灵活地思考和解决问题,从而提高学生解决问题的能力。

总之,绝大多数学生希望课堂能以他们为主体,使课堂教学成为他们自主探究的过程。不喜欢教师直接给出数学定义、公式、法则让他们记住,而希望知道数学概念是怎样发生和形成的,法则、公式是怎样得到的;也不希望教师直接给出例题的解法,希望知道探索的思路和计算的方法技巧是怎样想到的,这便启示我们对当今课堂教学进行思考。我们认识到,课堂教学不仅仅要使学生掌握一些基本的数学结论,更重要的是要让学生理解数学问题是怎样提出的,概念是怎样在具体背景中形成的,结论是怎样探索和猜测到的,证明的思路和计算的技巧方法是怎样得到的。因此,在课堂教学中要树立“以人为本,主动发展”的教学理念,精心选择适合学生开展探究性学习的内容,精心设计探究学习活动过程,引导学生积极开展探究性学习,使学生真正沉浸在自主探究的学习过程中,实现对数学知识的深度理解。

第五节 理解性探究学习设计应优化哪些要素?

小学数学理解性探究学习的本质是通过“探究”求得“理解”、促进“发展”。全面认识理解性探究学习的各种要素,并进行合理设计、精心优化,是学生成功、有效开展探究学习活动的关键和基本保证。在研究中,我们课题组逐步认识到学情与基础、情境与问题、材料与资源、活动与载体、时间与空间以及反思与评价等,是数学理解性探究学习得以有效开展的基本要素。下面结合一些具体的案例来谈谈如何优化这些基本要素。

一、学情与基础

精准分析学情是探究学习活动优化设计的前提。学情是教学设计系统中“影响学习系统最终设计”的重要因素之一。学情分析能促使教师全面、客观、有选择地将教学内容与学生的学习水平联系起来,能让教师正视学生的原有基础,并以发展的目光设计探究学习活动的目标和过程。教师在进行探究学习设计时,要精准分析和准确把握学情资源,踩准学生数学理解的起点,做到以学定教、依学而设。①

1. 掌握年龄特征,有效激发探究兴趣

小学生(尤其是低年级学生)活泼好动,注意力保持的时间较短,容易对新奇的事物产生兴趣。兴趣是开展数学探究学习活动必需的资源。针对这样的年龄特征,教师在设计探究学习活动时,就应该积极创设儿童喜闻乐见的活动情境,让学生沉浸其中,最大限度地激活学生潜在的学习欲望,触发学生数学理解的兴奋点,这是探究学习活动取得成功的关键。例如,在低年级数学课堂上,教师用多媒体课件呈现的美妙的音乐和活泼的画面,不仅能极大地调动学生学习的积极性,还能唤起学生对旧知的回忆,把枯燥的数学知识贯穿在孩子们喜欢的故事情境中,使他们进入最佳学习状态,为主动探索新知凝聚动力。比如,前面所提到的二年级“分类统计”一课的教学,教师充分了解儿童的年龄特征,把握住孩子们的学习心理,为学生精心创设了动物运动会的场景,并让学生担任一定的故事角色,分担到具体的工作任务(如为动物运动员们送点心、发奖品等),当然这些有趣的任务中藏着数学问题,需要他们去积极思考、解答。学生

① 顾晓东. 探究学习资源优化要以促进数学理解为基点[J]. 贵州教育,2012(16).

对这样的情境是欢迎的，对分担到的角色任务也是欣然接受的，会积极主动地思考解决问题的途径和方案，对探究学习有浓厚的兴趣。

2. 分析知识基础，合理制定探究目标

美国著名教育心理学家奥苏伯尔极其强调学生已有知识经验对新知学习与理解的重要作用。在探究学习设计时，教师可以采用系统梳理法，将要学习的内容置于整个教材体系中，梳理和分析该教材前后相关联的知识点，明确学生学习本内容时应达到的要求。也可以采用前测调研法，编制与本课知识技能相关的练习，抽取一些在各层次学习水平上具有典型性的同学进行测试，以此摸清学生对本课知识技能的已有认知基础和存在的困惑，为探究学习目标以及重难点的确定提供依据。

比如，教学五年级“小数加法和减法”时，教师细致分析了学生已有的知识基础，包括三年级初步接触小数时学习的简单的一位小数的加减计算，还包括前一单元所学的小数的意义、性质等知识，并组织学生进行了前测调研摸底，让学生们试做本堂课所要学习的小数加法和减法习题。从前测结果来看，大部分学生对本课的新知能够正确解答。可见，学生对小数加法和减法的计算方法已经有所知，他们能够从以往所学整数加减法、简单的小数加减法中进行恰当的迁移。但是询问学生为什么这样做时，学生只会回答“小数点要对齐”而说不出为什么，可见，学生只是模糊地知其然而不知其所以然。因而，在设计本堂课的教学目标时，就可以把重点放在引导学生掌握算理上。

3. 了解生活经验，巧妙搭建认知桥梁

数学知识是与学生日常生活紧密联系的。学生是带着自己的生活经验进入数学课堂的。教师在设计探究学习活动时应充分观照这些生活经验，使其在数学知识技能的建构过程中发挥出应有的价值。教师应注意在学生已有生活经验与数学学科知识之间精心搭建认知桥梁，通过观察、比较，在探究学习活动中感受新知的产生、形成过程。

比如，“周长的认识”一课是三年级的一个教学内容。周长对于三年级学生来说并不是完全不知道，在之前的日常生活中，学生们或多或少都已经接触过、听说过周长的大致意思，已经具有了一定的认知经验和基础，只是没有完全理解这个数学术语。基于学生已有的生活和认知经验，教师可以引入学生身边比较熟悉的物体和图形，激活学生的经验，通过指一指、描一描、圈一圈等实际操作活动，展示学生的已知，并为抽象周长概念本质奠定基础。在设计数学探究学习时,教师务必要细致地了解学生的日常生活经验,这也是设计出有效的探究学习活动的必要前提。

二、情境与问题

乔纳森在《学习环境的理论基础》一书中,对情境作过这样的描述:“情境是利用一个熟悉的参考物,帮助学习者将一个要探究的概念与熟悉的经验联系起来,引导他们利用这些经验来解释、说明、形成自己的科学知识。”

数学理解性探究学习情境的本质是一种具有学习背景、景象和活动条件的特殊学习环境。它是根据探究的内容,为了落实探究学习目标而设定的特殊学习环境。它适合学生主体并作用于学生主体,能使学生产生积极的情感反应,从而主动地开展建构性学习。

情境有两个维度,一个维度是“境”,它是学生进行有意义学习的认知背景;另一个维度是“情”。一个真正意义上的情境应该能激发学生乐于参与、关注和活动的“情”,并引导学生浸润于探索、思维和发现之“境”。因此,创设情境既要为学生的学习提供认知停靠点,又要激发学生的学习心向。在创设探究学习情境时,要把若干新知渗透到奇妙有趣、接近学生生活实际和认知基础的情节、场景和故事之中,激发学生在情境中发现问题、提出问题、分析问题和解决问题的兴趣,在实现问题解决的过程中促进知识与技能、过程与方法、情感态度和价值观的全面发展。由此可见,情境和问题是数学理解性探究学习的必备要素。

在探究学习中,问题是探索活动的起点,情境是容纳问题的载体。教师应精心创设探究情境,在学习内容与学生求知心理之间制造一种认知冲突,使学生形成问题意识,激发探究心向。好的数学探究情境应具有激趣、引疑、导向、启思等功能。探究学习中创设的问题情境应紧紧围绕学生所要探究的数学知识,从学生已有的生活经验、认知水平出发,将问题与知识蕴含在具体的情境中,激发学生的求知兴趣,激活学生已有经验,引导学生主动思维,使学生进入一种“心求通而未得,口欲言而不能”的心理境界。

第一,应让情境承载数学问题和本质。好的数学探究学习情境应该能够恰当、清晰地承载数学问题,并凸显出特定的数学本质,而且还应在探究过程的逐步推进过程中持续发挥导向作用。

例如,我们在教学“循环小数”这节课时,就创设了一个数学探究活动情境,开展了一次分组计算比赛,由男、女生分别完成两组计算题。男生组题目:$0.54\div7.5$、$40\div60$;女生组题目:$0.756\div0.18$、$2.1\div1.1$。在比赛过程中,学生非常投入，认真计算，可是算着算着却不由得着急起来，发现一直除不尽。结合比赛活动情境中的“遭遇”，学生提出问题。在这种强烈的求知心向中，教师引导学生探究、发现商的特点，从而提炼出循环小数的概念本质。

再如，“质数与合数”一课的教学中，教师也可以创设数学活动情境，让学生在操作过程中对质数与合数的认识逐渐清晰。教师为学生提供一定数量的小正方形卡片，让学生摆成大的长方形或正方形。教师给出几个数：2、6、7、12、13、16，让学生自主选择其中一个数作为小正方形卡片的数量，用这些小正方形卡片摆成大的长方形或正方形。在操作中，学生逐渐体验、感悟到因数个数（即长和宽）是影响拼摆方案数的最主要因素，在此过程中对质数与合数本质属性的认识越发深入。

总之，在理解性探究学习中，要努力优化探究情境要素，使情境中承载着数学问题，让情境的内核指向概念的本质，让学生经历概念产生、形成的过程，给予学生自主探索的空间和方向。

第二，应寻求情境创设的最佳切入点。我们可以抓住学生的数学现实、生活实际经验以及数学知识之间的内在联系，并以此作为切入点创设探究学习情境。

例如，“认识小数”一课教学创设量体温的探究情境：教师展示体温表，让学生逐一数数，揭示像表示物体个数的1、2、3等的数都是自然数，0也是自然数，它们都是整数。接着继续通过课件演示体温表上温度上升的情境，升至36℃、37℃，最后升至37℃与38℃之间，学生在认读过程中发现不能用整数来表示了。在这种认知冲突下，学生产生了学习新数的心理需求。这样的探究情境从学生熟悉的生活常识入手，结合已有的认知基础，引发认知冲突，激发学习需求，更重要的是在情境中学生能够借助冲突感受到小数与整数之间的内在联系，为新知的增长找准切入点。再如，“24时计时法”教学中，很多教师创设了有认知冲突的情境：有的教师创设生活情境，4:40的火车，小明下午4点赶到火车站怎么还晚点了呢？有的教师创设虚拟情境，蓝猫和朋友约会，约好了是7点钟，结果会面没有成功，原因是一位是早上7时到的，另一位是晚上7时到的。从这些日常生活中的故事情境中，学生能够初步感受到普通计时法和24时计时法之间的区别和联系。

第三，应依据学生的心理特点选择合适的情境及情境的呈现方式。数学探究情境的创设应针对学生的认知心理特点进行，如低年级小朋友比较偏爱儿童化的故事情境，而随着年级的升高，学生们会逐渐变得理性化起来，从而偏向于带有适度思维挑战性的探究情境。再如，对于低年级的学生来说，颜色、声音、动作具有很大的吸引力，所以需要创设生动有趣的问题情境来调动学生的多种感官参与学习；对于中、高年级学生来说，其自身内部学习动机逐渐增强，抽象思维也有所发展，所以需要创设富有挑战性的问题情境来进一步激发其探究的动力。

比如，在“商不变的性质”一课教学中，教师可以创设一个猴王分桃的故事，借此来调动学生的学习积极性。故事内容梗概：花果山风景秀丽，气候宜人，那里住着一群猴子。有一天，猴王给小猴分桃子。猴王说：“给你 6 个桃子，平均分给你们 3 只小猴吧。”小猴子听到自己只能得到 2 个桃子，连连摇头说：“太少了，太少了。”猴王又说：“好吧，给你 60 个桃子，平均分给你们 30 只小猴，怎么样？”小猴子得寸进尺，挠挠头皮，试探地说：“大王，再多给点行不行啊？”猴王一拍桌子，显示出慷慨大度的样子：“那好吧，给你 600 个桃子，平均分给你们 300 只小猴，你总该满意了吧？”小猴子觉得占了大便宜，开心地笑了，猴王也笑了。谁是聪明的一笑？为什么？教师创设了猴王分桃子的故事情境，情趣盎然，学生十分投入，最后通过一个设问“谁是聪明的一笑？”引发学生的数学思考，进入“商不变性质”的学习。这样的情境适合低、中年级学生的数学探究学习。

在高年级数学课堂中，则应针对高年级学生的心理特征创设具有一定思维容量的问题情境，诱发学生思维的火花。例如，“百分数的意义”教学课始，教师就创设了篮球比赛中挑选投篮比较准的队员上场的问题，给出几位队员平时投篮情况的数据，其中投篮次数不同，命中个数也不同，让学生进行比较和选择。在交流中，学生认识到仅靠比较命中个数来选择是不太合适的，于是另辟蹊径，尝试通过命中的百分率来比较，进而逐步揭示出百分数的意义。

总之，在探究学习活动设计时，教师要明确创设问题情境的目的，创设有价值的问题情境，切莫让情境成为课堂教学的“摆设”。正像有的教师说的，好的情境绝不仅仅在于“华丽的外表”，它应该是“数学思想和数学知识的承重墙”。

三、材料与资源

学生开展有效的探究学习需要合适的学习素材资源。这些素材资源包括引发探究学习的问题情境、开展探究学习的活动材料等。这些素材资源或来自于课本，或来自于网络，或来自于师生的创造。要盘活探究学习的素材资源，确保学生能开展有效探究学习，必须以能触动学生数学思维，有利于促进学生对数学知识的深度理解为标准和思考设计的出发点。

1. 以辩证的眼光活用教材资源

教材中蕴含了学生探究学习活动最主要的资源，教材凝聚着编写者的心血，蕴藏着丰富的内涵，给教师提供了广阔、开放的研究空间。新课标指出：教材是重要的课程资源，但不是唯一的课程资源。教师应以辩证的眼光来看待教材资源，提倡用教材教，但不只是教教材，要求创造性地使用教材，以发挥教材的最大教学功能。教师可以根据学情，做好教材情境、问题资源的二度开发。例如，“24 时记时法”一课，教材中首先呈现的学习素材是一份用 24 时记时法表示的电视节目预告表，让学生讨论“怎么会有 14:00 呢”，引入了 24 时记时法。然后通过钟面上时针的走动情况与彩条图对照来探索 24 时记时法的记时原理与规则。在教学设计时，笔者进行了二度开发，设计了问题情境：先让学生读出现在钟面指示的时刻（10 时），并说说通常情况下，这个时刻你可能在做什么。让学生在不同的事情中主动思考“一天中怎么会有两个不同的 10 时”。在讨论交流的基础上，让学生仔细观察一天中时针的走动情况，时针每走一圈就呈现出一段 12 时的彩条图，接着让学生结合日常生活经验，用普通记时法来表示出一天中的 24 个整时。然后，再出示教材中用 24 时记时法表示的节目预报表，并质疑：钟面上最多才到 12 时，这里怎么会出现 14 时、16 时呢？使这一新知与刚才所学的普通记时法之间再次形成认知冲突，从而引发学生新的探究学习欲望。然后让学生利用学具钟面进行操作探究活动，发现一天有 24 小时，从而理解 24 时记时法的记时原理与规则。

2. 以辩证的眼光开发活动素材

探究学习是以学生猜想验证、动手操作、观察发现、类比归纳等具体的数学实践活动为基本载体的，因而教师应为学生提供丰富的学习活动材料。随着新课程改革的不断深入，现代多媒体资源越来越丰富多样，不仅能增大学生课堂活动容量，而且能使数学问题更加形象化，能拓宽和丰富教学手段，增强学生的探究兴趣。这为学生探究学习的开展提供了极大的便利条件。

例如，三年级“等可能性”教学时，通常教师会准备学生做摸球实验所需的口袋和球，让学生以小组为单位进行摸球活动，然后将实验结果统计出来，从摸到各种球的频次上来推断出可能性的大小。可是很多时候这一教学设计的实施效果往往不如人意，摸球的时间花费较多，且结果与预期也相去甚远，并不能够顺利推断结论。究其原因，一方面可能是学生操作时对随机、任意摸的细节要求（如摸前要将口袋里的球搅动一下等）落实不到位，另一方面摸球的次数较少，可信度不够，不利于等可能性结论的推断。因此，教师可以充分运用现代教育技术，开发计算机活动课件，从而改进实验活动。例如，利用抛掷硬币的课件，可实现较多次数的投掷，从而更能揭示其正反面的出现次数中所固有的规律。利用课件的可控性和交互性，积极引导学生参与试验，由学生来设定抛掷速度和次数，由此得出相对合理、可信度高的实验结果。这样可以极大地调动学生探究学习的主动性，提高学生的感性认识，并使之上升为理性认识。

然而，传统教学媒体和活动材料仍是学生探究学习活动时的重要素材。《数学课程标准（2011）》指出，我们不提倡用计算机上的模拟实验来代替学生能够从事的实践活动；我们不提倡利用计算机演示来代替学生的直观想象和对数学规律的探索。比如，一些几何图形特征的探究和理解，就不能一味借助多媒体计算机，仅凭演示观察的过程来替代学生感性认识过程。在这样的探究学习活动中，教师应提供给学生一些具体的活动材料，让学生投身于真实而非模拟的动手操作、观察分析等数学探究活动，从而获得亲身体验，感受几何图形的具体特征，并逐步引导学生进行几何抽象，理解其数学特征。[①]

总之，在教学设计中，教师应该以更好地促进学生对数学知识的理解为目的，以辩证的眼光开发活动素材，各取其长，避其所短，实现传统活动材料与现代媒体资源的有机结合，达到优化数学的学习过程和学习资源的目的。

3. *以辩证的眼光激活隐性资源*

探究学习的课堂上存在着许多隐性教学资源。学生的个体差异、认知错误、偶发事件等都将会在探究活动进程中生成宝贵资源。这些生成性资源的出现，正体现着学生数学理解的真实状态，其中必然包含学生在理解和建构数学知识技能过程中所存在的疑点和难点问题，也正是学生数学理解的节点所在。这些资源以一种潜在的方式影响或支持课堂教学。教师应该以敏锐的眼光和嗅觉捕捉到这些稍纵即逝的宝贵生成性资源，并加以充分利用，有效促进学生的数学理解。

第一是激活个体差异生成的资源。学生数学学习的差异是客观存在的。学生间的差异不但存在于学生的认知水平、学习风格、心理品质和他们未来的发展趋势等方面，还存在于每个学生所处的生活背景、家庭环境与文化感受等

① 顾晓东. 探究学习资源优化要以促进数学理解为基点[J]. 贵州教育，2012(16).

方面，他们所获得的数学感受和经验积累也有很大的不同。学生之间的这种差异性，为合作探究学习的开展提供了保证。教师要善于根据学生间的各种差异，有效地组织起小组合作学习，促进探究学习的深入进行。

例如，在一堂三年级数学课上，老师出示了一道题：“一个车间要装配288台电视机，工人们每天装配36台，经过了5天，还有多少台没有装配？”学生们的一般解法是：$288-36\times5=108$（台）。可是有一位学生在黑板上写了$288\div36$。此时，下面的学生纷纷举手要求指出该学生的错误。面对此景，该老师却微笑着对同学们说：“大家都觉得他做错了？其实他只是还没有做完，而且他还为我们展示了另一种解题思路。”老师这么一说，学生们都愣住了……这时，有个学生站起来说：“老师，我明白了。他这一步算的是总时间，现在装了5天，还要装$8-5=3$（天）才能完成任务，即剩下没有装的就是$36\times3=108$（台）。”“大家觉得有没有道理？”稍过片刻后，学生纷纷表示赞同。接着老师请板演的学生把题目继续做完，然后他高高兴兴地回到了座位。

在这一教例中，教师面对学生的差异，非但没有否定学生，而且通过巧妙的点拨，扭转了学生原有的观念，反而生成了另一种解法。其实，这位同学不会做这道题，只是碰巧算对了一步。可是教师敏锐地抓住学生对其中数量关系理解上的一个有用节点，巧妙地化险为夷，生成了“峰回路转”的神来之笔，顺势帮助学生们生成、理解了另一种解题思路。另外，在课堂上，教师应从不同的视角、不同的层面去看待每一个学生，为每一个学生提供展现个性化数学理解过程的舞台。

第二是激活学生错误生成的资源。学生的认知错误恰恰能暴露出他们在新知的探究与理解过程中存在的困惑以及疑难之处。在课堂教学中，教师应切实把握并激活这类因学生认知错误而生成的教学资源。这是深度推进学生探究学习进程，促进学生准确理解数学的一个重要契机和宝贵资源。

例如，在完成二年级“认识线段”课后练习中“连接两点可以画几条线段？”这道题目时，有些学生认为可以画出两条甚至更多。课堂上，学生出现了这样的错误，其实是反映出他们对线段特点的认知和建构还存在着偏差。如果在此处随意地硬性纠正学生的答案，学生就失去了深入认识线段特征的机会。此时，教师应抓住这一契机，充分激活因学生出错而生成的宝贵资源，引导学生进行深入探究学习。首先，可以出示粗细不等的两种线段实物，引导学生观察，是不是都能说成是线段？如果画下来都是什么样呢？再引导学生比较纸上画出的结果，发现都是同样粗细的一条线段。此时教师向学生明确：和生活中的线段实物不同，几何意义上的线段本身是不分粗细的。其次，教师引导学生认识“点”其实也是不分粗细的。可以让学生在纸上画个点，教师用粉笔在黑板上画个点，同样比较一番，怎么同样是一个点，却有粗细之分？通过讨论明确，这只是由于画点所用笔的粗细不同而引起的，而实际上，几何意义上的点也是不分粗细的。再次，教师可以向学生介绍“聚点成线”的动态过程，让学生认识线段和点其实都是不分粗细的。这样，在后续的补救性探究学习中，学生通过观察、比较和抽象，能够对线段和点的本质特征有更为深刻的认识。

第三是激活偶发事件生成的资源。着眼探究的数学课堂上难免会出现一些“节外生枝”式的偶发事件，这往往是教师事先难以预料的。当此类事件发生时，教师应有较强的课程资源意识，把事件转化为有用的探究学习资源，并发挥其价值，使其成为促进学生深入理解的一个重要契机。

例如，一位教师在教学“100 以内数的认识”时，让学生摆小棒表示 76。可是每个学生只有 20 根小棒，许多同学想到与小组同学合作，摆出了 76。突然，有位学生站起来报告：“Z 同学不与我合作，他还玩水彩笔呢！”（Z 同学不仅没生气，还偷偷地笑）面对这个突发事件，教师并没有斥责 Z 同学，而是用期待的眼光让他说说有什么想法。Z 同学表示，他不用合作就能摆出 76 了。他用 1 根彩笔表示 1 个十，用 1 根小棒表示一，摆 7 根彩笔和 6 根小棒就是 76 了。于是，教师引导大家一起讨论这样的摆法有没有道理。同学们议论开了……最后一致认为 Z 同学的想法非常有道理，而且摆法更简单。接着，教师又让大家按照这样的方法继续摆出了一些两位数。在后续操作中，学生对两位数的组成、数位的实际意义都有了更进一步的理解。可见，当学生“节外生枝”时，教师应善于利用契机，顺着学生的学情，给学生表达不同观点的机会，让学生的个性得到充分展示，同时也使课堂探究学习能一步一步走向深入。

探究式教学是一个动态生成的过程，探究型课堂是一个蕴含丰富个性资源的地方。教师要不断增强自己的课程资源意识，抓住课堂中这些不期而遇的资源，让我们的课堂因“意外”而精彩，让学生的探究因“意外”而深入。

四、活动与载体

数学理解性探究学习的开展必须以恰当的数学活动为载体。因为学生对数学对象的感知、数学原理的感悟都不可能是凭空产生的，这些感知、体验与感悟，都必须建立在具体的数学实践活动中。在数学理解性探究学习的课堂上，学生应该积极投入各种实践活动，始终属于一种数学活动状态，或是进行操作实践活动，或是进行内部思维活动，或是进行数学交流活动。

因此，教师应不断优化设计操作实践等数学活动过程。操作实践是整个探究学习活动的主要环节，是探究取得成功的基本前提。此处所讲的操作实践，并不单纯指摆一摆、搭一搭、数一数、量一量、看一看等以动手为主的操作活动，也包括算一算、比一比、画一画等心智操作活动。探究学习的核心是发挥人的主观能动性，激发学生主体参与，让学生动脑、动口、动手，把看、听、读、写、做结合起来，能最大限度地参与到探究性操作实践活动中去。笔者认为，在设计探究学习活动时，教师应该根据不同的学习内容材料，精心选择和设计合适的操作实践活动。

1. 猜想—验证

猜想是建立在已有的事实和经验上，运用非逻辑手段而得到的一种假设，是一种合理推理。波利亚认为，在有些情况下，教猜想比教证明更重要。他曾说，在数学领域中，猜想是合理的、值得尊重的。在教学一些具有较强迁移性、规律性等的数学内容时，我们可以采用这样一种探究学习方式，并且将其作为一种重要的数学思想方法加以渗透。例如，在教学“加法交换律和结合律”时，教师可让学生观察通过解决实际问题而得到的具有相似性的几组等式，大胆猜想，在此基础上，教师引导学生进行自主列式计算验证，从而通过这种合情推理和不完全归纳法，证实原先的猜想，并进行归纳概括，得出运算律。实践证明，在探究学习活动中，数学猜测能缩短探索问题的时间，能获得数学发现的机会，能锻炼学生的直觉思维。[①]

2. 操作—发现

动手操作是数学探究学习时的常见活动，学生往往借助摆一摆、移一移、拼一拼等具体的数学操作实践活动来感知事物特点，领悟算理算法，发现数学规律，解决数学问题。在低年级算理、算法的探究过程中，教师可以根据低年级儿童长于直观形象思维的数学学习心理特点，巧妙设计合理的动手操作过程，让学生能够有充分的活动时间，经历独立实践探索、同桌或小组合作交流探索的过程，从而领悟算理，掌握算法。例如，教学“百以内退位减法”时，教师首先应该为学生提供操作小棒的机会，让学生按照自己的想法独立自主地摆弄小棒，

---

① 顾晓东. 探究学习的理性观照和实践优化[J]. 教育研究与评论，2013(6).

得到操作的结果;接着组织学生交流各自的操作过程和结果,学生的思路是不同的,操作方法也是各异的,但结果却是一致的;然后教师引导学生从操作活动中发现、感悟算理,进而进行抽象概括,归纳出一般化算法。

3. 观察—比较

观察比较是一切理解和思维的基础。儿童学习心理学认为,小学生对看得见摸得着的事物理解得比较快,因而观察是学生学习数学的一种重要手段。通过对周围环境、实物和模型的观察、测量等,学生能够感知事物的特征,并在头脑中形成表象,为数学知识的建构积累丰富的直观材料。同时,把各种对象或现象加以对比,可以确定它们之间的关系,沟通知识之间的联系。因此,教师应组织学生观察,在观察中进行比较,展开探究过程。例如,在认识几何形体的教学中,教师就应该让学生从日常生活中搜集一些几何形体实物,在课堂上引导学生仔细观察,悉心比较,把握不同几何形体各自的特征。此外,在一些计算规律的探索过程中,观察比较也是一种常用的探究学习方法,教师引导学生对若干类似算式的观察比较,发现其中的相似之处,并进行适当的归纳抽象,从而把握规律的本质特征。

4. 尝试—交流

这种探究实践过程是指让学生围绕一个问题,借助已有的认知活动经验,运用知识的迁移规律,用自己的思维方式主动地、自由地展开尝试性探究活动,在比较充足的时间和空间里进行自主尝试探索,寻求解决问题的途径、方法,然后与同伴进行交流,分享尝试成果,进而归纳提炼解决问题的基本方法。因为学生是自主尝试,所以在更多时候往往会形成多样化、个性化的解题策略。教学设计时,教师应该给学生留出足够的探索时空,相信"给孩子一片天空,他们会还你一份惊喜",让学生大胆尝试,充分激活其潜能,让他们能够自主建构数学知识。成功的尝试能为孩子带来无穷的学习乐趣,将成为他们今后数学学习的不竭动力。教师应多给孩子一些尝试成功的机会。

五、时间与空间

适度拓展理解性探究学习的时空,是促进学生数学理解所必需的。在数学探究学习的课堂中,学生不能成为接受知识的容器。与传统接受教学相比,探究学习需要更多的活动时间和空间,更要学生付出更多的探究力。教师要努力拓展探究学习的时间和空间,把握促进数学理解的力度和力点,让学生在广阔的、开放的时空中，将数学知识、技能转化为自己探究、思考的果实。①

1. 确保课堂探究时空充足有效

课堂探究学习的形式是多样化的，可以让学生动手操作、观察发现、猜想验证、类比归纳等。留给学生充足、宽裕的时间和空间进行数学探究和实践活动，是让学生在活动中促进数学理解的重要因素。首先，应提供一个能让学生自主探究的思考时间。在当下的数学探究活动中，一些教师往往会为了节约有限的课堂教学时间而不给学生提供充分的思考和探究的时间，当学生稍稍遇到一些障碍时，便迫不及待地直接启发，甚至告诉学生答案和结果。这种"讲授式"探究，以教师的直接或间接"告诉"代替、简化了学生的主动思考和探究过程，这种"越俎代庖"不利于学生对知识与技能形成深度的数学理解。教师必须给学生留出探究的充足时间，让学生去探索、思考、感悟。其次，应创造一个能让学生自主实践的活动空间。这种空间包括生生之间的合作空间，也包括学生个体的思维空间。学生在宽松、灵活的活动空间中能迸发出更多的思维火花。心理学表明，思维活动往往是从动作开始的，如果切断活动与思维的联系，思维就得不到发展。因而，课堂上的操作探究活动切勿来去匆匆，草草收兵，不能只图表面热闹和形式，而是要让学生充分实践，并精心引导学生在操作实践活动中不断进行观察发现、猜想验证、类比归纳等数学思维活动，经历数学知识的形成过程。

2. 将探究时空贯穿到课堂前后

拓展探究的时空资源还意味着要将探究时空贯穿到课前与课后。对一些数学知识的理解，有时仅靠课堂上的学习时间还不够，还需要学生在课外实践活动中去加以深入理解与把握。学生将课上所学知识与生活实际联系起来，进行生活化的实践，在实践中感悟数学知识，解决实际问题，这是促进数学知识深度理解的有效方式。因此，教师应根据学生的年龄特点和已有知识基础，结合生活实践，设计适合学生的一些操作性与参与性较强的课外实践的活动。例如，在学习了周长的概念之后，教师让学生回家后想办法知道自己书桌面的周长、腰围等，学生在动手实践中，加深了对"一周边线的长"这一数学概念定义的理解。

另外，学生往往在知识背景上存在着一些缺失，这也给课堂探究活动带来

① 顾晓东. 探究学习资源优化要以促进数学理解为基点[J]. 贵州教育，2012(16).

了一些困难。因而教师应该先了解学生的实际基础,结合探究学习主题,课前让学生进行一定规模的探究和实践活动,弥补学生在生活经验和知识背景上的缺失。例如,有位教师在教学“先乘后加”的运算顺序时,在课前让学生到商店购买两种或两种以上的小物品,每种至少购买两件,计算出一共花了多少钱。通过这样的实践活动,学生对先乘后加这个计算顺序有了一个生活背景的体验,而后在课堂上的探究学习活动就顺利多了,学生对这个运算顺序的理解也更深入了。

探究学习是一个实践的过程。教师应为学生创设主动参与的机会,拓展探究学习活动的时间和空间资源,把促进学生数学理解的力点延伸至课堂外,让学生在全过程、全方位的主动探究与实践活动中逐渐提高数学思维能力和理解水平。

六、反思与评价

“编筐编篓,全在收口。”交流表达操作实践成果,及时引导归纳概括探究结论,是探究学习活动的重要环节。因而,在重视实践操作活动设计的同时,教师还应充分关注归纳概括、反思评价环节的优化设计。归纳概括、反思评价环节一般安排在学生进行了具体的操作性实践探究活动之后进行,学生在探究活动中获得了切身的体验、感悟和发现,处于一种“不吐不快”的状态,此时教师应该及时组织学生进行汇报交流和归纳概括,针对小组讨论的多种结果组织学生作出归纳和总结,帮助学生实现知识的内化、延展和升华。在设计此环节时,教师应注意:其一,让学生在生生交流、互助中实现知识和技能的内化。学生在个体独立、小组合作探究的基础上,充分展示自己的思维过程和方法,在与他人活动成果的互动交流过程中逐步地提炼和归纳总结所学的数学概念、规则以及解题方法等,实现知识和技能的内化。其二,让学生在师生互动、教师点拨中实现思想方法的升华。在归纳总结数学基础知识、基本技能的同时,教师还应该注意发展学生的元认知能力,引导学生回顾、反思探究活动的历程,有意识地指点学生对隐含在探究活动过程中的数学思想方法加以透析和挖掘,从而提高整个探究活动的效益。

另外,在理解性探究学习设计中,教师还应帮助学生获得积累探究活动的经验,这是数学理解性探究学习设计的亮点之一。探究学习活动有利于培养学生科学的认知方式,丰富学生的认知经验,这种认知方式和经验比单纯的数学知识本身更有价值。因而,帮助学生积累、整理活动经验,这是数学课程标准

(2011版)理念指导下小学数学教学应该充分关注的,也是我们在进行探究学习活动优化设计时的一个增长点。教师应逐步增强这种意识,精心设计数学探究活动的诸个环节,帮助学生获得活动经验并实现精致化。

学生获得、积累数学活动经验,实质上是获得一种隐性的数学直观,是对数学活动中直接经验的一种主观积累。虽然这种隐性的数学活动经验是抽象的,具有主体性、实践性、内隐性、动态性等特点,很多时候难以言传,可是教师仍可以根据其特征,从设计、组织每一个数学探究活动入手,引导学生积极参与数学实践,主动经历探究过程,促进学生从经历走向经验。具体来说,我们可以从以下两方面来优化设计:首先,要精心设计每一个数学探究活动,让学生经历数学知识的发生、形成、内化过程,从而丰富数学活动经验。活动要基于学生的已有经验,能激发学生的内在动机,在主动参与中收获丰富的活动经验。其次,要精心设计活动回顾环节,让学生经历数学活动的反思过程,从而提升和积淀数学活动经验。在探究学习中,教师要精心安排学生对参与的数学活动过程进行回顾,及时讨论和总结,引导学生检查自己的思维活动,反思自己是怎样发现、提出问题的,又是怎样分析和解决问题的,在解决问题的过程中运用了哪些思考方法和途径,从中回味思路、领悟方法、感受思想,提升和丰富数学活动经验。

第六节　理解性探究学习活动应培养哪些技能?

为了确保小学数学理解性探究活动的实效性,我们还必须培养探究学习的各种基本技能。这些探究技能并不是每个人与生俱来的本能,而且这些技能还存在着明显的个体差异,需要教师在日常的数学教学活动中对学生进行悉心指导,逐步提高他们的探究能力。当然,这里所说的数学理解性探究学习的基本技能,除了针对学生而言的一些必须掌握的内容外,也包含教师设计和实施数学探究课堂时应掌握的一些导控技能。

一、学生探究技能

在小学数学探究学习的课堂上,教师不仅要加强基础知识和技能的理解教学,还要注重学生从事探究活动基本技能的培养,使学生逐步具备一定的探究技能。教师必须对学生在探究过程中用到的观察、操作、提问和交流等基本探究技能加以训练。

1. 观察

观察是一种有目的、有计划、通过多种感觉或者借助仪器进行的比较持久的活动。小学生的认知心理特点决定了他们往往喜欢新奇的事物，但观察事物时往往又比较笼统，不精细，不注意事物的本质特点，不善于区别事物间的差别，这就要求教师在平时的课堂教学中，注重积极引导，逐步培养他们观察事物的兴趣，提高其观察的能力。①

首先要激发和培养学生观察的兴趣。在数学理解性探究学习的课堂上，学生往往会经历较多的观察活动，如在对数概念、几何概念等的学习过程中，教师应该针对学生认知的心理特点，精心准备一些学生感兴趣的事物（可以是实物、图形、画面乃至数据等），同时也要充分注意优化这些观察材料的呈现方式，让学生进行观察，这是提高学生观察兴趣的必要手段，也是影响学生观察效果的重要因素。

其次要培养学生观察的方法和习惯。鉴于小学生观察事物比较笼统的特点，教师在指导学生观察时，要注意引导和培养观察方法。在观察前，教师必须明确地告诉学生观察的重点对象是什么，需要观察什么变化和特征。要让学生带着明确的任务进行观察活动，在观察中注意搜集有用的材料，并进行适当的比较，这样才能把握住所观察材料的本质特点。此外，教师还要授予学生观察的具体方法，如先整体后局部、先主要后次要的观察程序，对比联系的方法等。在实际观察中，还要严格训练学生善于全面、细致地观察。所谓全面，就是把握事物的发展和联系，抓住事物的全貌；所谓细致，就是抓住事物的细节，发现隐蔽较深的本质特征，养成良好的观察习惯。

2. 操作

具体的操作实践活动是数学理解性探究学习的重要环节。学生良好的操作技能也是学生数学探究学习能力的一个重要方面。在课题研究实践过程中，我们主要从以下几方面来培养学生的动手操作能力：

一是充分借助学具引导学生进行自主操作实践活动。教师充分挖掘教材中的一切可以让学生操作的因素，充分利用或者自制数学学具，让学生“有东西可操作”。通过动手操作，获取认识概念、理解法则、推导公式的切身体验和宝贵经验，为建构新知奠定基础。

二是鼓励学生勤操作、爱操作、会操作，形成良好的操作习惯。教师在操作前用清楚的语言向学生提出明确的操作要求，按照教学目标精心组织学生进行

---

① 邱虹. 小学高年级数学探究式教学的研究[D]. 长春：东北师范大学，2009.

操作。教师要注重培养学生良好的操作习惯:操作前要听清要求;操作时不慌不乱,有条有理;教师或同学讲解时,要暂停操作,认真听;操作完成后,要迅速收好学具等。同时要培养学生具有边操作、边观察、边思考的协同活动能力。当然,这些好的习惯要靠平时的训练和严格要求,以保证操作富有实效。

三是加强操作实践过程中的学生合作探究。在探究学习过程中教师可以安排一些小组合作操作探究活动,让学生以小组为单位合作完成操作任务。在这样的操作中,学生们之间需要分工互助,团结协作,共同探究,能够充分发挥集体的智慧,同时也能够培养学生的合作意识和能力。

3. 提问

哈佛大学的师生流传一句名言:"教育的真正目的就是让人不断地提出问题、思考问题。"一切发现、发明和创造、创新,皆基于问题。"提出一个问题往往比解决一个问题更重要,"爱因斯坦说,"因为解决问题也许仅是一个数学上或实验上的技能而已。而提出新的问题、新的可能性,从新的角度去看旧的问题,却需要有创造性的想象力,而且标志着科学的真正进步。"在数学课堂中,培养和提高学生提出问题的能力,是促进学生个体认知水平发展的重要途径,也是小学数学理解性课堂探究学习过程中不可缺少的一环。要让学生学会提出问题,必须做到以下几点:

一是不断培养学生提问的意识。要根据学生的实际和年龄特征、知识经验、能力水平、认知规律等因素,抓住学生思维的热点和焦点,根据学生认知的"最近发展区",为学生提供丰富的背景材料,创设恰当的问题情境,唤起学生发现问题、提出问题的主动性。

此外,教师还应该为学生创设宽松自由的学习氛围,要给学生更多的"问"的自由和主动权。在教学中,我们试着开给学生一张"保险单":课堂是你提问、出错的地方,提问的大门始终向你敞开着。明确向学生提出:有疑问尽管提出来,应该不满足于已有的结论,不相信唯一正确的解释,不迷信权威的仲裁,不屈服任何外在的压力而放弃自己的主张。"保险单"使得教师与学生之间的信息交流渠道畅通了,教师和学生都能以一种良好的情绪和真诚的微笑来对待每一个学生的每一次提问。

二要教会学生提出问题的方法。如果学生提不出来问题,那么教师就要帮助学生树立信心,指导学生去深入观察、思考,提出问题,发现问题。经过一段时间的训练,渐渐地让学生学会主动思考,提出的问题由少变多,逐步达到一定的深度和广度。例如,有的学生提的问题不着边际,未能触及重点或不全面时,教师可增补质疑,还可以让学生经常对不同学生提出的不同问题进行比较,确定最有价值的问题,使学生逐步建立问题的价值观。另外,有时候小学生由于语言表达能力所限,提出的问题使人难以明白,这时教师可逐步引导使其说得再明确些,还可以请其他同学来帮助解释,因为同龄人之间最容易沟通,说不定其他同学能听懂他的意思并能叙述得更加明白一些。

4. 合作交流

合作交流就是指学生把自己的观点采用各种方式加以系统化整理之后,与他人进行分享的活动过程。为了提高合作交流的有效性,教师要重视学生合作技能的培养。

首先是倾听。倾听是一项复杂的心智活动,更是一个人的基本素养。作为一种品质、能力,我们应花大力气让学生学会倾听。从礼仪的角度看,倾听是尊重他人的具体表现。在日常交往中,善于倾听别人的发言,既反映出一个人的礼仪修养,也是一种高超的交际艺术。使学生学会倾听,学会相互接纳、赞赏、分享与互助,将有助于他们取得信赖,赢得朋友。从求知的角度看,倾听是获取知识的重要途径。倾听可以使学生博采众长,弥补自己考虑问题的不足;倾听可以使学生萌发灵感,触类旁通,闪烁智慧的火花。在日常教学中,我们可以从以下一些方面来培养学生学会倾听:一要指导学生倾听的姿势。例如,听同学发言时,要求学生眼睛看着书上或教师出示的教具,不看发言同学的脸,做到神情专一。如果同学的回答与自己的思考相一致,则以微笑、微微点头表示认可或赞同。二要教给学生倾听的方法:猜想发言的同学会说什么,对同学的发言要点进行梳理归纳,想想别人说的有没有道理并能质疑。

其次是表达。教师要鼓励学生敢说,愿意在别人面前表达自己的想法。另外,教师要注意引导学生用描述性语言说出操作观察的过程,用概括性语言说出获得的结论,用富于逻辑性的语言说出自己的思考过程和解题方法。对于说话声音响亮、表述清楚、语言简练且重点突出的学生,教师要不失时机给予鼓励和肯定,以增强学生"表达"的信心。

二、教师导控技能

在数学理解性探究学习的课堂上,学生需要不断提高探究学习的各种技能。相应地,由于探究学习的课堂由封闭走向开放、单一走向多元、线性走向立体,课堂变得充满了未知的变化因子,这也使得教师的"教"面临着更多的挑战。

在学生主动探究学习的过程中,教师只有不断提升自己对学生探究过程的导控能力,才能使学生的探究学习取得真正的实效。除了前面所提到的创设教学情境、利用生成性资源等技能外,我们还应关注教师的引导、评价方面的技能。

1. 引导

数学理解性探究学习强调学生的自主探究与合作交流,提倡"凡是学生能探究的绝不代替,凡是学生能思考的绝不暗示"。但这并不意味着教师可以对学生的学习听之任之,放任自流。尤其是小学数学课堂,小学生的年龄特点、知识背景和思维能力决定了以学生为主体的探究活动必须在教师必要的引导、调控、点拨下进行。

教师的"导"应贯穿于教学过程的始终,导的时机可以灵活选择,既可以在课前,又可以在课中,还可以在课后;既可以在讲授新知时,又可以在综合复习中进行。教师要根据教材的知识特点和学生的认识水平,运用各种教学手段和方法,引导学生对知识的内容、结构、实质等方面进行思考、探索,变被动接受为主动探索,在学生思路受阻或出现偏差时,能及时点拨,绕过障碍,使学生茅塞顿开。

在新知探究时的"导"要注意导出知识的前因后果与前后关联。引导学生通过探究,经历和发现知识的形成过程。例如,"减法的简便计算"教学,为了让学生在充分感知的基础上发现"一个数连续减去两个数就等于这个数减去两个数的和",教师提供这样一组材料:出示几件物品及它们的价格,给学生一些钱,让他们随便买两件物品,问还剩下多少钱。学生会列出各种可能的连续减和先加再减的算式。教师引导学生在整理的过程中发现计算结果相等的算式存在以上规律,并通过自己出一些题目进行求证。这样使学生经历了这一规律的发现过程,学生掌握牢固,运用自如。

在新知探究时的"导"还要注意导向学生的思维训练。例如,学习"长方形面积"一课时,先让学生猜想长方形的面积大小与什么有关,然后提供一些面积为1平方厘米的正方形,让学生合作拼成长方形,并整理活动记录。教师要积极引导学生对照记录,发现长方形的面积与长、宽之间的联系,并形成共识,从而得出面积计算的公式。学生从中不仅建构了长方形面积计算的方法,而且也获得了数学思考与探究活动的经验。经历这样的探究活动,学生不但品尝到创造数学的乐趣,而且也感受到自己思维的力量。

在巩固应用时的"导"要注意将学生的思维导向"深、广"。在巩固应用阶段，教师应引导学生通过应用知识进一步掌握知识技能，并不断拓展知识的外延，能将相关联的知识联系起来，综合、灵活地应用相关知识解决问题。教师要将学生探究所得的新知深入剖析、挖掘，加以各种变式和反例，使学生能深入理解，并熟练应用。教师还要将数学知识与其他相关的知识、生活问题广泛联系起来，以进一步丰富知识，使学生能将新知与已有的知识体系相衔接。

当然，在理解性探究学习课堂上，教师更应该关注学生探究活动中的“卡壳时”“争辩时”“意外时”。以学生为主体的探究学习过程中，由于学生的认识水平、生活经验有限，课堂上常常出现“卡壳”现象，这时教师应该积极疏导，将“淤塞”导向“顺畅”。学生的争辩能最大限度地激发学生的智慧，使思维迅速发散与集中，扩大信息交流量，此时教师要引导学生充分发表各自的意见，并开展辩论，从正、反两个方面分别阐述自己的观点，并引起全班同学的评判，最终达到澄清，使学生心悦诚服，达成共识。①

2. 评价

教师课堂评价对学生探究学习的进程具有导向和激励作用。在数学理解性探究学习中，为了使学生的探究学习活动得到有效开展，学生探究潜能得到有效开发，教师应该要构建开放的评价机制，采取多元的评价策略。

首先要关注多元开放的评价内容。评价的目的是为了了解学生数学学习历程，激励学生的学习。因此，课堂评价内容应做到既要关注学生最终学习的结果，更要关注他们参与学习的过程，实现结果评价与过程性评价的统一；既要关注学生数学探究的水平，更要关注他们在数学探究活动中表现出来的思维品质、个性特征、情感态度、合作精神和创造天赋等，实现学习能力评价与学习情感评价的统一。这其实也是新课程标准所倡导的教学评价理念。

其次要关注多向互动的评价主体。学生是学习和发展的主体，自然也是评价的主体。因此，在数学探究学习课堂上，教师要积极转变评价理念，敢于把评价权交给学生，让学生开展有效的自评和互评。要给学生提供评价的机会，即学生可以评价自己的长处和不足，评价同学的知识掌握和运用，甚至也可以评价教师的教学方法和手段。另外，教师还可以通过同桌互评、小组互评、全班互评，以拓展课堂学习评价的时空，促进人人主动参与学习评价，提高学习的积极性和效率。需要指出的是，我们不可以完全放弃教师自身对学生的评价指导，

① 邱虹. 小学高年级数学探究式教学的研究[D]. 长春：东北师范大学，2009.

因为相对于小学生来说教师毕竟是“术业有专攻”的，教师应该充分发挥自身的引导点拨作用，促进学生在正确的轨道和方向上开展探究活动。

第三要关注动态发展的评价过程。课堂教学是一个动态生成过程，常常会出现一些出乎意料的情况，教师要树立动态发展的评价理念，及时捕捉到这些意外情况，巧妙地处理课堂中的“异样”声音，采取多样化的评价方式。例如，采取即时评价和延时评价相结合的方式，往往会收到意想不到的效果，既保护了学生探究学习的热情，又为他们的进一步探究指引了方向。

第斯多惠说：“教学艺术的本质不在于传授本领，而在于唤醒、激励和鼓舞。”小学生年龄小，心理发展尚未成熟，学习能力处于较低的水平，再加上小学数学的学习只是获取数学知识的起步阶段，所以在评价小学生数学探究活动时，教师应抓住孩子灵活多变的思维主线，采用多样化的手段和形式，客观、全面地评价学生，促进学生进一步发展。

第四章　小学数学理解性探究学习的课型建构

第一节　理解性数学概念探究学习的基本课型是怎样的?

数学概念是现实世界中某一空间形式或数量关系的本质属性在人脑中的反映,是客观事物的“数”和“形”的科学抽象。它是形成数学知识结构的基本材料,也是判断、推理的基本依据,是正确运算的基本保证。小学数学主要有数、运算、几何形体、量与计量单位、统计等概念。在平时,不论是哪种类型的概念教学,教师都必须帮助学生把握概念的基本属性,正确理解概念的内涵和外延。

一、数学概念学习的基本形式和阶段

数学概念的类型不同,学习方式也不同。根据奥苏伯尔有意义学习理论的研究,小学生主要是通过概念形成和概念同化两种基本形式来学习、掌握数学概念的。

所谓概念形成,是指对同类事物中若干不同例子进行反复感知、分析、比较和抽象,以归纳的方式概括出这类事物的本质属性,从而达到掌握这一概念的学习过程。学生需要依据直接经验,从大量的具体例子出发,在具体例证中逐步归纳、抽取事物在数量关系和空间关系上的共同属性,从而获得初级概念,并把概念的本质属性推广和应用到同类事物中去。这种学习方式不仅是低年级儿童学习数学概念的主要途径,也是高年级学生学习某些抽象概念时的重要方式。比如,学习“圆的认识”时,我们往往通过各种情境的创设,让学生在情境中观察生活中熟悉的圆形事物,如硬币、钟面、圆桌等,让学生在一系列圆的例证中进一步感知圆的基本特征,然后通过各种探究性操作活动帮助学生理解圆的本质属性,进而归纳圆的共同特征,建构圆的概念,并加以应用。

所谓概念同化,是指利用学生头脑中已有的数学概念,以定义的方式直接揭示新概念的本质属性,从而获得二级概念,即在已有概念基础上通过掌握概念的定义而获得概念的过程。随着学生年龄的增长和头脑中所获得的数学概念的不断增多,到了中年级以后,概念同化就逐渐成为学生学习和掌握数学概念的主要方式。可以说,概念同化是儿童心理发展到一定水平后自觉学习数学概念的主要形式,它主要依靠的是学生对经验的概括和新旧概念的联系。比

如，平行四边形、方程、方程的解、解方程等概念的学习。在学习平行四边形概念时，学生头脑中已经存在了四边形、对边、平行等数学概念，而建构平行四边形的概念就是要把这些已有概念进行整合，突出平行四边形的本质属性，形成新概念。这样，一方面有利于突出新概念的本质属性，另一方面又可以进一步充实和完善原有认知结构。

概念形成和概念同化是小学生掌握数学概念的两种基本形式，但这绝不意味着这两种形式是彼此孤立的，甚至是相互排斥的。事实上，小学数学教材中大量的数学概念，学生都要借助这两种认知方式的有机结合而加以理解和掌握。例如，平行线、三角形、分数、方程、比例、正反比例等数学概念，教学时一方面要通过大量实际例子来丰富学生的感性认识，让他们获得抽象概念本质属性的客观依据；另一方面还要通过定义更深刻地揭示所学概念的本质属性，以此加深对概念内涵的理解。这样处理，既符合学生的心理发展水平，又有利于揭示数学概念的本事属性，更有利于学生全面了解数学概念背后的丰富事实，把抽象的数学概念具体化。当然，由于小学生的思维特点处于由形象思维向抽象逻辑思维过渡的阶段，因此，小学生学习数学概念大多以概念形成的形式为主。

在小学数学课堂教学条件下，无论是采用哪种形式学习数学概念，大致都要经历概念的引入、建立、巩固和深化这几个基本阶段。这是一个复杂的思维过程，既是一个知识再创造、概念逐步理解的过程，又是一个改善学生思维品质、发展学生思维能力、培养学生创新意识和创造能力的过程。第一，概念的引入阶段。儿童学习数学概念有一个学习准备的过程，这个过程就称为“概念的引入”。引入是否得法，直接关系到学生的学习效果。良好有效的概念引入有助于学生积极主动地去理解和掌握概念。第二，概念的建立阶段。这是概念教学的中心环节。一个数学概念的建构一般要经过直观感知、建立表象、抽象本质属性三个过程。第三，概念的巩固阶段。学生对概念的掌握不是一次就能完成的，要由具体到抽象，再由抽象到具体多次往复。当学生初步建立概念后还需要运用多种方法，促进概念在学生认知结构中的保持，并通过不断运用加深对概念的理解和记忆，使新建立的概念得以巩固。第四，概念的发展阶段。这是不可缺少的一个环节。因为一方面概念之间有着纵横交错的内在联系，另一方面，小学生在一定阶段认识水平是一定的，抽象程度也不相同。学习数学概念时既要重视概念的阶段性，又要注意到概念发展的连续性，要按阶段发展学生的抽象概括能力，要使前一阶段的教学为后一阶段的概念发展做好铺垫。

数学概念教学的各阶段不能截然分开。引入后要紧接着形成,形成后要及时巩固,巩固中要加深理解,同时又要为概念的发展作准备。教师在教学中,要结合概念的特点和学生的实际,灵活掌握和使用。

二、理解性概念探究学习基本课型:“情境—探究—归纳”课型

引导学生充分地认识概念的本质与非本质属性,是概念教学所要达到的基本的教学目标之一。但数学概念的教学绝不在于教师把数学概念讲得如何透彻,更不是把概念硬塞给学生,而是要根据学生已掌握的知识去启发、指导和鼓励学生主动去探索、理解概念。在教学中,要重视数学概念的形成过程,将机械地记忆概念变为有意义地学习,将学生被动地接受概念变为主动地参与探究概念本质。因此,数学概念学习应倡导理解性探究活动,教师应悉心指导学生探索概念的形成过程,在探究活动中感悟数学概念的本质属性,建立概念意象,形成概念域,完善认知结构,并从中领悟数学思想和数学方法。

基于这样的认识,我们建构了理解性概念探究学习的基本课型:“情境—探究—归纳”。课型的基本流程如下:

概念建构阶段	概念引入	概念形成		概念巩固	概念发展
课型流程主线	创设情境 引入概念	实践探究 建立表象	抽象归纳 形成概念	训练内化 巩固概念	实际应用 深化概念
教师活动内容	旧知复习 创设情境 明确目标	提供素材 明确要求 巡视指导	组织交流 点拨引领 指导归纳	丰富例证 引导练习 组织评议	创设情境 联系实际 指导应用
学生活动内容	激活旧知 浸润情境 明确方向	观察实践 运演操作 积累表象	合作交流 讨论评议 类比抽象	变式训练 辨析判断 内化巩固	应用概念 解决问题 反思提升

1. 创设情境,引入概念

数学概念是比较抽象的,而小学生的思维以直观、形象为主。因此,在教学时要创设贴近学生生活实际的情境,为学生提供具体的感性材料,为学生分析素材、丰富表象奠定基础。在概念教学中,可以根据概念特点呈现给学生直观的,符合学生实际认知水平的生活和问题情境,从而激发起学生兴趣,引发学生思考。另外,良好的数学情境还能够让学生感受到数学概念产生、形成的来龙去脉，有利于学生调用已有的生活和认知经验，有助于提高学生数学学习的基本素养。

2. 实践探究，建立表象

数学概念是一类事物的数量关系或空间形式的本质属性在头脑中的反应。形成数学概念的前提是需要有丰富感性材料的充分感知，教师要为学生提供丰富的探究活动素材，让学生进行充分的操作实践活动。这些实践活动可以是动手操作，也可以是运演计算、观察比较等。教师应该向学生明确活动要求，指导学生操作实践。通过具体的感性实践活动，学生头脑中就会积累起客观事物较为丰富多样的初步表象。这样，就为进一步归纳事物的本质属性，抽象概念本质奠定了基础。

3. 抽象归纳，形成概念

学生在一系列操作实践活动中进行观察、积累，形成了与概念有关的认知材料，进而通过自主探究、整理分析找到众多材料之间的联系，尝试着在头脑中形成“意向性的概念”。在教师的组织和引导下，学生对概念的本质属性进行充分交流，尝试着概括、描述概念。作为具有丰富个性的能动主体，小学生会对新概念产生不同的理解和建构，教师要引领学生进行充分讨论和辩驳，使错误的认识得到纠正，正确的理解更加深刻，进而共同揭示出概念。

4. 训练内化，巩固概念

经过丰富的数学实践活动和类比归纳抽象，学生初步认识和理解了概念的本质属性，初步建构起了数学概念。这种初步认识需要得到一定的强化和巩固，并进而实现概念的精致化。因此，教师应该精心设计各种有针对性的训练题，如各种概念正例、反例的对比辨析，一些概念变式的灵活呈现，在反例和变式中进一步巩固和理解数学概念的本质属性。

5. 实际应用，深化概念

数学概念源于生活，也用于生活。在教学中，教师要引导学生将新学习的概念灵活应用到其他情境中去，以解决相关的生活实际问题。在实际运用概念的过程中，进一步巩固概念的认识和理解，同时还将进一步促进新学概念与原有知识体系之间的相互作用，促进概念的结构化和体系化，实现认知结构的进一步完善和发展。

另外，在概念探究学习中，教师还要引导学生主动反思探究的过程和方法，从中积累数学概念探究活动的经验，领悟其中的数学思想方法。

三、理解性概念探究学习课型的主要特点

理解性概念探究学习具备探究学习的问题导向性、主动参与性、开放生成性、综合实践性、真实灵活性等基本特征。但由于小学生概念认知过程具有其独特性，我们在建构理解性概念探究学习课型时，还应着重体现以下主要特点：

1. 关注学生形成积极探究心向

有意义学习的基本要素之一就是学生要具备积极主动的学习心向。强烈的探究心向是理解性探究学习活动取得实效的重要基础。一方面，教师应创设和谐民主的学习氛围，激发学生探究的兴趣，让学生在平等、尊重和宽松的氛围中开展探究活动。另一方面，教师应该精心创设学生认知矛盾冲突情境，让学生浸润在问题情境中，形成学习任务驱动，产生主动探求新知的强烈意愿；教师也可以借助学生熟悉的生活原型，在观察和实践活动中充分感知生活现象和事物特征，这些学生熟知的生活事物同样能唤醒学生的求知热情。

2. 通过实践活动把握概念属性

数学概念的学习就是要让学生掌握一类数学对象的共同本质特征和属性，理解数学概念的标志则是学生能够熟练地利用数学概念的本质属性去进行后续学习和解决问题。数学概念的本质属性并非是教师直接讲授给学生的，而是要让学生在丰富多样的、有针对性的实践活动中逐步地感悟得到。在概念教学中，要防止重结论、轻过程的错误做法，要通过积极组织有效的数学活动，以确立学生在数学活动中的主体地位，让学生在数学活动中体验、思考、构建、修正数学概念。正如波利亚所说，学习的最好途径是让学生自己去发现。学生如能在教师创设的活动情境中像数学家一样去“做”和“经历”一遍发现和创新的过程，那么他们在获得概念的同时，还培养了学习和创造能力。

3. 通过多元表征促进概念理解

数学理解性探究学习的设计强调学生通过主动的探究实践活动来实现对数学概念多元表征的建构。因为数学概念往往有多种表征方式，如利用现实情境中的实物、模型、图像或图画进行的形象表征，利用口语和书写符号进行的符号表征等。现代认知心理学研究表明，不同的表征将导致不同的思维方式，概念多元表征可以促进学生的多角度理解。概念理解性探究学习注重让学生通过丰富的实践活动，在不同的表征系统中建立概念的不同表征形式，并逐步地引导学生在不同表征系统之间进行转换训练，以强化学生对概念联系性的认识。建立概念不同表征间的广泛联系，并学会选择、使用与转化各种数学表征，

是有效使用概念解决复杂、综合问题的前提。因此，使学生掌握概念的多元表征，并能在各种表征间灵活转化，是数学概念理解性探究学习的重要旨归。

4. 注重感性与理性认识相结合

数学概念是数学对象的本质属性在人们头脑中的反映。由于年龄小，生活经验不足，已有知识经验较少，小学生形成数学概念时，一般都要求有相应的感性经验为基础，而且要经历把感性材料在脑子里来回往复，从模糊到逐渐分明，从许多有一定联系的材料中，通过自己操作、思维活动逐步建立起事物的一般表象，分出事物的本质特征或属性的过程，这是形成概念的基础。理解性概念探究学习过程注重和加强了学生的直观探究活动，如对于一些相对抽象的内容，尽可能地利用恰当的演示或操作使其转化为具体内容，在此基础上抽象出概念的本质属性；而对于一些和学生的生活实际紧密结合的概念，则充分引导学生激活生活经验，丰富感性认识，为理性抽象概括奠定基础。总之，理解性概念探究学习设计注重解决数学概念的抽象性与学生思维的形象性之间的矛盾，有效处理好具体与抽象的矛盾，促进感性认识向理性认识的上升。

5. 注重建构与应用概念相结合

《数学课程标准(2011)》指出，要加强学生“四基、四能”的培养，其中就涉及加强数学应用，让学生经历发现问题、提出问题、分析问题和解决问题的能力。数学概念本身就是学生对生活中相关对象进行一系列有目的的数学实践和思维活动之后在头脑中形成的一个抽象物。理解性概念探究学习设计强调，这种数学概念的学习过程理应回归到生活实践中去，让学生应用所学概念来重新审视、考量生活经验世界，应用概念本质来帮助人们解决生活实际问题。只有这样，数学概念的探究过程才是真正有价值的。同时，在应用概念的过程中，也必将进一步考查学生对概念的理解程度，进一步促进学生对概念本质的深刻理解。

四、理解性概念探究学习课型的案例剖析

“方程的意义”教学设计

【教学内容】苏教版数学五年级下册 P1、P2。

【教学目标】

1. 使学生在天平平衡与不平衡的具体情境中，感受数量的相等和不相等，学会用式子表示天平两边物体的质量关系，初步认识等式的结构和特征。

2. 使学生在观察和讨论中感知方程的特征，进而理解方程的意义，并能认识到等式与方程的联系与区别,体会方程是一类特殊的等式。

3. 使学生在观察、分析、抽象等数学活动中,经历将现实问题抽象成式与方程的过程,体会方程的思想,感受方程的价值,积累现实问题数学化的基本经验,培养学生的抽象思维能力和符号感。

【教学重点】理解并掌握方程的含义,会列方程表示简单的数量关系。

【教学难点】用方程的思想刻画简单情境中的等量关系。

【教学过程】

(一)创设情境,引入新课

1. 认识天平。

出示天平图。(图略)

师:认识这是什么吗?它有什么用途呢?

师:在生活中,人们可以用天平称出较轻物体的质量。

进而可以让学生结合自己的认识谈谈天平称物体质量的原理和方法。

2. 导入新课。

师:今天这节课,我们就要借助天平来学习数学中的一个重要知识。

(二)实践探究,建立方程模型表象

1. 初建天平情境中物体质量之间的相等关系模型。

(1)猜一猜:两只橘子和一只梨哪个重一些。

让学生自由表达猜测的结果,教师用课件归纳出示不同的猜测结果。

结合猜测,让学生用 > 、< 或 = 来说说两只橘子和一只梨的重量关系。

(2)用式子表示重量之间的相等关系。

教师给出数据:橘子每只 100 克、梨每只 200 克。

让学生用一个式子来说说两只橘子和一只梨的重量关系。(出示 $100+100=200$)

2. 抽象集邮情境中的数量关系模型。

出示集邮情景:小明搜集邮票 15 张,小红搜集了 32 张。

(1)用一个式子表示小明和小红集邮的情况。($15<32$ 或 $32>15$)

(2)师:小明一看自己比小红少好多,就连忙又搜集了 x 张,现在两个人邮票的张数怎样?用式子表示出来。(有三种不同情况:$15+x<32$,$15+x=32$,$15+x>32$)

3. 抽象其他情境中的数量关系模型。

(1)师:在日常生活中,有很多实例都可以用数学上的关系模型来描述。下面每个情境中的数量之间有什么关系呢?让我们再来试着用数学关系式描述出来。(出示情境图如下)

图意分别为:

①衣服 x 元,裤子 38 元,买这套衣服共用去 86 元。

②小红 x 岁,妈妈 39 岁,爷爷 63 岁,小红和妈妈年龄的和还不如爷爷的年龄大。

③天平左边砝码为 50 克,右边砝码为 200 克。

④买 10 盒酸奶,每盒 y 元,买纯牛奶花了 32 元,买两种牛奶一共花了 72 元。

酸奶	每盒 y 元,买10盒	一共花了72元
纯牛奶	花了32元	

(2)学生尝试用数学关系式来描述,并进行交流,得出以下关系式:

$x+38=86$　　$x+39<63$　　$200>50$　　$10y+32=72$

(三)类比归纳,形成方程概念

1. 呈现式子。

师:在刚才的学习中,我们得到了一些各不相同的式子。你们能按一定的标准给这些式子分分类吗?

$100+100=200$　　$15<32$　　$15+x<32$　　$15+x=32$　　$15+x>32$

$x+38=86$　　$x+39<63$　　$200>50$　　$10y+32=72$

2. 学生尝试自主分类,形成双维度分类表格。

分类后组织交流,学生一般会有这样的两种分类:按是否为等式分;按是否有未知数分。教师引导学生按上述两个标准进行两次分类,在黑板上形成两个维度的分类表格：

分类标准	等式	不等式
不含未知数	$100+100=200$	$15<32$ $200>50$
含有未知数	$15+x=32$ $x+38=86$ $10y+32=72$	$15+x<32$ $15+x>32$ $x+39<63$

3. 描述式子的特征。

师：进行两次分类后，一共形成了 4 组式子，让学生说说每一组式子各有什么特征。

（①没有未知数也不是等式；②有未知数但不是等式；③没有未知数但是等式；④含有未知数而且是等式）

4. 引导学生形成方程概念。

师：在上述表格中，按照是否为等式、是否有未知数两个标准分类时，哪些式子同时具有两种特点？

教师揭示概念：像 $15+x=32$，$x+38=86$ 这种含有未知数的等式，数学上把它们称为方程。

（四）训练内化，巩固方程概念，理解与等式的关系

1. 师：下面几幅图中天平两边物体的质量关系，你能用式子表示出来吗？

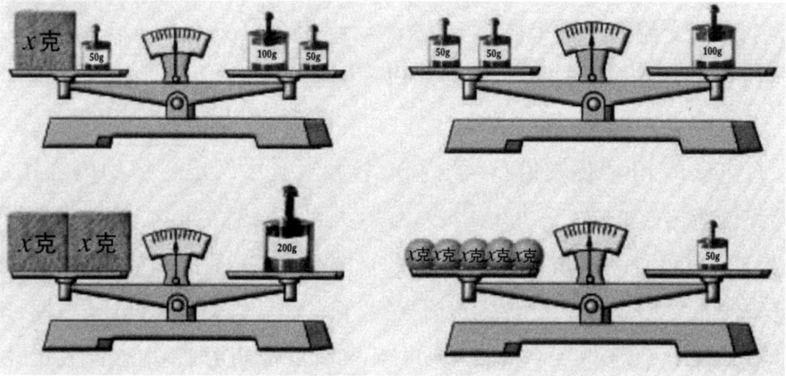

2. 交流汇报。

3. 师：这些式子中哪些是方程，哪些不是，为什么？（学生交流汇报，紧扣方程的概念进行判断）

4. 完成 P2 练习 1。

5. 完成 P2 练习 2。

6. 讨论：等式和方程有什么关系？独立思考，小组交流后组织全班汇报。

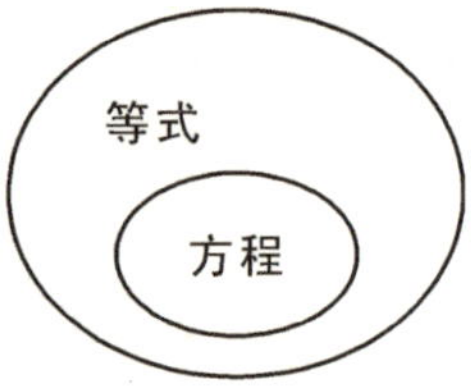

在交流中形成关系图，明确：方程一定是等式，而等式不一定是方程；方程是一类特殊的等式。

（五）实际应用，深化拓展方程概念

1. 看图列出方程：

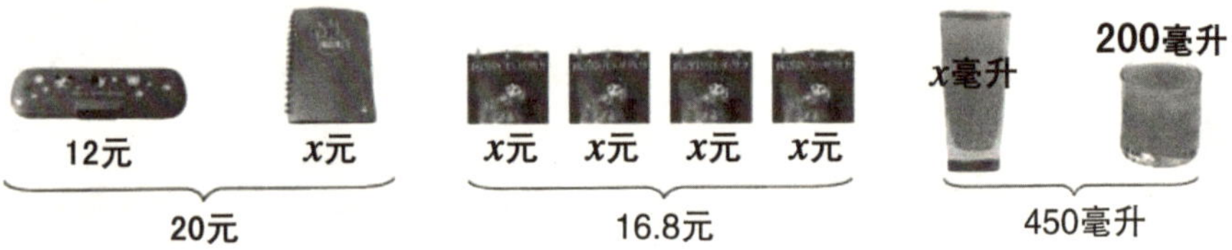

2. 文字表述列出方程：

（1）小明从家到学校有 500 米，他每分钟走 50 米，走了 x 分钟。

（2）张师傅每天做 x 个零件，用了 6 天做了 780 个零件。

（3）王涛放学回家后，去商店买了 3 本精装笔记本，每本 y 元。他付给售货员阿姨 20 元，找回 2 元。

3. 根据方程，回现情境。

师：老师头脑中有一幅图，我把它用方程表示了出来（出示：$5x=200$），大家猜一猜，老师头脑中可能会是一幅什么样的图。（可提示：如天平图、购物图等）

学生个别交流的基础上同桌互说，然后组织全班交流。

（六）全课总结，延伸阅读，拓展知识

1. 学习到现在，你有哪些收获？

2. 自主阅读 P14“你知道吗”的内容，教师对其中较难理解的内容作适当解释或补充说明。

【说明】方程是一个重要的数学概念。方程的学习是学生从算术思维转向代数思维的重要节点。上述教学设计关注了小学生数学概念学习心理，遵循了理解性概念探究学习的基本流程，力求引导学生经历方程概念的感知、抽象和深化的探究性学习过程，促进学生对方程本质的深度理解。

（1）在具体情境中感知概念原型，建立概念表象。方程是一个全新概念，缺少与之相关的已有认知基础。课始，教师通过天平这一模型，创设了形象具体的认知情境，先让学生直观地感知等式的实际意义。接着从集邮等情境中，再让学生用数学关系式描述实际问题的数量关系，初步感受到等式和不等式在生活中的存在，从而初步建立数学关系模型。

(2)在分类对比中抽取本质属性，建构概念意义。学生通过具体情境进行抽象、建模，形成了不同的数学关系式，这为学生进一步辨析、区分和把握概念属性提供了丰富实例。数学概念的建构过程是学生从各种实例中不断地比较、分析，发现同类例证的共同本质属性的过程。因而，教学时安排学生进行分类活动，学生在两次分类的过程中，逐步“筛”出方程的本质属性。

(3)在多层练习中深化概念理解，实现概念“精致”。在感知、抽象、概括的基础上，必须通过适当的练习，才能深化对概念的理解，达到概念掌握的应用水平。教学中，教师通过变式练习，让学生利用概念的本质属性进行判断、辨析，进一步完善认知，并且帮助学生建立概念系统，认识等式与方程的关系，从而经历方程概念的精细化过程，为概念的熟练应用奠定基础。

综观上述教学片段，旨在让学生充分经历方程概念的情境引入、素材感知、本质抽象、巩固应用的过程，为学生的自主建构和深度理解服务。

第二节　理解性数学规则探究学习的基本课型是怎样的？

小学数学中存在着大量有关数的四则运算规则、运算定律与性质、图形周长面积与体积计算公式等内容。这些内容既是现实世界数量关系和空间形式及其计算规律的概括与总结，又是关于计算过程操作步骤的具体规定。我们暂且把这些内容统称为数学规则，将学生对这些内容的学习称为数学规则的学习。由于规则在小学数学中占有相当大的比重，而且学生对这些规则的理解、掌握和运用情况将直接影响他们在今后生活中应用数学解决问题的能力，因而加强数学规则的教学在小学数学教学中具有重要意义。

一、数学规则学习的实质

数学规则是反映几个数学概念之间关系的命题。比如，“长方形的面积等于长乘宽”，它反映的是长方形的面积、长、宽这几个概念之间的关系。由于数学规则反映的是几个数学概念之间的关系，因而数学规则的学习必须以数学概念为基础和前提，其学习层次和复杂程度应高于数学概念的学习。

与数学概念一样，数学规则也有自己的例证。不过规则的例证区别于概念的例证，它不是一类事物的例证，而是几类事物之间关系的例证，确切地说，是几个数学概念之间关系的例证。例如,上文所提及的“长方形的面积等于长乘宽”这一数学规则,它的例证就是各种长、宽不等的长方形计算面积时都是采用“长乘宽”。再如,$4+5=5+4$,$36+28=28+36$,$0.17+3.2=3.2+0.17$ 等,都是“加法交换律”的例证。

规则作为一种智慧技能,从信息加工心理学的角度看,是一种程序性知识的学习范畴。其学习的实质是能用大量的例证来说明规则所反映的关系,以及运用规则在其适用的各种情境中解决问题。学生对数学规则的理解和掌握主要体现在以下三个方面:一是理解数学规则的推导和总结过程,不仅懂得各个数学规则是怎样规定的,而且还懂得为什么要这样规定,以明确数学规则规定的合理性和必要性。二是将习得的数学规则灵活运用到各种具体情境中去解决相应的问题。对于一些基本的数学规则(如四则计算规则、运算定律和计算公式等),其运用水平应达到比较熟练的程度。三是掌握不同数学规则之间的关系,明确它们之间的区别和联系,形成特定的规则联系网络,如长方形、平行四边形、三角形等的面积计算公式之间的特殊关系。

加涅等指出,规则学习的内部条件是必须掌握与规则相关的概念,外部条件是必须能够获得若干体现规则的例证。学生要理解、掌握数学规则,首先要理解构成该数学规则的相关概念,否则就不可能充分理解该规则的含义。例如,学习“长方体的体积等于长乘宽乘高”这一规则,学生就必须明白长方体、体积、乘、长、宽、高等概念,其中有一个概念的含义搞不清楚,就无法理解和掌握这一规则的真正含义。

学生在学习数学规则的过程中,单纯理解了这一规则还不够,还需要通过若干次实验或实际应用才能牢固掌握这一规则。教师一般通过呈现和讲解规则的例子来帮助学生学习和发现规则。一些学生能够背出某一规则,但是不会利用该规则灵活解决相关问题,这说明他们只掌握了规则的知识,并没有习得利用规则办事的技能。此时,教师还需要为学生提供若干例题和练习,帮助学生进一步理解和应用该规则。

二、数学规则教学的基本原理和形式

数学规则的学习本质上属于程序性知识学习的范畴,教师必须按照程序性知识学习与教学的规律来设计和实施教学。在数学规则学习的过程中,教师一般要遵循以下基本原理:

首先,在学习数学规则前,学生必须掌握构成该规则的相关概念。其次,在规则教学过程中,需要灵活运用例证来说明或支持规则。因为规则是抽象的,它蕴涵在具体的例证中,在规则的探究发现学习中,学生需要借助大量的例证来逐步观察发现、类比归纳数学规则。再次,数学规则教学一定要科学合理地安排学生进行规则练习。规则是技能的重要组成部分,习得规则的目的是利用它解决问题。教学中,为了让学生将习得的规则转化为技能,教师应设计一定的变式练习,变换规则适用情境的非本质特征,突出其本质特征,以进一步明确规则适用的条件和使用的技巧。

数学规则教学一般有两种基本形式:例证→规则和规则→例证。

(1)例证→规则。这种教学先呈现与数学规则有关的若干例证,再引导学生观察、分析,逐步概括出一般结论,从而获得数学规则。这种规则教学模式与概念形成的学习类似,是数学规则的探究发现式学习。例如,学习长方形面积公式时,教师先向学生提供 24 个面积为 1 平方厘米的小正方形,让学生把这些小正方形摆成长方形,让学生思考最多能摆多少个,并将结果填入表中。再让学生思考为什么最多能摆出这四种,从而发现长方形面积公式。

(2)规则→例证。这种教学教师先向学生呈现某个规则,然后通过若干的实例来说明规则。这种教学模式往往比较适用于规则的下位学习,其条件是学生必须掌握构建规则的必要概念。例如,在学习了长方形的面积计算规则(公式)后,学生可以利用已构建的数学概念(正方形的特征以及正方形与长方形之间的关系等),直接获得正方形的面积计算规则(公式),然后再通过多个例证来进行验证(如采用数“面积纸”的方格的方式)。

需要指出的是,在小学数学的学习中,采用规则→例证模式学习并不表示就是一种简单的接受学习,因为在教学中,通常不直接将规则呈现给学生,而是通过对某一对象(或某一组对象)的本质特征的探究来引导学生去发现规则。因此,这样的学习仍然带有一定的发现与探究成分。

三、理解性规则探究学习基本课型:“问题驱动—探究建构”课型

数学规则不能由教师直接给予学生,而应由学生凭借自身的探究活动去逐步地发现、归纳。让学生主动经历数学规则的探究学习过程,在活动过程中感受规则的存在,感悟规则的形成,体会规则的价值,从而在自主探究中主动建构数学规则,这样习得的数学规则是具有强大生命力的,是能够真正纳入到学生已有数学知识结构中去的。

基于这样的认识,我们建构了理解性规则探究学习的基本课型:“问题驱动—探究建构”式规则探究学习。课型的基本流程如下：

规则建构阶段	规则引入	规则建立		规则巩固与应用
课型流程主线	创设情境 问题驱动	实践操作 探究发现	合作交流 归纳建构	巩固应用 解决问题
教师活动内容	旧知复习 创设情境 明确问题	提供素材 明确要求 巡视指导	组织交流 点拨引领 指导归纳	联系实际 引导练习 指导应用
学生活动内容	激活旧知 浸润情境 明确方向	自主实践 运演操作 体验感悟	合作交流 讨论评议 提炼规则	变式训练 解决问题 应用内化

1. 创设情境，问题驱动

问题是数学规则探究学习的心脏。一个新奇的问题能够引发学生强烈的探究欲望。数学理解性探究学习需要问题情境的导引，让学生浸润在问题情境中，自然生发认知矛盾冲突，感受到当前遭遇问题与自身已有认知之间的不协调，从而形成一种探究新规则、解决新问题的内在需求。这样，就形成了一种具有明确学习方向和目标的数学活动和任务。

因而，创设一个恰当的、富有情趣而又内含规则探究任务的数学情境，是理解性规则探究学习设计的重要一环。当然，有些规则探究学习内容与旧知联系比较紧密，具有较强的迁移性。这种规则探究学习时，教师还可以引导学生适当地回顾旧知，进行必要的复习铺垫，但要注意铺垫的尺度，应为学生自主唤醒旧知，进行自主探究预留充足的空间。

2. 实践操作，探究发现

规则的发现需要经历一个数学操作实践、发现体悟的过程，因为数学规则是在众多例证中得以发现和归纳的。这里所说的数学操作实践活动，并非单指摆一摆、拼一拼、移一移、数一数等动手操作学具等活动，它还包括数学演算、观察发现、猜想验证、类比归纳等数学思维实践活动。教师应该针对不同类型的数学规则采取相应的数学操作实践活动。例如，“圆的周长”探究学习时，教师就可以让学生从事围一围、量一量、滚一滚、算一算等多种数学操作实践活动，得到充足的数据例证，从而“发现”圆周率，进而归纳推导圆周长计算公式。而“加法运算律”的探究学习时，教师则应让学生从若干实际问题的解决中，通过一题多解的列式计算，在演算中得到丰富例证，进而归纳概括数学规律。总之，丰富、有针对性的数学操作实践活动是数学理解性规则探究学习的关键和重点，是学生进一步发现、推导和归纳的前提。

3. 合作交流，归纳建构

在对数学规则进行探究的过程中，教师应该重视学生个体的充分探究，让学生有充分的时间和空间进行独立自主的探索和实验，让学生最大限度地参与操作过程，使他们的手、眼、脑、口、耳等多种感官并用，积累丰富的感性材料，为规则的发现奠定基础。然而，学生的探究行为不应只是个体行为，还要加强同桌探究、小组探究等互动学习活动，这样才能充分发挥自主探究学习的效率。教师应给学生搭建合作探究、互动交流的开放舞台，让学生在独立探究的基础上进行互动交流，以便集智汇力，拓展思维，实现对数学规则的意义建构。教师应当注意合作交流的有效性，组织、引导好学生之间的互动交流过程，防止形式化、低效化的合作在探究活动中滋长和蔓延。教师的引导作用在这一阶段显得尤为重要，学生对数学规则已有了一定的感性认识，有时候是已经意会但还未能言传，此时，教师应该注意启发学生合作交流，让学生相互启发和完善，努力发展学生的数学语言。当然，必要的时候，教师也应该给予学生必要的“点化”。

4. 巩固应用，解决问题

一个新的数学规则建立之后，要及时安排练习来巩固和运用新规则，同时要在运用规则解决实际问题的过程中进一步增强对规则内涵和意义的数学理解。在巩固应用环节，要避免让学生机械运用程序规则，减少简单重复的、单纯的技能性训练，应注意以下几方面的问题：首先要加强练习的目的性。加强练习的目的性是避免重复的机械训练的有效方法，要让学生明确练习目的，感受到练习的意义，这样可提高学生的练习兴趣和练习效率。其次要注意创设有趣味的练习情境。单纯的技能练习没有情节，枯燥乏味，教师要为练习安排实际的生活背景、游戏情节、竞赛气氛，采用多样化的练习方式，这样可以调动学生练习的积极性，提高练习效率。第三，练习设计要有坡度，要由易到难。一般先安排一定数量的基本练习题，再安排改变呈现形式的变式题或需要认真思考的发展题，最后安排需要综合运用知识的综合题。适当的时候还可安排发展学生思维的思考题。

四、理解性规则探究学习课型的主要特点

数学规则的建构是一个较为复杂的认知心理活动过程。它并不依赖于学生对数学规则的机械识记与运用，而是要着重关注学生对数学规则形成过程的充分经历，学生不仅要知其然，更要知其所以然。学生对数学规则的理解体现在他们能认识到规则产生和推导的过程、规则的必要性、新旧规则之间的联系等方面。因而，理解性规则探究学习课型的设计与实施要体现以下主要特点：

1. 注重规则探究与问题解决相结合

数学规则的探究与理解最终是要为进一步的数学知识学习、数学问题解决服务的，因而我们设计理解性规则探究学习过程时，应把数学规则探究学习置于一个更为广阔的学习情境中，这个情境中要蕴涵必需的数学问题，使学生感觉到数学规则探究的必要性和迫切性，感觉到数学规则的重要学习价值。在探究推导得出数学规则之后，教师仍需要设计运用规则进一步解决相应实际问题的练习，使学生在巩固中进一步深化理解，感悟价值。

2. 注重数学规则形成的全过程经历

数学探究的一般过程是发现和提出问题，对研究的问题作出假设或猜测，确定研究思路，运用各种方法获取信息，整理分析资料获得结论，交流展示，达成共识。理解性规则探究学习课型的设计强调要让学生全过程经历规则的产生、形成过程。因此，在理解性规则探究学习中，我们注重创设一个现实的数学活动问题情境，让学生浸润其中，自主探索与发现，合作交流与推导。学生亲历过程，学到的不仅是数学规则这个知识技能，更重要的是学到了探究的过程和方法，并在探究过程中享受到合作交流学习的成功乐趣，增强数学学习的自信心。这也正是新课标所倡导的基本教学理念。

3. 注重数学操作实践活动的实效性

数学理解性规则探究学习课型的重要一环就是要让学生开展必要的数学操作实践活动，在实践活动过程中自主探究与发现。这些操作实践活动是丰富多样的，可以动手摆弄学具，可以动笔列式演算，也可以观察、思考、对比，既包含猜测验证活动，也包含分析归纳活动。设计规则探究学习活动时，必须要充分考虑操作实践活动的实效性，要让学生将动手、动脑相结合，在操作活动中充分体验和感悟数学规则的原型特点，通过数学思维来把握数学对象的实质，为进一步的提炼与归纳奠定基础。简言之，就是数学操作活动不能为了操作而操作，而是要真正为探究规则服务，要让学生带着"数学头脑"来操作。

五、理解性规则探究学习课型的案例剖析

"小数加减法"教学设计

【教学内容】苏教版数学五年级上册"小数加减法"。

【教学目标】

1. 让学生经历探索小数加减法计算方法的过程，多角度理解小数加减法的算理，体会小数加减法与整数加减法在算理上的联系，掌握小数加减法的计算方法，并能用来解决一些简单的实际问题。

2. 让学生在自主尝试与合作交流中感受迁移、对比等思考问题的方法。

3. 在解决问题的过程中，感受到数学与现实生活的联系，体会成功的喜悦。

【教学重点】掌握小数加减法的算理和方法。

【教学难点】多角度理解小数加减法的算理。

【教学过程】

(一)创设情境，问题驱动

1. 观察情境，提出问题并列式。

开学前，小明和妈妈一起来到文具店。(课件出示：一台复读机的单价是1129元，一只书包的单价是135元)你能根据图中的信息提出什么数学问题？(学生分别提出加法和减法计算的问题，随后让学生列出算式)

教师指出：这是整数加法和减法。

2. 竖式计算，然后组织交流。

谁来说说竖式计算时要注意什么？(板书：相同数位对齐，从个位算起)

【设计意图：以学生喜闻乐见的购买文具为情景自然导入新课，激发学生的学习兴趣。根据情境中的价格情况，让学生提出整数加减法问题并复习竖式计算过程，为新课小数加减法的学习提供对比素材，并做好必要的铺垫。】

3. 延续情境，观察提问。

小明还要添置一些学习用品。星期天，他和小丽、小芳一起到文具店。(出示情景图)从图中你能知道哪些信息？(钢笔单价8元、水彩笔2.65元、讲义夹4.75元、笔记本3.4元，小明买1个讲义夹，小丽买1本笔记本)

让学生提出问题，课件出示：①小明和小丽一共用了多少元？②小明比小丽多用多少元？

4. 列式对比，揭示课题。

(1)提问：要解决这两个问题，该怎样列算式？(学生口头列式，教师板书算式：$4.75+3.4$，$4.75-3.4$)

(2)引导对比：这两个算式与整数加减法算式比较，有何不同？

(教师揭示课题并板书：小数加减法)

【设计意图：继续保持购买文具情景的一致性，让学生继续提出问题并写出算式。在新旧算式的对比中认识到本课所学内容，并让学生在解决问题的过程中感受到小数加减法的意义与整数加减法的意义相同。】

（二）实践操作，探究发现

1. 尝试计算，探索算法。

师：像这样的小数加减法教师还没教过，有没有谁已经会算了？（全班学生尝试竖式计算，并指名上台板演）学生一般会形成如下算法和结果：

```
  4.75        4.75
+ 3.4      +   3.4
------     -------
  8.15        5.09
```

2. 交流评议，理解算理。

师：看这两种做法的不同之处在哪儿？你们觉得哪种算法有道理？另一种做法为什么没道理呢？

你能说清楚其中的道理吗？（四人小组一起讨论）

组织学生交流发言、教师适时引导，理解为什么要相同数位对齐。

（1）从元、角、分的角度认识算理。

通过学生交流汇报，形成下图：

```
    4元  7角  5分
 +  3元  4角
 ----------------
    8元  1角  5分
```

师归纳：列竖式时，我们要把3元和4元对齐，4角和7角对齐，然后再相加。

（2）从小数意义和组成的角度认识算理。

教师适时以课件呈现下图：

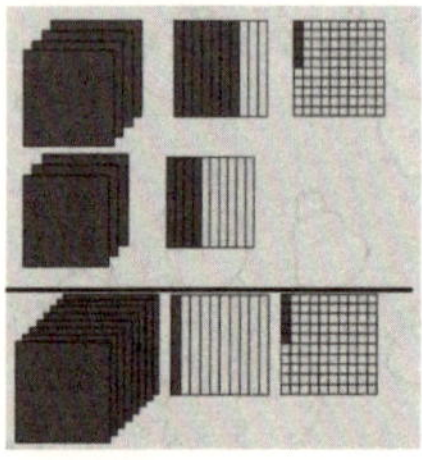

师归纳：列竖式时，我们要把3个1和4个1对齐，4个0.1和7个0.1对齐，然后再相加。

【设计意图：让学生主动迁移整数加减法的计算方法，尝试小数加法竖式计算，初步体会到小数与整数加法的相通之处。学生亲历新知探究过程，有利于算法、算理的自我建构。针对学生自主探究过程呈现出的不同算法，尤其是利用好宝贵的错误资源，教师有意识地引导学生进行说理辨析，旨在让学生明晰小数加法的算理。在说理过程中，教师启发学生从元、角、分的具体意义和小数计数单位的抽象意义两个角度理解“相同数位要对齐”的基本原理。】

3. 迁移运用，学习减法。

师：学会了小数加法的算法和道理，我们一起来解决小数减法的问题。请大家做在本子上。

师：谁能像刚才说加法的道理那样来说说这样做减法的道理吗？（启发学生自由发言，教师以课件进行归纳）

（三）合作交流，归纳建构

1. 回顾、归纳算法。

师：刚才我们一起研究了小数加减法，现在谁来说说小数加减法是怎样计算的？

同桌先相互说说，再指名交流。

启发学生：小数加减法怎么样能方便地做到相同数位对齐？

（教师适时板贴相关内容：小数点对齐、从低位算起）

【设计意图：当堂迁移小数加法的算法和算理，让学生自主尝试小数减法，这是学以致用。随后教师引导学生进行初步的归纳，总结出小数加减法的基本算法，并引导发现“小数点对齐”这个小数数位对齐的基本方法。】

2. 教学“试一试”，完善算法。

（1）出示情境图，加上一条信息：小芳买一支水彩笔。课件出示问题：①小明和小芳一共用了多少元？②小芳比小明少用多少元？

师：请你选择有关条件列出算式。（学生口答，教师课件出示算式。4.75 + 2.65，4.75 - 2.65）

（2）学生试做，并交流核对计算结果。

（3）教学“化简”。师：这两道题目的计算结果有什么特点？（末尾有0）这个0可以怎么处理？为什么能这么处理？

师指出：根据小数的性质，可以把小数末尾的0去掉。并归纳：计算结果能简化的要简化。

【设计意图：在初步探索出了小数加减法算法的基础上，在“试一试”中安排了计算结果小数末尾有0的情况，让学生在对比鉴别中领会到计算结果需要利用小数性质进行化简，从而进一步完善小数加减法的法则。】

（四）巩固应用，解决问题

1. 列竖式计算：9.3＋6.98，9.9＋24，7.56－4.56，1.76－0.85。

练习后，重点围绕“小数和整数相加”进行交流讨论，理解：整数的小数点在个位的右下角，可以转化为小数部分是0的小数进行计算。

2. 口算（P50 练习八第1题）。

3. 解决问题（练习八第3题）。

出示线段图，逐题解答问题。（前两题口答，然后让学生自己提出问题，并列式）

（五）全课总结，比较小数加减法与整数加减法的异同

1. 师：小数加减法和整数加减法在计算时有什么相同点和不同点？

相同点：相同数位对齐，从低位算起。满十进一，不够减借一再减。

不同点：在小数加减法中，小数点对齐，计算结果能化简的要化简。在整数加减法中，从个位开始对齐并计算。

2. 师：其实，小数加减法和整数加减法的算法在本质上是一致的。看来整数和小数中的一些知识有着密切的联系，我们今后学习小数的有关知识时，可以借助整数的相关知识来进行思考。

【设计意图：小数加减法和整数加减法两者之间有着密切的联系，它们在算理上是相通的。本课教学从复习铺垫整数加减法开始，在回顾对比整数、小数加减法异同中结束，始终让学生自主探索新知，亲历计算过程，凸显新旧联系，促进数学理解。】

三 案例篇

ANLIPIAN

第五章 小学数学理解性探究学习课例研究

在小学数学教材中,不少数学概念和数学规则的学习内容是比较适合开展理解性探究学习的。在本课题的研究和实践中,课题组针对数学概念类学习方面的数概念、几何形体概念、计量单位概念等,数学规则类学习方面的计算法则、运算定律和性质规律等相关教学内容开展了课例研究,在实践中进一步探索和把握小学数学理解性探究学习的基本理念和操作策略。

第一节 “数概念”探究学习课例

课例 1:认识小数

【教学内容】苏教版三年级数学下册第 100—101 页。

【教前思索】本课是在学生初步认识了分数的基础上,结合米、分米和元、角、分的知识来认识一位小数,让学生初步体会和理解小数的含义,知道小数各部分的名称,并掌握一位小数的读写方法。这部分内容既可以在实际生活中应用,又能为今后系统地学习小数打下初步基础。

三年级学生拥有了一定的生活经验,在平时生活中不同程度地见识过小数,有了适当的认知心理基础。因而,要在分析教材的基础上充分尊重教材编写意图,强调让学生从生活实际经验出发,凭借丰富的生活素材,以学生熟知的长度单位、人民币单位之间的关系为教学切入口,逐步认识小数的含义。另外,也注重让学生经历逐步抽象小数意义的过程,从实际单位到方块图、线段(数轴),层层深入地体会一位小数的概念本质。

【教学目标】

1. 结合具体情境认识小数,初步理解小数的含义,会读写小数,知道小数各部分的名称。

2. 经历探究小数的过程,通过观察、比较等学习活动,培养学生的观察能力、概括能力和类推能力。

3. 感受数学来源于生活并用于生活,激发学生热爱生活,热爱数学的情感。

【教学重点】初步理解小数的意义,能认、读、写小数部分是一位的小数,知道小数各部分的名称。

【教学难点】初步体会小数的含义。

【教学过程】

一、认识整数部分是0的一位小数

1. 测量书桌的长,引入小数。

(1)谈话:小明家新装修了一个书房,他去商店挑选了这样一张书桌,量一量是否合适。

书桌的长满1米吗?是几分米?(板书:6分米)

如果改写成用“米”作单位,是几分之几米?(板书:$\frac{6}{10}$米)

追问:为什么能用$\frac{6}{10}$米表示呢?

(2)讲述:$\frac{6}{10}$米还可以写成这样的形式:先写0,再在0的右下角点一个小圆点,最后写6。(教师边讲解边板书:0.6米)

问:这个数你认识吗?

(3)师讲解:这个小数就读作零点六。(板贴:读作零点六)

0.6米就是$\frac{6}{10}$米,$\frac{6}{10}$米就是0.6米,它们都表示这张书桌的长是6分米。

2. 揭题。

3. 测量书桌的宽,再识小数。

(1)能用这样的分数和小数来表示4分米吗?

0.4会写吗?伸出手和老师一起来写一写。(板书:0.4米)

这个小数就读作零点四。(板贴:读作零点四)

(2)问:它们都表示这张书桌的宽是多少?

【设计意图:以学生熟知的“测量书桌长度”的生活问题为题材,让学生一步步经历整数—分数—小数的过程,在解决问题的过程中体会小数的现实意义,也加强了与整数、分数之间的联系。】

4. 通过米尺,沟通小数、整数和分数的联系。

(1)师讲述:(课件出示米尺)这是一把米尺,把它平均分成10份,这里第一格就表示1分米,还可以写成($\frac{1}{10}$米)或者(0.1米),你能学着前面的例子填一填吗?完成“想想做做”第1题。

（2）交流反馈。

（3）观察比较：把剩下的也填完整，我们来观察这些数量。观察也要讲究一定的顺序，首先请同学们横着观察。第一行是用怎样的数表示米尺上的长度的？给你一点提示。（出示：像这样表示物体个数的1、2、3……是自然数，0也是自然数，它们都是整数）

第二行呢？是怎样的分数？

第三行呢？

（4）小结：的确，我们不仅可以用几分米这样的整数来表示米尺上的长度，还可以用十分之几的分数和零点几的小数表示米尺上的长度。

（5）请同学们竖着比一比，每一列表示的长度怎样，任选一列读一读。

我们选其中的一列来读一读，用整数数：1分米、2分米、3分米；用分数数：$\frac{1}{10}$米、$\frac{2}{10}$米、$\frac{3}{10}$米，它们都表示3分米长的一段，也就是说$\frac{3}{10}$米就是0.3米，$\frac{1}{10}$、$\frac{2}{10}$米、$\frac{5}{10}$米呢，十分之几米就是零点几。

（6）小结：是呀，几分米不满1米，用米作单位就可以写成十分之几的分数和零点几的小数。

【设计意图：引导学生在有序的观察、对比中，进一步发现与感受小数与整数、分数的联系，从而体会小数的意义。】

5. 在购物中完善小数的认识。

（1）过渡：小明选好了书桌，又去买了一些学习用品。

（2）出示：橡皮4角。

问：橡皮的价格能用小数表示吗？为什么用0.4元，你能讲一讲其中的道理吗？

橡皮的价格如果是5角呢？8角呢？

（3）小结：像几角这样不满1元的价格也可以写成十分之几元的分数和零点几元的小数。

6. 介绍小数各部分的名称。

（1）比一比，我们刚才找到的这些小数，它们有什么共同的特点？

教师相机板贴：整数部分　小数部分　小数点

（2）相机小结：零点几的小数表示怎样的分数？十分之几的分数可以写成怎样的小数？

【设计意图：由测量长度拓展到买东西，都是以学生熟知的生活情境为载体，进一步感受与理解整数部分是0的小数的现实意义，并从中了解小数各部分的名称。】

二、认识整数部分不是0的小数

1. 谈话：小明还买了这两件学习用品。（出示：钢笔，1元2角；笔记本，3元5角）

问：钢笔的价格可以怎样用小数表示呢？为什么用1.2元表示呢？说说其中的道理。（同桌交流）

教师引导，课件演示：把1元2角分成1元和2角，2角就是0.2元，1元和0.2元合起来就是1.2元。

这个小数就读作一点二。（板贴：读作一点二）

追问：1.2元中这个“1”表示什么？2呢？

笔记本的价格呢？为什么是3.5元？

2. 小结：几元几角可以改写成几点几元。

3. 这些商品的价格你能用小数来报价吗？（“想想做做”第2题）

4. 超市里很多商品的价格都是用小数来表示的，你能告诉大家这些文具的价格是几元几角吗？（“想想做做”第4题）

【设计意图：以学生熟知的价格为载体，让学生认识整数部分不是0的小数，从中进一步认识小数的读法和写法。】

三、数形结合，深化理解

1. 正方形中的小数。

(1) 过渡：刚才我们在测量长度、买学习用品中找到了小数，其实在一些图形中也藏着小数，我们一起来找一找。（“想想做做”第3题）

(2) 校对。1号图的分数和小数表示哪一部分？

2号图，$\frac{5}{10}$和0.5都表示这个图形的多少？

3号图，如果再增添1块，合起来可以用哪个小数表示？为什么？

(3) 5.2这个小数怎样用图表示？

2. 数轴中的小数。

过渡：有兴趣再来找找小数吗？

(1) 比一比，谁先找到。看：这是一条带方向的直线，叫数轴，我把0到1这一段平均分成10份,找到小数了吗?指名上台指指,并说说为什么。

还有吗?教师指着按顺序读:0.1、0.2、0.3、0.4、0.5、0.6、0.7、0.8、0.9,这些小数都不满1。

(2)我要找一个比1大的小数,在哪?(把数轴延伸)

(3)我要找1.2,谁来指一指1.2大概在什么位置?你是怎样确定这个位置的?如果要确切知道1.2的位置,还要把这一段怎样?

(4)你还能找到小数吗?("想想做做"第5题)

(5)校对并观察:数轴下面的数都是(整数),上面的数都是(小数),它们有什么联系呢?

(6)有一个小数在3和4之间,可能是?有一个小数是零点几,它在哪两个整数之间?如果把数轴继续延伸,还可能出现哪些小数?

【设计意图:用"数形结合"的方法把抽象的数和形相结合,在具体的方块图和数轴中进一步深化小数的意义和大小比较,从而培养了学生的数感。】

四、全课总结

同学们,这节课我们一起认识了小数,在测量长度、买学习用品中找到了零点几的小数,知道了零点几的小数表示怎样的分数,十分之几的分数可以写成怎样的小数,我们又在人民币、方块图、数轴中找到了比1大的小数,你们在生活中碰到过小数吗?

五、拓展应用

1.我的50米赛跑成绩是7.9秒。(用小数来记录时间)

2.我们正常人的体温是36.5℃~37.2℃。(用小数来测量温度)

3.奥运会上林浩和姚明身高的对比。

问:林浩的身高比1米高还是比1米矮?高了多少?

你能根据林浩的身高来估计姚明的身高吗?

出示:篮球飞人姚明的身高是2.26米。

讲述:2.26米比2.2米多了一点,比2.3米少了一点,你们刚才估计的2.2米和2.3米都很接近2.26米,都是正确的。

【设计意图:用各种生活中的现实素材给学生提供更大的探索空间,允许学生从不同的角度去观察思考,更好地促进学生对小数的理解和应用。】

4.学习评价。

同学们,你们对今天自己的表现满意吗?请你用小数给自己今天的表现打

分，满分是10分。（结合图例发展学生的数感）

【设计意图：让学生自己打分这一环节，教师结合具体的图例和学生的分数，发展学生的数感。】

【反思】本课教学设计在钻研教材的基础上把握新知内涵，关注到小数与分数的关系，以相关旧知为生长点，引领学生探究、掌握新知。

1. 创设生活情境，经历概念探究过程。教学中凭借学生常见的物体长、宽、高和商品价格等熟悉事物，通过操作观察、类比发现等探究活动，使学生主动经历小数概念的形成过程，从而初步体会小数的含义。虽然学生对小数已经见识过，但小数概念本身是一个全新概念，学生对其本质意义是陌生的，而最终这个概念也应由教师在学生充分感悟的基础上“点”出。本课教学设计创设了具体的生活情境，让学生能够从中探究发现，最终凭借已有知识基础，在探究活动中实现有意义的接受学习。

2. 展开抽象过程，经历多重感悟过程。本课教学设计从不同的角度展开小数意义的感知和抽象过程。从具体事物出发，寻找到小数产生、形成的本源性知识，从直观层面初步体会小数的含义；再从直观图形出发，从中进一步领会小数的本质内涵；最后从抽象的线段图中寻找、认识小数，进一步丰富小数的概念表象。这样层层深入，为充分理解一位小数奠定了基础，也将新旧知识融会贯通在一起，促成学生对数学知识的深度理解。

（无锡市江南实验小学　　吴智芳）

课例2：认识一个整体的几分之一

【教学内容】苏教版数学三年级下册第64—65页。

【教前思索】本课教学在学生认识了“一个物体的几分之一（或几分之几）”的基础上，进一步让学生认识“一些物体”的几分之一，这是学生理解上的重要分水岭，也是分数教学的一次跨越。

教材例题把一盘桃平均分给4只小猴，每只小猴分得其中的1份，教材中把4个桃显示成一个整体，其中的一份就是这盘桃的$\frac{1}{4}$。在“想一想”中，把这盘桃平均分给了2只小猴，通过集合图的直观呈现，让学生说出每只小猴得到这盘桃的$\frac{1}{2}$。通过例题和“想一想”的教学，要使学生初步地体会到把这盘桃平均分成几份，其中的一份就是这盘桃的几分之一。

“想想做做”围绕“一个整体的几分之一”这一内容，安排了看图写出几分之一、用图或实物表示出几分之一，一正一反两个不同角度的练习，而且每一层面的若干练习题中又呈现出递进层次，进一步巩固学生对一个整体的几分之一的认识和理解。

本课教学中，学生认识上的难点是区分整体中每一份的物体数量与份数之间的关系，这会影响学生对一个整体的几分之一的正确理解。例如，在“想一想”中，把4个桃平均分成2份，每一份是2个桃，学生往往会认为每份是这盘桃的$\frac{1}{2}$。因为学生受整数意义的影响，他们心目中的份数大多是指具体的数量。因而在教学中，教师必须要突出“关系”教学，使学生对分数的两种不同含义有一个比较清晰的认识。

【教学目标】

1. 让学生结合具体的情境进一步认识分数，会把一些物体看成一个整体，建立一个整体的概念，知道把一个整体平均分成若干份，其中的一份也可以用几分之一表示。

2. 能用简单的分数描述一些简单的生活现象，能通过实际操作表示相应的分数，比较熟练地认、读、写简单的分数。

3. 使学生体会分数与现实生活的联系，积极参与具体的数学活动，获得与他人共同探究解决问题的经历，产生对数学的亲切感。

【教学重点】建立一个整体概念，正确认识一个整体的几分之一。

【教学难点】能正确区分一个整体中物体个数与平均分的份数，体会分数的本质意义。

【教学过程】

一、认识一个整体的$\frac{1}{2}$

1. 创设情境，复习一个物体（1个桃）的$\frac{1}{2}$。

出示图，创设情境：猴妈妈分桃。猴妈妈带回来1个桃子，要把这个桃平均分给2只小猴，每个小猴分得多少？说说想法。（把1个桃平均分成2份，其中的1份是$\frac{1}{2}$）

2. 变化情境，探索互动，认识一个整体（2个桃）的$\frac{1}{2}$。

(1)情境、问题:猴妈妈带回了一个盒子,里面有2个桃,猴妈妈要平均分给2只小猴,每只小猴分到几份?是多少?(1份,1个桃)

(2)学生实践。这里的“每份1个桃”用分数可以怎样表示呢?让学生先动手在练习纸上分一分、涂一涂,再跟同桌交流一下想法。

(3)交流互动。相机用课件揭示:把2个桃看作一个整体,平均分成2份,其中的一份是这个整体的$\frac{1}{2}$。然后让学生同桌相互轻声说一说,再指名说说这里$\frac{1}{2}$的意思。

(4)比较归纳。猴妈妈两次分桃,我们都得到了$\frac{1}{2}$这个分数,现在请大家比较一下,这两个$\frac{1}{2}$有什么相同和不同的地方?

通过交流,明确相同点:都是平均分成2份,表示其中的1份。不同点:第一个$\frac{1}{2}$是把一个物体平均分成2份,表示其中的一份是这个桃的$\frac{1}{2}$。第二个$\frac{1}{2}$是把2个桃看作一个整体,把这个整体平均分成2份,其中的一份是这个整体的$\frac{1}{2}$。

【设计意图:学生对一个整体的$\frac{1}{2}$的认识是建立在对一个物体的$\frac{1}{2}$的认识基础之上的。在复习、激活旧知的基础上,引导学生通过动手操作、合作交流的学习方式,在头脑中初步形成一个整体的$\frac{1}{2}$的概念表象。这个环节通过新旧知识间的联系对比,凸显“一个整体”的观念。】

3.再变情境,探索互动,认识一个整体(4个桃)的$\frac{1}{2}$。

(1)猴妈妈又带回了一个盒子,这次里面有4个桃了,猴妈妈还是平均分给2只小猴,每只小猴分到多少?(2个桃)

(2)每只小猴分得的这2个桃你们还能用分数表示吗?请大家先动手在练习纸上分一分、涂一涂,再跟同桌交流一下想法。

(3)学生汇报。相机用课件揭示:把4个桃看作一个整体,平均分成2份,每只小猴分到的2个桃正好是其中的1份,所以说每份是这盒桃的$\frac{1}{2}$。

(4)让学生完整地说说这里的$\frac{1}{2}$表示什么意思?

4. 比较辨析,小结。

猴妈妈这两次分桃,一次是分2个桃,另一次是分4个桃,可是最后我们都得到了$\frac{1}{2}$这个分数,现在请大家比较一下,这两个$\frac{1}{2}$有什么相同的地方?

相同点:都是把一盒桃看作一个整体,平均分成2份,表示其中的1份,所以都可以用$\frac{1}{2}$表示。不同点:桃的总个数不同。

归纳小结:把几个桃看作一个整体,平均分成2份,每份就是这个整体的$\frac{1}{2}$。

【设计意图:建立一个整体的概念是本堂课教学的又一个重点和难点。在初识"一个整体(2个桃)"的基础上,教师又引入了4个桃的$\frac{1}{2}$。这个实例具有变式意味,突出了一个整体内物体数量的变化,旨在让学生在辨析异同的过程中,进一步巩固和完善对一个整体的认识。】

二、认识一个整体的$\frac{1}{4}$

1. 变化情境,学习一个整体(4个桃)的$\frac{1}{4}$。

(1)情境:现在又来了2只小猴,猴妈妈有4个桃,要平均分给4只小猴了,每只小猴分得这盒桃的几分之几?

(2)学生尝试交流,明确:把4个桃子看作一个整体,平均分成4份,每只小猴分得1个桃,正好是其中的一份,所以每只小猴分得这盒桃的$\frac{1}{4}$。

(3)指名交流:这里的分母4表示什么意思?分子1呢?

(4)对比辨析:猴妈妈同样是分4个桃子,怎么刚才得到的是$\frac{1}{2}$,而现在得到了$\frac{1}{4}$呢?

通过讨论明确:同一个整体,平均分的份数不同,得到的分数也就不同。

【设计意图:该环节承接着"4个桃的$\frac{1}{2}$",教学"4个桃的$\frac{1}{4}$"。让学生借助已有的学习经验，实现正确的认知迁移。这里，引导学生针对同一个整体的$\frac{1}{2}$和$\frac{1}{4}$进行辨析，有利于学生进一步体会分数的含义，即"同一个整体，平均分的份数不同，得到的分数也就不同"，而且也有利于学生把握分母的具体意义，即"分母表示平均分的份数"。】

2. 再变情境，学习一个整体(8 个桃)的$\frac{1}{4}$。

(1)情境：这回猴妈妈有 8 个桃，要平均分给 4 只小猴，每只小猴分得这盒桃的几分之几？

(2)学生尝试交流，明确：把 8 个桃子看作一个整体，平均分成 4 份，每只小猴分得 2 个桃，正好是其中的一份，所以每只小猴分得这盒桃的$\frac{1}{4}$。

(3)引导辨析：第一次每只小猴分得 1 个桃，而第二次分得 2 个桃，怎么都会用$\frac{1}{4}$表示呢？

引导学生交流，明确：因为都是把这些桃看作一个整体，所以只要平均分的份数相同，每一份所表示的分数就相同，和桃子的总个数、每一份桃子的个数没有关系。

【设计意图：针对$\frac{1}{4}$安排了变式，即一个整体内部物体的数量调整为 8。通过比较辨析，突出了"整体总数、平均分的份数、每份的个数"几者之间的差异。在对比中，促进学生的思维再次激烈碰撞，从而深化了学生对分数概念本质意义的认识。】

三、课堂练习，巩固认识

1. 基本练习："想想做做"第 1 题。

先让学生填写，填完后相互说说结果，再说说是怎样想的。

引导反思：填写这些分数时，根据什么来确定分母？分子为什么都是 1？这个"1"一定表示一个物体吗？

2. 变式练习："想想做做"第 2 题。

先让学生填写在书上，填完后交流是怎样想的。

引导学生思考：同样是把 12 个小方块平均分，为什么会得到不同的分数？

3. 完成"想想做做"第 3 题。

先让学生根据分数的意义平均分一分，再让学生在图中适当的部分涂上颜色，最后组织学生核对结果，交流思考过程。

4. 完成“想想做做”第4题。

（1）让学生拿出12根小棒放在桌上，教师提出要求：拿出这些小棒的$\frac{1}{2}$、$\frac{1}{3}$。让学生相互检查。

（2）开放练习：你还能拿出12根小棒的几分之一？同桌一人提要求、一人拿小棒。

【设计意图：课堂练习环节中设计了四个层次的练习，由基本题入手初步巩固新知，再辅以变式练习和综合性开放练习，在练习过程中注重让学生说说想法，促进对新知的进一步理解和深化。】

四、全课总结

提问：通过今天的学习，你对分数有了什么新的认识？教师根据学生的回答进行总结、整理。

课后延伸：我们的身边还隐藏着很多这样的分数，课后可以把自己找出来的分数跟好朋友交流，也可以回家说给家长听听。

【总评】

分数概念的形成与发展是小学生数概念发展的一次重大突破。苏教版三年级数学教材在上、下两册中分别安排了对分数意义的初步认识，这是学生分数概念学习的起始阶段，也是一个十分关键的阶段。

著名教育家乌申斯基认为：比较是一切理解和思维的基础，我们正是通过比较来了解世界上的一切的。上述教学设计努力关注学生学习心理，大胆改编教材，适时、恰当地引导学生对若干分数实例进行自主探究学习，这堂课中的探究学习活动更多地体现为观察、操作、对比、辨析。尤其是让学生通过多层次、多角度对比辨析，从中寻找联系和区别，从而更全面、更深刻地理解和把握数学概念的本质特征。

该设计中，教师主要安排了三个层次的比较：其一，通过新旧知联系对比，凸显“一个整体”的基本观念；其二，通过同分数纵向对比，辨析分数的本质意义；其三，通过异分数横向比较，促进认知的深化。这样的教学能够有效地突出重点，突破难点，使学生主动体验和理解新知识，防止知识的混淆，提高学生的学习能力，发展逻辑思维能力，从而让学生能更好地建构分数的概念。当然，在引导学生开展比较的过程中，教师还应注意把握好比较的“度”，要“到位”而不“越位”，重在让学生进行自我感悟和体会，不要任意拔高教学要求。

总之，在小学数学概念学习的过程中，学生由于受到自身学习心理以及概念学习复杂性的影响，往往在初学概念的时候认识不够到位，导致概念学习效果不佳。因此，教师应深刻把握概念本质特征，充分关注学生的学习心理，巧妙地设计有利于学生理解数学概念的数学活动，帮助学生有效建构数学概念。

课例3：认识整万数

【教学内容】苏教版数学四年级上册第86—87页。

【教前思索】认识整万数是学生整数认识上的一次飞跃。因为当一个数出现万级后，它的读写方法不再是原有经验的简单沿袭。在学情调查时不止一位学生将250000读成“二十万五万”，原有的认知结构似乎已经无法同化新知，学生必须在读数方法上获得新的突破，即分级计数。让学生运用数级思想来认识整万数是本课的教学关键，它对于学生理解数位顺序表中数位之间的内在关联有着深远意义，为知识的承前启后，实现数学思想、方法上的迁移提供了可能。

在实践中常常看到这样一种教学方式：教师首先会直接告知学生“四位一级”的规定，然后告知学生万级数的读写法和个级数相同，只不过要加一个“万”字或添上4个“0”，接着通过大量的读数、写数练习强化训练。在这里，“数级”实际上只是作为一个知识结论被灌输，而不是作为一种思想、一种思维方式被学生自主体验和自觉应用。

由此，笔者反思：如何让数级思想内化为学生的思维方式，并在后续的学习过程中能够被有效“提取”呢？进而如何使我们的学习不再沦为知识的“搬运”过程，让数学教学具有知识建构的生长性呢？

基于这样的想法，在教学设计时，笔者试图运用数学理解性概念教学的理念，让学生利用已有的知识基础和认知经验，尝试进行探究性学习活动，实现对新知的自主建构。

【教学目标】

1. 使学生认识万级的计数单位和相应的数位，理解整万数的含义，掌握千亿内的数位顺序表，了解我国的数位分级，会根据数级正确地读、写整万数。

2. 使学生利用已有知识和认数经验进行有条理思考，进一步体会十进制计数规则。

3. 使学生在具体事物中感受到大数目在生活和学习中的价值,激发学习大数目的兴趣。

【教学重点】掌握亿以内的计数单位,拓展数位顺序表,认识数级;理解整万数的意义,正确读、写整万数。

【教学难点】体会整万数的实际含义;读写整万数。

【教学过程】

课前:人的头发有多少根? 人体内的神经有多少条? 让学生自由猜猜,可于下课前告知答案(约 120000 根、10000000 条)。

一、情境导入,复习引新

1. 谈话情境,导入新课。

同学们,我们已经认识了很多数,并会用数来表示一些日常生活中的信息。比如,老师想了解一下,我们河埒中心小学四(2)班有多少人,全校有多少人。(答后课件出示 40、1245)

生活中还有更大的数,你们知道河埒中心小学所在的滨湖区有多少人口吗? 整个无锡市呢? 江苏省呢? (让学生猜猜)老师从网上了解到:我们滨湖区总人口约有七十六万,无锡市总人口约五百四十六万,江苏省总人口约七千六百零四万。(课件出示)

揭题:认识画线部分的这些数吗? 它们分别表示多少? 怎么写呢? 这些就是我们今天要来继续认识的数。(板书课题)

【设计意图:通过呈现学生身边事物的数据,让学生产生认知冲突,激发学习新知的热情。】

2. 复习旧知。

过渡:要认识这些数,我们先来看以前认识的数,如 1245。请学生上台把这个数拨在计数器上。提问:每位上的珠子各表示什么意思?

刚才我们用到了哪些计数单位? 揭示个、十、百、千这些都是我们以前学过的计数单位。

提问:每相邻两个计数单位之间的进率是多少?

指出:每个计数单位都和一个数位相对应,"个"所对应的数位就叫——"个位"(让学生说出)。依次说说其他三个数位。教师归纳:数位与计数单位是一一对应的,并贴出数位。

二、操作探索,拓展数位顺序表

1. 拨珠想想,认识万级的计数单位。

(1)引出,复习“万”。如果要表示更大的数,还要用到其他计数单位,你们以前还学过哪个计数单位呢?(万)还记得多少个一千是一万吗?拨珠,并板书贴出:10 个一千是一万。

(2)认识“十万”。

我们一万一万地拨(教师拨、学生数),拨到 9 万时作停顿,再拨 1 万是多少了呢?(十万)满十了要怎样了呢?(向前一位进一)可是这个计数器上的数位不够了,怎么办?(提示可以并上一个计数器)提问:进过来的“一”表示多少?出示“十万”。从刚才的拨珠过程中看出,多少个一万是十万?学生回答,板书贴出:10 个一万是十万。

让学生体会“十万”,培养学生的数感。“十万”究竟有多少呢?以小正方体图加以形象展示。

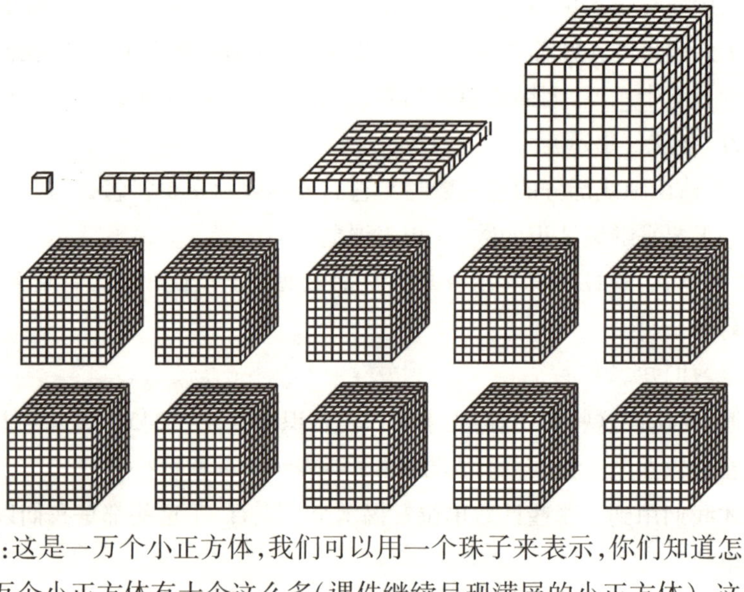

师:这是一万个小正方体,我们可以用一个珠子来表示,你们知道怎样表示吗?十万个小正方体有十个这么多(课件继续呈现满屏的小正方体),这些小正方体仍可用一个珠子表示,你们知道怎么表示吗?(学生交流后,课件演示一颗珠子落在十万位上)数学就是这样神奇,我们可以简洁地用一颗珠子来表示这满屏的小正方体!

(3)认识百万。如果接着十万十万地数,又会得到哪个计数单位呢?教师继续拨珠，学生数数，得到“百万”（在计数器上出示）。多少个十万是一百万？学生答后板书贴出：10 个十万是一百万。

（4）认识千万。类似地一百万一百万地数，我们还能得到哪个计数单位？（根据回答在计数器上出示“千万”）它和百万有什么关系？答后板书贴出：10 个一百万是一千万。

2. 明确“十进制”。

刚才我们又认识了一些新的较大的计数单位，从拨珠过程中你们能发现它们每相邻两个计数单位之间的进率是多少吗？

3. 揭示数位。

跟以前学过的计数单位一样，今天学习的新计数单位也是要按照一定的顺序排列，它们有各自固定的数位，如万所在的数位就是万位，十万所在的数位就是十万位……

答后教师贴出数位：万位、十万位、百万位、千万位。（让学生从右到左依次读读这些数位，并把计数单位填写在纸计数器上，教师在黑板上画线，形成计数器模样）指出：除了这些计数单位和数位，还有更多的，我们以后再接着学习。

4. 拨珠操作，体会位值原则。

教师想在这些新的数位上拨珠，你们看看这些珠子在什么数位上，表示多少呢？

（分别在万位上拨 3 颗珠子、百万位上拨 3 颗珠子、千万位上拨 3 颗珠子）回答后教师作归纳：同样是 3 颗珠子，在不同的数位上，表示的大小是不同的。

5. 小结归纳。

通过刚才的学习，大家又认识了哪些计数单位呢？它们所在的数位分别是什么？每相邻两个计数单位之间的进率是多少？

【设计意图：以“满十进一”为突破口，通过拨珠操作，体验万级计数单位的形成过程和位值原理，能够有效地帮助学生利用已有的学习经验同化新知，同时通过正方体的个数之多形成视觉冲击和大数体验，直观形象地形成大数概念。在操作中，逐步拓展计数单位，并形成新的数位顺序表，为后续学习奠定基础。】

三、自主尝试，理解整万数意义，探究读写法

过渡：认识了这些新的计数单位及其数位，我们就能认识、读写更大的数了。呈现课始消息中的整万数（七十六万、五百四十六万、七千六百零四万）。

1. 教学七十六万的含义及其写法、读法。

(1)尝试操作,理解含义。

提问:知道这个数表示多少吗?你能在黑板上的计数器上摆出这个数吗?(让学生与先同桌商量一下该怎么摆珠子)

摆完后教师提问:我们先分开来看,7 颗珠摆在十万位上,6 颗珠摆在万位上,它们各表示多少?同桌交流后回答。(7 个十万、6 个万)我们再合起来看,在十万位上摆 7 颗珠,万位上摆 6 颗珠,一共表示多少呢?(7 个十万和 6 个万合起来就是七十六个万)

(2)尝试写法。

提问:能不能把计数器上摆的这个数写下来呢?让一个学生上台尝试写数,并交流写法心得。

教师点拨归纳:从高位看起,十万位上有 7 颗珠,就在十万位上写 7;万位上有 6 颗珠,就在万位上写 6;千位、百位、十位、个位上没有珠子,就在这些数位上分别写 0。

(3)尝试读法。

写出来的这个数该怎么读呢?指名学生对照计数器读一读,再齐读一遍。

2. 学习五百四十六万、七千六百零四万及其写法、读法。

让学生任意选一个数在纸计数器上画一画,想想它表示什么含义,并结合计数器写出这个数,读一读。(齐练的同时指名板演写出这两个数)

指名展示、交流:这两个数分别表示多少呢?怎么读?

3. 归纳、揭示完整课题。

归纳:刚才我们认识了三个比较大的数,它们都表示有多少个——万。教师揭题:像这样表示多少万的数,我们就叫它整万数,今天我们的主要学习任务就是认识整万数。(板书完整课题)

4. 初步巩固练习。

(1)完成“想想做做”第 1 题。

老师想在计数器上也拨一个数(拨出 195 万),你们能说说它表示多少个万吗?一起读一读这个整万数。

老师继续一万一万地拨珠,请大家接着数下去。(教师拨珠,让学生读数,一直拨到 202 万为止。其中在 199 万时停顿,让学生思考:再拨 1 万会是多少)

类似地,拨出 960 万,十万十万地拨,直至拨到 1020 万。

（2）完成 P87“想想做做”第 2 题。

先看着计数器上的珠子，说说这些数分别表示多少。（引导学生先看各个数位上的珠子表示多少，再合起来看一共表示多少）

再让学生把这些数写下来。（课件展示结果，学生校对）

最后让学生把这三个数读一读。

【设计意图：整万数意义的认识是本课教学的核心内容，也是读写整万数的基础。教师让学生通过自主探究，在计数器上拨出整万数，这是学生凭借新认识的计数单位意义开展的探究性实践活动。随后，学生凭借计数器直观地理解整万数的实际含义，即表示有“多少个万”，在此基础上，让学生对照计数器直观地写数并读数，水到渠成，同时也通过读写数进一步巩固整万数的意义。】

四、发现规律，认识数级，并按数级读写数

1. 认识数级。

刚才大家借助计数器，读了不少整万数，如果不借助计数器（顺势把黑板上的计数器擦掉），你们还能不能读出一些整万数呢？（课件出示：80000、360000、4250000、27360000）让一组学生“开火车”快速读数。

提问：有没有发现读这些整万数的时候有什么规律呢？同桌讨论一下，再组织交流汇报。（先把 4 个 0 不看，读出左边的数，再加读“万”）

教师揭示数级：读数时把右边的 4 个 0 遮住不看，其实就是把这个数分成两部分来看待。（教师在黑板上画上分级线）这就是我国的计数习惯，我们把个位、十位、百位、千位称为个级，万位、十万位、百万位、千万位称为万级。（板书：个级 万级）除了这两个数级外，还有别的数级。（板书添加省略号）

2. 按数级读数，进一步体会读法，并理解数的组成。

（1）师：正像同学们所说的，我们在读整万数时，只要读出万级的数，再加读个“万”字。大家想不想再来体验一下这种读数方法呢？（出示 P87“想想做做”第 3 题中第一组右边的整万数）

你们能在脑子里把这些数按个级、万级分一分，画上一条分级线吗？（思考后出示分级线）是这样画的分级线吗？请大家按照分级后的情况来读一读这些数。学生读数。

（2）出示 P87“想想做做”第 3 题中的第二组，让学生横向读数。

引导学生比较左右两边的数有什么相同的地方？（都有相同的数字）不同的地方呢？（读的时候相差一个万字；左边的是个级上的数，表示多少个一，右

边的是万级上的数,表示多少个万)

体会、归纳:我们在读之前可以先分级,在读万级的数时,可以按照个级上的数来读,读完后加读"万"字。

3. 完成"想想做做"第4、5题,巩固按数级读写数的方法。

【设计意图:教师继续提出新的挑战,让学生脱离计数器直接读出整万数,并在读数过程中逐步发现规律,并由这种整万数读法的特殊性引出数位分级的规则,可以促使学生更好地用数学思维去思考数学问题,也能更深刻地领悟数级思想,实现了学生对读数方法从量变(数位增加)到质变(数位分级)的知识提升过程。这样的教学有利于让学生在读数中感受分级的好处,进一步体验万级数的意义,自主获得数级概念,有利于加深对数级的理解。】

五、课堂学习小结

今天的课上到这儿,大家学到了什么?你有哪些收获?

六、联系实际,培养数感,拓展延伸

1. 感受1000000张纸有多厚。

今天我们学习了整万数,你们感觉整万数大吗?它们到底有多大呢,我们来看一个例子。

出示一张纸,它有多厚,看得清吗?100张纸就看得清了,老师带来的这本书差不多是100张纸,它大约厚1厘米。你们知道10000张纸约有多厚吗?(10000厘米,也就是1米)1000000张纸约有多少米厚吗?(100米)

揭示:1000000张纸堆在一起有100米那么高,也就是有30层楼那么高了!老师不由想起一个成语,你们知道是什么吗?

2. 拓展延伸。

(1)引导学生读一读"你知道吗"。(国际上读写大数目时每三位分一节的分级习惯)

(2)整万数以及我们将要学习的更多的数在日常生活中随处可见,大家可以在课后搜集一些,并互相交流一下。

【总评】

本课教学设计改变了以"教师授予"为主的概念教学范式,充分关注了学生已有知识经验,利用新旧数学知识之间的密切联系,引导学生进行自主探究和学习经验迁移,从而自主建构新知。教学设计以帮助学生理解整万数的意义为核心,并以此为基点展开读写数教学,这样获得的新知无疑是具有较高理解含量的。

1. 依托学生已有认知经验开展探究学习活动。这里所说的认知经验包括知识型的和认知策略型的认知经验。大数概念的教学是建立在万以内数学习的基础上的，对数位顺序表及其相关要点内涵，学生均已掌握得比较扎实了。认知策略无非是通过拨珠体验进率，借助计数器学习读写数，这些经验在本课学习中同样适用。教师充分关注了这些已有认知经验的教学价值。

2. 尝试规定性知识的意义探索教学。大数目计数单位、数位、数级等概念是整万数认识的基础知识，它们带有一定的约定俗成性，但也体现了规定的合理性。因而这些基础知识点的学习过程不应该是一个纯粹的接受过程，学生在概念学习过程中应该能主动地有所作为。教师注意创设认知情境，引发冲突，给予学生独立发现和自主探究的机会。

3. 注意培养学生对大数目的数感。新课标十分重视对数感的培养，对数的意义的理解是培养数感的一个重要方面。同时，建立数感有利于学生理解现实生活中数的实际意义。本课教学设计中借助直观图形，建立对 1 万的感觉；借助具体事实，联系身边的事物进行联想、类比感知；通过对身边事物的判断感知，使学生眼中看到的世界具有“量化”的意味。

课例 4：百分数的意义和读写

【教学内容】苏教版小学数学六年级上册第 98 页例 1 和“试一试”“练一练”。

【教前思索】百分数是在学生学过整数、小数、分数以及“求一个数是另一个数的几分之几”的基础上进行教学的。这一内容是学习百分数与分数、小数互化和用百分数知识解决问题的基础，是小学数学中重要的基础知识之一。在本课内容中，教材十分重视对百分数意义的理解，在充分研读教材后，教师对教材进行了再创造，结合实际创设学生感兴趣的投篮情境，通过比较“谁的投篮成绩好一些”，设置知识冲突，引导学生逐步体会百分数的必要性和优越性。教学过程中，结合生活实例，通过多层次的练习，让学生感知并能正确地运用它解决实际问题，真正体会“数学来源于生活，又应用于生活”。

【教学目标】

1. 让学生在教师所创设的情境中感受为什么需要产生百分数，理解百分数的意义；学会正确地读写百分数，理解百分数与分数之间的联系与区别。

2. 在解决实际问题的过程中，体验百分数与生活的密切联系，增强数学意识，培养良好的数感。培养学生积极思考、敢于质疑的良好学习习惯。

【教学重点】理解百分数的意义。

【教学难点】百分数意义的理解及百分数数感的培养；理解百分数与分数的联系与区别。

【教学准备】课件，学生课前搜集一些生活中的百分数。

【教学过程】

一、创设情境，引入概念

1. 谈话引入：篮球运动是我们学校的特色。老师要选拔一些运动员参加篮球比赛。在一次投篮练习中，老师对三名学生的投篮情况进行了统计分析。

请看屏幕。课件出示下表：

姓　名	投中次数
李星明	16
张小华	13
吴力军	18

根据这张表，你认为哪位同学的投篮练习的成绩好一些？为什么？

（不能仅凭投中次数的多少来说明谁的投篮练习成绩好）

2. 继续出示表格第二列“投篮次数”如下：

姓　名	投篮次数	投中次数
李星明	25	16
张小华	20	13
吴力军	30	18

问：现在，根据这张表，你认为哪位同学投篮练习的成绩好一些？为什么？把你的想法在小组里说一说。

学生独立思考，小组交流，全班汇报。

师：有的同学认为吴力军投中的次数最多，所以吴力军的成绩最好；有的同学认为张小华没投中的次数最少，所以张小华的成绩最好；有的同学认为三位同学投篮的总次数不一样，要先算出投中次数占投篮总次数的几分之几，然后再比较。这些比较方法，你认为哪一种比较合理呢？

因为他们投篮的总次数不一样，所以应该“先算出投中次数占投篮总次数的几分之几”（板书），然后再比较。投中次数占投篮总次数的几分之几也就是投中的比率。

在表格的右边增加一列：投中次数占几分之几（投中的比率）。

3. 课件出示如下表格：

姓　名	投篮次数	投中次数	投中次数占几分之几（投中的比率）
李星明	25	16	
张小华	20	13	
吴力军	30	18	

根据计算结果，你能比较出谁投中的比率高一些吗？

学生自主探索比较的方法，教师巡视。

师：有的同学将这三个分数化成小数进行比较，有的同学将这三个分数通分后再比较。为了便于统计和比较，通常把它们化成分母是100的分数。课件逐一出示。

姓 名	投篮次数	投中次数	投中次数占几分之几（投中的比率）	化成分母是100的分数
李星明	25	16	$\frac{16}{25}$	$\frac{64}{100}$
张小华	20	13	$\frac{13}{20}$	$\frac{65}{100}$
吴力军	30	18	$\frac{3}{5}$	$\frac{60}{100}$

师：$\frac{65}{100}>\frac{64}{100}>\frac{60}{100}$，通过比较，我们发现张小华投中的比率高一些。

问：张小华的$\frac{65}{100}$表示什么？（张小华投中次数占投篮次数的一百分之六十五）$\frac{64}{100}$呢？$\frac{60}{100}$呢？

师：这三个数都表示投中次数是投篮次数的百分之几。

4. 揭示百分数意义。

指出：像上面这样表示一个数是另一个数的百分之几的数叫百分数（板书）。这就是我们今天要学习的一种新的数。大家一起把百分数的意义读一读。

【设计意图：由创设学生感兴趣的话题入手，根据统计表提出“谁的成绩好一些"引发学生思考,在交流中认识到只比较投中次数或没有投中的次数,是不能确定谁的成绩好的,要比较投中次数占投篮次数的几分之几才能确定。通过比较三个分数的大小作出判断,并将分数再分别改写成分母是100的分数,从而初步体会到百分数的特点和作用,揭示百分数的概念,让学生感受百分数的意义和作用。】

二、阅读并自学百分数的读写法

1. 百分数该怎么读和写呢?请大家自己阅读第99页第一段文字。

2. 通过阅读,你知道了什么?

百分数写的时候先写分子,分数线和分母100就用百分号表示,64和百分号中间留一些空隙,百分号的圈写小一点。

读的时候,一般不读成一百分之六十四,而要读作百分之六十四。

教师板书:$\frac{64}{100}$写作64%,读作百分之六十四.

3. 你会这样表示另外两个分数吗?先写出来,再读一读。

指名板演:$\frac{65}{100}$写作65%,读作百分之六十五。

$\frac{60}{100}$写作60%,读作百分之六十。

4. 读出下列百分数。

45%　9.1%　105%　0.25%

5. 写出下面百分数。

百分之一　百分之二十　百分之五十　百分之二十九　百分之八十

百分之一百　百分之七点一　百分之零点六四　百分之二百　百分之一百二十五

(1)开始写,停!你写了几个?不要直接告诉我你写了几个,用咱们今天学的百分数来说(如你完成了任务的百分之几,或者还剩任务的百分之几),要能让我听出是几个。

(2)出示:1%　20%　50%　29%　80%

100%　7.1%　0.64%　200%　125%

(3)100%是什么意思?你能举例说明吗?(如:刚才写完10个的同学,就是完成了任务的100%;全班40人,今天到校人数40人,到校人数占全班人数的100%)

(4)跟一半的意思一样的是哪个百分数?1%是最小的百分数吗?这组百分数中有比1%小的百分数吗?这组百分数中最大的是?

【设计意图:通过自学了解百分数的读写方法。在巩固读写的练习中,为了避免机械单一读写,设置了限时写百分数,并且结合刚学的百分数的意义,用百分数来说自己完成的个数,要能让大家听出完成了几个。对几个特殊的百分数也进行了理解,既激发学生的兴趣和积极性,又巩固了百分数的意义。】

三、练习巩固,全面理解百分数的意义

1. 做“练一练”第1题。

课件出示“练一练” 第1题:下面每个大正方形都表示“1”,图中涂色的部分和没有涂色的部分各占“1”的百分之几?

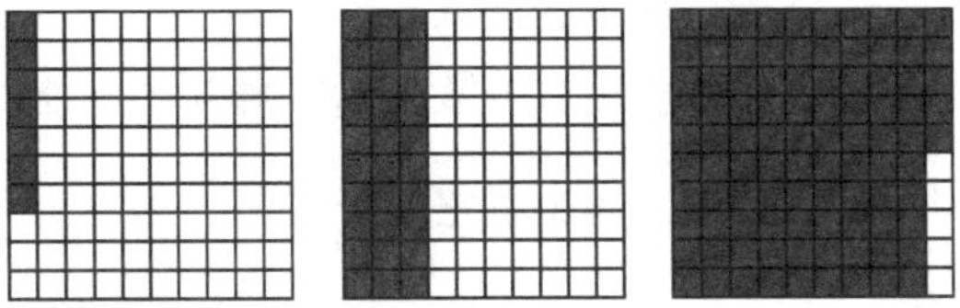

涂黑部分 (　　　) (　　　) (　　　)

白色部分 (　　　) (　　　) (　　　)

反馈:指名说说7%表示什么? 93%呢?

仔细观察涂色部分和没有涂色部分,你发现了什么?(单位1就是100%)

2. 指导完成“试一试”(随机介绍“百分数又叫做百分比或百分率”)。

课件出示“试一试”:根据下面每个百分数的意义填空。

①学校合唱队中,男生人数是女生的45%。

学校合唱队中,男生人数是女生人数的$\frac{(\quad)}{100}$,男生与女生人数的比是(　　): 100。

②六年级一班学生的近视率是20%。

提问:近视率表示什么?(表示近视的人数占全班人数的百分之几)

六年级一班学生中,(　　)的人数占全班人数的20%。

③一本书已看了40%。

(　　)是(　　)的(　　)%。还可以怎么填?

师:通过“试一试”,我们发现百分数表示两个数量之间的倍比关系,所以百分数又叫做百分比或百分率。(板书:百分比　百分率)

3. 完成练习十九第1题。

(1)百分数在我们的生活中运用广泛,课前同学们搜集了一些生活中的百分数,先和你的同桌说一说,你搜集的百分数表示什么意义?

(2)指名学生展示2~3个。

(3)课件出示练习十九第1题。

师点评:第一幅图50%表示会游泳的人占全班人数的50%。第二幅图中的50%表示苹果汁占这瓶饮料的50%,40%表示葡萄汁占这瓶饮料的40%。第三幅图100%羊毛表示这件衣服全都是羊毛制成的。

四、沟通联系,比较百分数和分数的区别

1. 百分数和分数有什么区别呢?独立思考,小组交流。

2. 全班交流。

(1)读法不同;(2)写法不同;(3)分子不同;(4)分母不同;(5)意义不同。这些是百分数和分数最根本的区别。

3. 下面哪几个分数能用百分数表示?哪几个不能?为什么?

(1)一堆煤有 $\frac{97}{100}$吨,运走了它的$\frac{75}{100}$。

(2)$\frac{23}{100}$米相当于$\frac{46}{100}$米的$\frac{50}{100}$。

讨论得出分数与百分数的联系与区别:分数既可以表示两个数之间的倍比关系,也可以表示具体数量;百分数只表示两个数之间的倍比关系,并不表示具体的数量。

当分数是表示一个具体的数量时,不能用百分数表示。什么情况下可以用百分数表示呢?

【设计意图:百分数和分数意义的不同是最根本的区别,通过思考哪几个分数能改成百分数的练习,让学生进一步理解百分数的意义,辨别掌握百分数和分数的区别。】

五、提高练习,充分体验百分数的意义

甲:我们学校的女生人数占49%;乙:我们学校的女生人数也占49%。这两个学校的女生人数一定相等吗?为什么?

六、全课总结

同学们,这节课我们学习了百分数的意义和读写,你认为百分数是一种怎样的数呢?百分数与分数有什么联系和区别?

【总评】

小学生学习的数学应是生活中的数学,是学生"自己的数学"。数学来自于生活,又必须回归于生活。数学只有在生活中才能赋予活力与灵性。百分数是一种特殊的分数,它与分数既有联系,又有一些区别,同时,百分数在生产和生活中有广泛的应用。因此,本课的教学设计注意到了以下两点:

1. 注重教学内容的选择与生活实际的紧密联系，让学生体验数学的价值。在本节课的教学中，教师紧扣教材意图，紧密联系学生的生活实际，利用学生喜欢打篮球这一特点，设计符合学生实际情况的例题组织学生分层讨论哪位同学投篮练习的成绩好一些，从而让学生明白：要知道“哪位同学投篮练习的成绩好一些”，必须看他们“谁投中的比率高一些”，层层深入，逐步引入，使学生在现实的情境中初步理解百分数的意义，进而较为顺利地引出了百分数的意义。

2. 体会百分数与分数之间的联系和区别是本节课的教学难点，因此，在探索百分数与分数的联系和区别时，教师组织学生结合练习十九第 3 题展开小组讨论，让学生主动探索百分数与分数有哪些相同、哪些不同，知道百分数只表示两个数量的倍比关系，不表示具体的数量，分数既可以表示两个数量的倍比关系，又可以表示具体的数量。从而进一步加深学生对百分数本质含义的理解。

（无锡市江南实验小学　陆静英）

第二节　“图形与几何概念”探究学习课例

课例 1：认识角

【教学内容】苏教版数学二年级下册第 64—66 页。

【教前思索】本课是苏教版小学数学二年级下册第七单元《认识图形》的第一课时。本课教学是在学生学习了初步认识长方形、正方形、三角形等几何图形的基础上进行教学的，教材结合生活情境，引导学生从观察生活中的实物开始，逐步抽象出角的几何图形。这节课是从图形到角的活动中学习新知识，通过学生的实际操作，加深他们对角的认识。学生熟练地掌握这部分内容，将为学习更深的几何知识奠定基础。本节课按照先由实物抽象出图形并辨认图形，再作角并认识角的大小，最后体会两条边叉开得越大角就越大这个思路分层次组织教学，引导学生逐步深化对角的认识。

学生对于角并不陌生，在生活中已有一定的经验，但对于角的认识并不规范，本节课的知识是从学生的生活中引发出来的，又让学生动手操作，所以学生学习本节课的兴趣会很高。对于比较角的大小，学生会比较，但总结角的大小与什么有关系，学生心里明白，却不一定会用语言表述，所以需要通过本节课的规范教学来真正认识角。从学生的认知水平来看，小学生的思维方式正处于由具体形象思维向抽象思维转变的过渡阶段，特别是低年级学生，他们的思维方式仍以具体形象思维为主。因而在本课教学中，要充分关注学生的认知心理特征，加强直观教学，在直观中激发学生学习的主动性，有效突破学习难点。

【教学目标】

1. 结合生活情境让学生通过观察、操作等实践活动，经历由实物上的角抽象为几何图形角的过程，建立角的正确表象，认识角并知道角的各部分名称。

2. 在操作实践中经历角的大小变化过程，感受角是有大小的，体会角的大小与角的两边叉开的大小有关，并会初步比较角的大小。

3. 培养认真观察、思考的学习习惯，在探索角的过程中，发展空间观念，培养动手操作能力，以及认真观察思考、团结合作的好习惯。

【教学重点】初步认识角，形成角的正确表象，建立角的概念。

【教学难点】引导学生从实物逐步抽象出几何角，形成角的正确表象。

【教学过程】

一、创设情境，引入新课

师：（课件出示主题图）周末，小明和小红一起在做手工，他们手中和桌面上有哪些物体？（剪刀、五角星纸片、正方形纸片、三角尺、闹钟等）

这些物体上有哪些我们认识的图形？（有三角形、正方形、圆等图形，教师根据学生回答一一用课件展现）

师：观察得真仔细！这些物体上不但有我们认识过的老朋友，还藏着我们的新朋友——角呢！想知道角的样子吗？这节课我们就一起来认识它。（板书课题：认识角）

【设计意图：依托教材主题图，创设做手工的生活情境，让学生从熟悉的物体中抽象出平面图形，然后过渡引出新课。这样的导入，符合几何平面图形认识的一般规律和儿童的认知规律，既激发了学生的学习兴趣，又沟通了数学与实际的联系。】

二、自主探究，感悟新知

（一）认识角的特征

1. 引导观察，初步感知。

（1）教师依次出示实物剪刀、闹钟、三角形纸片，引导学生观察其中的角。

【说明】为防止学生对角形成片面的认识，特意将各种实物中角的开口设计为不同的方向。

◎打开剪刀,你们看到新朋友“角”了吗?(让学生上台指一指,然后在课件剪刀图中闪烁角)

◎在闹钟钟面上,能找到角吗?(在实物钟上转动指针,然后让学生上台指一指,然后在课件闹钟图中闪烁角)

◎师(拿出一张三角形纸片,指着其中的直角):三角形纸片的这里也是一个角。(课件闪烁)

2. 动手操作,体悟特征。

师:刚才大家看了好多角,想不想动手摸一摸角呢?

教师出示一些教具(三角尺、书本、长方形纸等),带领学生动手摸一摸角的各个部分,并让学生自由谈谈摸角的感受。

(预设学生回答:角是尖尖的,两边直直的……)

【设计意图:从生活中常见物体中寻找角,这是引导学生对生活中的角的再认识,使学生主动激活对“角”的已有认知经验。让学生亲自动手摸一摸“角”,有利于学生进一步体悟角的基本特征,进一步丰富感性认识。】

3. 及时抽象,建立表象。

(1)抽象,观察比较。

师:这些都是藏在物体上的角,那么数学上的角是什么样的呢?如果我们给这些角脱去外衣,再标上角的标记,就变成了数学上的角,这三个图形都是角。(用课件隐去物体,剩下三个角)

师:请同学们观察这三个角,看看它们有什么不同的地方,又有什么相同的地方。

不同点:开口的方向不同,大小、长短不同。

相同点:都有两条直直的线,都有尖尖的地方。

(2)画角,认识各部分名称。

师:刚才我们初步认识了角,现在请同学们伸出手,跟老师一起把角画在黑板上。(教师在黑板上画角,先画一个点,然后从这个点出发,分别画两条直直的线。学生跟着书空)

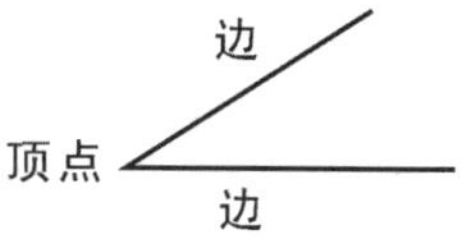

师:这就是数学上的角。数学家们给角的各部分都起了好听的名字,像刚才同学们说的尖尖的部分叫角的顶点,两条直直的线叫做边。(板书如右)

通常我们还在两条边之间用一条小弧线作为角的标记。(板画标记)

师:你能说出上面每个角各部分的名称吗?(师指生说)

师:请同学们一起仔细观察,一个角有几个顶点?几条边?

(归纳板书:一个顶点,两条边)

(3)小结归纳。

【设计意图:在学生初步感知角的基础上,通过课件动画帮助学生及时抽象角的几何表象,自然地把学生在生活中认识的具体的角,过渡到抽象的数学上的角,为学生形成角的表象打下扎实的基础。在画角的过程中,既让学生进一步抽象角的表象,又揭示了角各部分的名称,让学生形成清晰的概念。】

4. 多样练习,巩固认识。

(1)辨一辨。

出示 P64"想想做做"第 1 题,判断下面的哪些图形是角,哪些不是角,并讲一讲理由。

(2)找一找。

师:在我们周围的一些物体上也隐藏着角,你能在我们周围找一找哪儿有角吗?

学生找角,相互交流,并指名上台展示,指出角的顶点和边。

(3)数一数。

师:角还很顽皮,它不仅隐藏在我们周围的物体中,更喜欢藏在一些图形中呢,你们能找出下面图形中的角吗?

出示 P65"想想做做"第 2 题,让学生在课本上填写。然后组织交流,重点针对有异议的地方展开深入交流讨论。

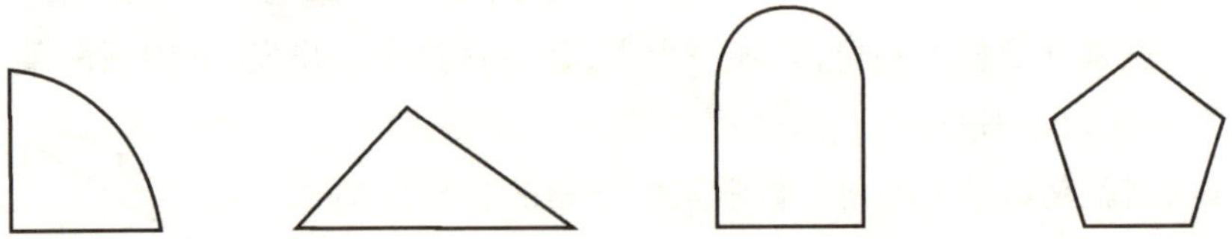

(　　)个　　(　　)个　　(　　)个　　(　　)个

(4)做一做。

师:刚才我们找到了很多角,想不想自己动手来创造一个角呢?

出示学具材料,让学生根据教师提供的材料(有小棒、塑料吸管、绳子等)做角,也可以用自己的材料做角。做的过程中如果有困难,可以和小组内其他同学合作。做好后,同桌之间可以相互指指角的顶点和两条边。

学生开始做角,教师进行适当指导。做好后展示作品,并指一指角的顶点和边。

【设计意图:巩固练习尊重教材上的习题,安排了四种不同的练习,有观察、辨析、操作等丰富多样的练习形式,让学生动手、动脑,使头脑中角的概念表象逐步稳定化,同时积累了丰富的数学活动经验。】

(二)比较角的大小

1. 观察比较角的大小。

(1)呈现三个不同大小的角。

师(出示钟面,两指针合拢对着“12”):小红用钟面也做出了几个角。你们知道她是怎么做的吗?

根据学生回答,用课件演示转动指针的过程,分别形成教材上例题中三个不同大小的角,并抽象成几何角。

(2)仔细观察,比较大小。

师:同学们仔细观察这三个角,你能看出哪个角最大?哪个角最小吗?

学生先观察思考,然后开展交流,汇报各自想法。(汇报时,突出“时针和分针叉开得越大,形成的角就越大,反之则越小”)

(3)迁移认识,完成 P65“想想做做”第 3 题。

师:通过刚才对钟面的观察,我们发现了角是有大有小的。其实生活中这样的现象还有好多,如我们打开折扇或合拢剪刀时,角会有什么变化呢?

课件演示,学生观察,说说角的大小变化过程。

(4)小结:角是有大有小的,角的大小和它两条边叉开的大小有关。

2. 做活动角,动手比较角的大小。

(1)学生做活动角。

师:老师还为大家准备了两根硬纸条和一枚图钉,请你做出一个角。

学生动手做活动角。

(2)比较活动角的大小,比较时突出以下两点:

①能够直接观察比较出角的大小。

②活动角大小很接近时,可以采用重叠法来加以比较。

【设计意图:此环节基于角的动态形成过程而展开,通过演示闹钟上指针的变化过程、折扇合拢过程以及动手做活动角,让学生直观地感受角是有大小的,这样的设计符合小学生的认知心理特征,有利于学生从认识静态中的角过渡到认识动态中的角,并在这个动态变化中初步体会角的大小与两条边叉开大小的关系。】

三、全课总结,课后延伸

1. 总结:这节课我们学习了什么内容?你有什么收获?

2. 延伸:回家后向爸爸妈妈展示你今天所学到的本领,找出生活中物体上的角,并指给他们看。

3. 作业:P65“想想做做”第4题。

【总评】

“认识角”这一教学内容属于“空间与图形”领域,是在学生已经初步认识长方形、正方形、三角形的基础上进行教学的。空间与图形的教学不仅要关注学生对图形概念的自主建构过程,还应重点培养学生的空间观念。本课教学设计着力体现新课程标准的教学理念,紧密联系学生生活实际,遵循学生认知心理特点,体现了以下特点:

1. 尊重教材编写意图,合理安排探究环节。教师充分尊重教材编写意图,紧紧围绕教学目标和重、难点,合理安排教学环节。从情境中激活旧知、引入新课,显得比较自然紧凑。在自主探究过程中,一步一步地引领学生从生活实践经验中抽象认识几何中的角,建立起清晰的概念表象;通过操作实践活动,让学生认识到角是有大小的,并在比较角的大小的活动中进一步巩固概念。在教学中,把静态的课本材料变成动态的教学内容,充分调动学生的多种感官参与体验活动,把“角”深刻地印在了学生脑海里。整个教学环节设计基于教材编写意图,体现了“不是教教材,而是用教材教”的基本理念,引导学生在探究中感悟概念本质,理解概念内涵。

2. 把握学生思维特点，设计探究学习活动。低年级小学生的思维是以具体形象思维为主要形式的，这就不可避免地要产生几何图形的抽象概括性与儿童思维的具体形象性之间的矛盾。教师在设计本课时，注意针对学生思维特点，联系学生的生活经验，设计适合学生的数学学习和实践活动，引导学生主动参与，经历“角”这一概念的形成和建构过程。教师设计了指一指、摸一摸生活实物上的角的活动，让学生结合生活经验初步感悟角，积累比较丰富的感性经验；借助现代化教学手段，设计了动态抽象过程，旨在让学生初步形成几何角的概念表象，并通过画角进一步使概念表象清晰化。

3. 遵循概念形成规律，发展学生空间观念。数学概念的形成一般要经过“直观感知→建立表象→抽象本质属性”的过程。学生建构几何图形概念的过程，实质上就是抽象概括一类对象在空间形式方面的本质属性，舍弃非本质属性的过程。本课教学设计中，将这个抽象过程建立在特定的问题情境、充分的直观感知、丰富的表象积累基础上，教师引导学生主动地经历概念形成的全过程，不断地去伪存真，全面把握几何角的本质属性。在这个由具体到抽象的过程中，学生不仅建立了几何角的准确表象，还能初步感受到几何概念学习的基本方式，更重要的是，学生从概念抽象的过程中发展了空间观念。

课例 2：平移和旋转

【教学内容】苏教版数学三年级下册第 24—26 页。

【教前思索】平移和旋转是物体或图形在空间变化位置的方式，学生之前没有学习过。但学生在生活中见过物体的平移和旋转现象，对此已经积累了一定的感性经验和认识基础。教材在编排时，从学生的生活实际入手，选取学生熟悉的事物作为研究平移和旋转现象的素材，以激发学生的学习热情，唤起学生的生活经验。本课的学习重点是平移和旋转的含义，难点是平移的方向和距离。虽然学生在日常生活中经常见到平移和旋转的现象，但对平移和旋转的含义及其特征尚未清晰了解。在课前调研中，学生对确定图形在方格纸中平移的距离上是存在一些困难的，让学生在方格纸中画出平移后的图形也比较困难，这些都是教学难点之处。

本课教学内容的直观性较强，让学生借助现代教育技术手段，在具体的操作实践活动中认识新概念、学习新技能，能够较好地突出本课学习重点，突破学习难点。因此，教师采用了电子白板技术来设计本课。例如，图形的平移在电子白板上操作起来简便易行，学生可以上台拖拽，在此过程中，直观而充分地认识到图形平移的方向和距离，这是传统常规教学手段无法比拟的优越性。另外，教师试图通过电子白板手段来加强学生探究新知的积极主动性，弱化教师教，突出学生主动学，特别是在探究平移的距离以及画出平移后的图形这两个教学重、难点之处，让学生开展充分的尝试探究、交流互动活动，帮助学生理解和掌握新知。

【教学目标】

1. 让学生初步认识生活中的平移和旋转现象，初步了解平移和旋转的特点，并会直观地区别这两种常见的现象。能判断图形在方格纸上平移的方向和格数，能在方格纸上将图形按指定方向和格数平移。

2. 结合学生的生活经验和实例，通过具体的学习和探索活动，培养学生的观察能力和空间想象能力。

3. 通过联系生活实际，体会到数学与生活的密切联系，激发学生学习兴趣。

【教学重点】认识和区分平移和旋转的现象，计算平面图形平移的格数。

【教学难点】计算平面图形平移的格数。

【教学过程】

一、谈话引入

师：有句话叫“生命在于运动”。世界上的一切事物每时每刻都在运动。你们能举例说说生活中哪些事物在运动吗？（让学生说说生活中事物的运动）今天就让我们一起用数学的眼光继续观察生活中事物的运动方式。（导入）

【设计意图：通过课始谈话激活学生日常生活中的相关经验，激发课堂学习的兴趣。】

二、认识平移和旋转的特点

1. 引出课题。

谈话：课前老师为大家准备了一些生活中物体运动的录像，请同学们仔细观察，边看边用手势表示出它们的运动方式。

（白板播放火车、电梯、缆车、风扇、螺旋桨、钟摆等物体的运动录像）

2. 分类，初识平移和旋转。

提问：回忆刚才看的这几段录像，再想想你们做的手势，它们的运动方式也就是运动的样子相同吗？能把它们按运动的方式分分类吗？

学生可能将火车、电梯、缆车的运动分为一类，它们的运动路线都是直的；

风扇、螺旋桨、钟摆分为一类，它们都是转动的。

如果学生在分类的同时说出平移、旋转这两个词，教师直接给予肯定，并板书：平移、旋转。

如果没有出现平移、旋转这两个词，教师讲述：像火车、电梯、缆车这样的运动是平移；像风扇、螺旋桨、钟摆这样的运动是旋转。（板书：平移、旋转）

谈话：今天，我们就来研究平移和旋转这两种不同的运动现象。

【设计意图：通过白板播放火车、风扇等物体的运动录像，让学生从生活中常见物体的运动中感受并发现平移和旋转这两种不同的运动现象，借助手势演示的方法，直观地进行区分并表达出两种运动的各自特点。】

3. 探究平移和旋转的特点。

（1）提问：谁能说说平移是怎么运动的？它有什么特点？（根据学生回答，板书：沿直线移动）还能向哪些方向平移呢？

（2）谈话：旋转是怎么运动的，它有什么特点呢？让我们再来看录像。（演示风扇的转动）

提问：风扇在旋转的时候是不是所有的地方都在动呢？有没有不动的地方？（让学生到屏幕上指出不动的地方）风车旋转时哪个地方不动？钟面呢？

小结：旋转都是物体绕一个固定的点转动。（板书：绕定点转动）

4. 判断，巩固认识。

出示“想想做做”第1题。谈话：我们已经初步了解了平移和旋转的特点，根据这些特点判断下面哪些物体的运动是平移，哪些是旋转，是平移的在下面画“—”，是旋转的画“○”，教师巡视。指名上白板画。

交流：你们判断得对不对呢？我们让画面动起来。（电脑按顺序演示，在演示的过程中，让学生用完整的语言来表达，如推拉窗时，窗户的运动是平移；升国旗时，国旗的运动是平移……）

5. 举例，深化认识。

提问：除了这些平移和旋转现象之外，生活中你还看到过哪些物体的运动是平移或旋转？（学生举例）

【设计意图：在直观感知、积累运动状态表象的基础上，让学生尝试用语言（也可以是图画语言）来概括平移和旋转的几何特点，这是对数学概念的一次理性提升。针对旋转是绕定点转动这个认识难点，设计了类比观察，发现共同点，借助现代教育技术有效突破难点。】

三、探究平移的方向和距离

1. 过渡：今天，我们学习了平移与旋转两种运动方式。下面我们来研究平面图形的平移。

2. 用白板动态呈现房屋图平移7格。提问：谁能到前边来指一指，房屋原来在什么位置，现在在什么位置，它是向什么方向平移了。（画上箭头）

3. 理解平移的距离。

提问：房屋图向右平移了几格呢？（让学生自由发表意见，呈现不同答案）到底哪一个答案是正确的呢？

请一位同学上台在左边的房屋图上任意找一个点，再到右边的房屋图上指出它平移后的位置，并数一数，看看找的这个点向右平移了几格。

谁愿意上台找不同的点数一数？

追问：你们找的点向右平移了几格？（板书：点→平移几格）

我们再来看看，房屋到底是向右平移了几格呢？（用白板动态演示房屋图向右平移的动态过程，一边移动一边齐声数多少格）

小结、提问：你们发现了什么？

结合学生的回答，小结归纳：不管哪个点，都是向右平移了7格，正好和房屋平移的距离是一样的。我们以后数一个图形平移了几格，只要在这个图形上找到一个点，看这个点平移了几格，它所在的图形就平移了几格。（边说边完成下面的板书：图形→平移几格）

4. 练习。

出示小鱼和火箭平移图。谈话：我们一起来看看，这两幅图分别向哪边平移了几格？打开书本第24页，先在书上填一填。学生完成后，组织汇报交流，并用电脑进行动态演示。

【设计意图：这一环节教师有意识地引导学生开展自主探究活动，让学生在观察讨论和动手实践中探索平移的方向，掌握确定图形平移距离的一般方法。学生通过自主尝试、交流辨析，借助电子白板技术手段，直观地学会通过找一组对应点之间的距离的方法来确定图形平移距离。】

四、探究平移后图形的画法

1. 谈话：通过刚才的讨论，我们知道，要知道图形平移了多少格，我们只要看图形上的点平移了多少格。那么根据这个道理，你们能不能画出平移后的图形呢？

2. 探究平移后线段的画法。

谈话:这是一条线段,你能按要求画出它向右平移6格后的图形吗?先和小组里的同学说一说怎样画,再全班交流。

学生上台尝试画,然后汇报画法和想法。

3. 探究平移后三角形的画法。

出示:画出三角形向右平移6格后的图形。

学生在书上尝试,指名上台操作。完成后,汇报是怎么画的。

4. 比较归纳。

提问:刚才画三角形平移时,与前面画线段的平移有什么相同的地方?

引导学生归纳:画平移后的线段和画平移后的三角形,都是先找到图形的端点或顶点平移后的位置,再根据平移后的点画出图形。

5. 练习巩固。画出平行四边形向下平移5格后的图形。学生在书上独立完成,指名上台操作。

【设计意图:探究平移后图形的画法是本课教学的难点。此环节的探究活动由易到难分层次进行,先画线段后画完整图形。设计了利用白板的无限克隆功能、拖动功能让学生操作、观察、发现。通过有层次的尝试和实践掌握移动对应点,进而画出平移后图形的方法。】

五、感受平移和旋转在生活中的应用

1. 谈话:平移和旋转在我们的生活中应用很广泛,它还给我们的生活带来了很多美的感受呢!你们相信吗?一起来看录像,欣赏平移和旋转给我们带来的美。

2. 欣赏芭蕾舞中的平移和旋转。

3. 欣赏利用平移与旋转形成汽车品牌标记图案。

教师可先示范,例如一个圆平移后形成奥迪品牌标记图案,让学生说说是什么品牌。然后依次出示一些图案,让学生说说是什么品牌,其中是哪个图案进行了什么运动。

4. 听说过楼房会平移吗?看一段视频。

具有悠久历史和文化价值的上海音乐厅,始建于1930年,考虑到城市布局和对它的保护,2003年从原址向东南整整平移了约66米,音乐厅重放光彩。

看了这段视频,你有什么感受呢?(太神奇,人太伟大了)

【设计意图:利用白板中的视频播放结合画笔功能,让学生看到视频中的两

种运动方式。通过欣赏,进一步加深学生对平移和旋转的认识,感受生活与数学的紧密联系。】

六、全课总结

我们学习了平移和旋转,大家懂得了什么?还有什么问题吗?

【总评】

本课设计在深入理解教材编写意图的基础上,充分依托了电子白板应用技术,注重发挥学生探究学习的主动性,让学生主动参与、经历数学知识技能形成的全过程。

1. 利用电子白板,开展直观清晰的探究学习活动。利用电子白板的铅笔随意写画、橡皮擦功能,可以让学生上台判断一些物体的运动方式,真实地展现学生的思维过程,并可以通过白板播放相关物体运动的动画片段加以验证。利用电子白板的无限克隆功能可以方便地对一个图形进行任意次数拖动,这样一种教学手段运用在确定并移动图形的各顶点的过程中,可以使学生很直观地观察到图形平移的距离。在观察物体运动方式的时候,可以通过放大视频或动画,让学生进行细致观察。学生利用白板进行实时的操作,可以展现平移动态生成的全过程。例如,学生上台演示操作,判断图形平移的距离,以及画出平移后的图形,这都是教学重点和难点,通过白板演示,能够较好地解决这个关键问题。

2. 优化学生探究学习过程,让学生主动探究和理解新知。本课设计中针对运动概念特点的认识、平移距离的判定以及画出平移后图形这几个教学重点,采用了探究式教学方式,摒弃了以教师讲解示范为主的传统教法。注重创设认知冲突,引发学生的主动探究,多次让学生先开展自我尝试活动,由学生当新知学习的先行者,然后充分利用学生尝试过程中所形成的丰富资源,引导学生进行深入观察、对比思考,教师只是相机点拨、补充完善。通过自主探索和合作交流,学生对图形在方格纸上平移的方向和距离有了丰富的表象积累,在获得知识技能的同时,也获得了积极的情感体验,感受到了学习的快乐。

课例3:认识周长

【教学内容】苏教版三年级数学上册第61—62页。

【教前思索】“认识周长”是《数学课程标准(2011)》中“空间与图形”这一知识领域的重要内容之一,在生活中的应用也十分广泛。《数学课程标准(2011)》特别强调“空间与图形”学习内容的现实背景,强调关注学生的生活经验和活动体验。因此，本节课中，教师抓住教材实质，结合学生实际，精心设计教学环节，放手让学生去感受、去体验。关于周长，教材只要求学生能结合具体的物体或图形说明周长的含义。对长方形、正方形的周长计算，教材也没有分别概括出相应的计算公式(长＋宽)×2 和边长×4。目的是让学生在自己想办法探究出图形周长大小的同时，进一步理解周长的概念，让学生经历对计算方法的独立思考、不断感悟和比较的过程，避免今后出现死套公式的现象。鉴于此，教学设计时，教师充分遵循小学生数学几何图形概念学习的一般规律，采用大量具体可感的事物，让学生进行充分的操作感知和体会，着重建立丰富的周长概念表象，并逐步抽象周长概念。在此基础上，通过设计一些学生感兴趣的获取周长大小的实践活动，进一步巩固周长概念，也为后续长方形、正方形周长计算公式的学习奠定基础。

【教学目标】

1. 经历周长概念的探索过程，初步认识周长的含义，并能指出图形的周长。

2. 通过相互协作，相互交流，培养学生探究能力、创新能力、思维能力及表达能力。

3. 在获得直观体验的同时，通过周长的观察、比较、动手操作等活动，发展学生的空间观念。

【教学重点】认识图形的周长并能根据周长的含义计算简单图形的周长。

【教学难点】建立周长的概念，并根据概念计算简单图形的周长。

【教学过程】

一、情境引入，感知周长

同学们，你们喜欢看动画片吗？下面我们就来看看 3 只可爱的小鸭子在游泳池边早锻炼的片段。

师：好看吗？想看第二遍吗？再看一遍老师可要提个要求了，仔细观察 3 只小鸭子锻炼的路线有什么不同。

师：第二只和第三只小鸭子是沿着池口的什么跑的呢？同样是沿着池口的边线跑，这两只小鸭子跑的路线有什么不同呢？

师：第二只鸭子没有跑完边线，第三只鸭子跑了一圈的边线，一圈也就是一周。(板书：一周边线)

【设计意图：用学生喜欢的动画创设情境。由 3 只小鸭子早锻炼路线不同，引出周长的概念。这样能够很好地吸引孩子们的眼球，充分调动了孩子的学习

热情。】

二、实践操作，理解周长

1. 指一指身边事物的周长。

师：这是光碟，你能指出光碟的边线吗？你准备从哪里开始指？（做个标志并强调：周长从起点开始到起点结束）

师：这是一幅装饰画，谁来指一指它一周的边线？

师：你能在你身边的物体表面上指一指它一周的边线吗？

2. 描一描图形的周长。

师：刚才我们指了指物体表面一周的边线。接下来我们来描一描下面图形的边线。请选择两个你喜欢的图形描出它的边线。

反馈：你们是这样描的吗？（课件出示）

师：刚才我们指一指、描一描了物体表面和平面图形的一周边线，物体表面和平面图形的一周边线有它一定的长度，数学上称为周长。（板书完整：一周边线的长就是周长）这节课我们就来认识周长。

师：刚才第三只小鸭子跑的这一圈红色的边线的长就是这个游泳池池口的周长。（课件出示）

师：光碟一周的边线长就是光碟的周长。

师：你刚才指的物体表面的一周边线也就是它的周长。

【设计意图：很多学生对周长的认识都有一个模糊的概念，知道那是什么，却无法清晰地描述，所以首先要解决的是学生对“一周边线”的理解，利用 3 只小鸭子早锻炼的 FLASH 动画自然地引出一周边线的概念。接下来用“指一指”“描一描”等方式让学生充分感知物体表面和平面图形的一周边线，让学生在充分感受物体表面和平面图形一周的边线后，再揭示周长的含义。】

三、自主探究，测算周长

师：这是一片叶子，你能指一指它的周长吗？这片树叶的周长多长呢？怎样量它的周长呢？小组讨论如何来测量树叶的周长。

师：哪一组来说说你们准备怎样来测量它的周长？（课件演示）

师：每一小组都有一片树叶，请你们小组合作测量树叶的周长。（反馈测量结果）

小结：刚才我们用一根棉线围一围树叶的边线，然后测量棉线的长度就是树叶的周长。

师:这里还有两个图形,你们能想办法知道它们的周长吗?选其中一个图形测量它的周长。

反馈:三角形的周长是多少?你是怎么知道的?(三角形三条边的长度的总和就是三角形的周长)四边形呢?五边形呢?六边形?

小结:几边形的周长就是几条边长度的总和。

师:看来测量周长要根据物体形状的不同,灵活地选用围一围、滚一滚、量一量的方法进行测量。

【设计意图:通过让学生自己动手量出叶子的周长这一实际操作,让学生充分感知物体周长的含义,然后让学生测量基本的几何图形的周长,再次感知图形周长的含义。同时,通过两次测量周长的活动,让学生体会到测量周长要根据物体形状的不同,灵活地选用围一围、滚一滚、量一量的方法进行测量。】

四、闯关游戏,巩固拓展

师:学到这里,你们学得怎样呢?我们来做一个闯关游戏。

第一关:看谁算得巧。

计算各图形的周长。请同学们做在练习纸上。

反馈:请你说说你会怎样列式。

小结:同学们计算图形的周长时,可以根据图形的特点采用不同的方法计算。恭喜你们闯过第一关。

第二关:玩拼图。

师:老师还有两个图形,要知道的它的周长,应该怎么办?我把它放在方格纸上,每个小方格边长是1厘米。现在你能知道每条边的长了吗?周长多少?

师:老师把这两个图形拼起来,新图形的周长是多少厘米?先猜猜看。

师:同样的图形,同学们的猜想不一样,那么周长到底是多少呢?我们需要来验证一下。周长指的是一周边线的长度,你能上来指一指这个图形的边线吗?这个图形的周长你会算一算吗?同桌互相说说,然后再计算。

反馈。

第三关:当裁判。

师:自从上一次兔子输了乌龟后,兔子一直耿耿于怀。到底谁会最后取得胜利呢?这很难讲。不过,乌龟和兔子都对要跑的周长产生怀疑。兔子问:谁跑的路线长呢?(出示乌龟与兔子赛跑的路线图)

【设计意图:以学生感兴趣的闯关游戏为情景,进行练习。为学生提供了多次不同程度的操作与练习，从求规则图形的周长到求不规则图形的周长，从用一种方法求周长到用几种方法求周长，循序渐进，让学生积极投入到学习探索中，在不断的交流与碰撞中使思维水平得到发展。】

五、全课总结

（略）

【总评】

“周长”是“空间与图形”这一知识领域的重要教学内容之一，在生活中的应用也十分广泛。三年级学生已经有了一定的生活经验和认知经验，本课教学设计突出了理解性探究学习过程的设计，让学生自主参与贴近他们生活实际的数学操作实践活动，在活动中激发学生的学习兴趣，感悟积累概念表象，探究周长测算方法，能有效帮助学生建构周长概念。综观本课的探究学习活动设计，体现了以下两点：

1. 让数学探究活动变得“好玩”些。在学生心中，数学是一门枯燥乏味的课程，数学课堂也是许多学生不太喜欢的场所之一。听课、做题、做题……让学生望而生畏，最终厌烦数学，远离数学。小学生的一大特点是爱“玩”，他们的情感和兴趣易受具体事物的支配，因此，教师就应抓住“玩”，把枯燥无味的数学变得有趣。这节课，教师以三只小鸭子的 FLASH 动画作为引入，一下子吸引住了学生的眼球，又以闯关游戏的形式进行练习，使孩子们乐在游戏中，学在游戏中。

2. 让数学探究活动变得“真实”些。“数学生活化，让学生学习现实的数学”是数学新课程理念之一，所以整个教学过程，教师都让学生从身边熟悉的事物中自然地感悟周长的含义、探究周长的求法。通过让学生自己动手量出叶子的周长这一实际操作，让学生充分感知物体周长的含义，然后让学生量基本的几何图形，再次感知图形周长的含义。同时，通过两次测量周长的活动，让学生体会到测量周长要根据物体形状的不同，灵活地选用围一围、滚一滚、量一量的方法进行测量。

总之，本课教学设计关注了学生的认知心理特征，注重引导学生经历自主探究数学概念的过程，启发学生在活动中学习数学、理解数学。

（无锡市江南实验小学　吴孝红）

课例4:认识圆柱和圆锥

【教学内容】苏教版数学六年级下册第18—19页。

【教前思索】本单元是在学生已经掌握了长方体、正方体、圆的有关知识的基础上编排的,是小学阶段学习几何知识的最后内容。圆柱与圆锥都是基本的几何形体,也是生产、生活中经常遇到的几何形体,这些都是本课学习的重要基础。学习圆柱和圆锥的知识能扩大学生认识形体的范围,增加学生的形体知识,促进学生空间观念的进一步发展。

教材均通过列举大量实际生活中具有圆柱、圆椎体特征的实物直观引入,让学生观察发现这些物体形状的共同特点,并从实物中抽象出它们的几何图形,随后再让学生从生活中寻找更多的具有如此特征的实物,从而加强所学知识与实际生活的联系,加深对圆柱、圆锥特征的认识,进一步感受几何知识在生活中的广泛应用。

本课教学设计努力将传统教具、学具和现代多媒体电子白板技术有机结合起来,让学生充分开展实物观察、动手操作、猜想验证等丰富的数学探究活动,在亲身体验中自主建构立体图形概念表象,提高学生学习数学的兴趣和信心,培养学生观察、比较和判断等思维能力,进一步积累认识立体图形的学习经验,增强空间观念,发展数学思考。

【教学目标】

1. 让学生在观察、操作、交流等活动中感知并认识圆柱和圆锥的特征,知道圆柱和圆锥的底面、侧面和高。

2. 让学生在活动中进一步积累认识立体图形的学习经验,增强空间观念,发展数学思考。

3. 让学生进一步体验立体图形与生活的联系,培养学生观察、比较和判断等思维能力。

【教学重难点】在充分感知的基础上探索圆柱和圆锥的特征。

【教学具准备】配套电子白板课件,一些圆柱和圆锥形状的实物,学生六人小组准备好长方形、三角形、半圆形的小旗和纸张。

【教学过程】

一、创设情境,导入新课

1. 课件显示：例 1 情境图及自拍图片。（茶叶罐、薯片罐、蛋筒、铅笔、长方体牙膏盒、正方体魔方等）

2. 师：这些物体的形状都是立体图形，其中哪些物体形状我们比较熟悉？你能说出它们各是什么形体吗？（生答，答完后把长方体和正方体移开）

3. 除了长方体、正方体，你还认识哪些形体？（学生随意说说）

4. 师：看来大多数同学已经能叫出这两个新朋友的名字了。今天我们就近距离地接触这两个新朋友，充分地了解他们。（板书：圆柱和圆锥）

【设计意图：学生学习数学概念有一个学习准备的过程，这个过程就称为概念的引入。创设情境，让学生初步感受到圆柱、圆锥和长方体、正方体之间的异同，发展空间观念，从而激发兴趣，产生学习欲望。】

二、联系实际，自主探索

1. 探究圆柱的特征。

(1) 观察例 1 中的物体，你知道哪些物体的形状是圆柱吗？（生答，白板笔将相关图形拖拉到圆柱字样的圈内）

(2) 生活中你还见过哪些物体是圆柱体？（学生举例，教师拖出准备好的图片）

【设计意图：数学概念是比较抽象的，而小学生的思维以直观、形象为主，因此，在教学时要创设贴近学生生活实际的情境，为学生提供具体的感性材料，为学生分析素材、丰富表象奠定基础。这里让学生从生活中提取材料，探索新知，真正感到数学就在自己身边。体验圆柱与生活的联系，感受立体图形的学习价值。】

师：大家身边都有圆柱，请拿出来。回想一下，我们认识长方体、正方体的时候是怎样研究的。从顶点、面、棱（长、宽、高）。

师：对了，我们也可以看一看身边的圆柱，拿出来摸一摸，你会发现我们身边有很多圆柱。将你的发现在六人小组里交流一下。

（学生小组合作探究，教师巡视、聆听学生的意见）

(3) 全班交流反馈。请各小组代表上台演示实物。在学生发言的基础上，教师配以课件演示小结。

① 圆柱由 3 个面围成。（课件显示三种颜色）教师讲解：圆柱的上、下两个面叫做圆柱的底面，围成圆柱的面叫做圆柱的侧面。（课件上显示名称）

② 上、下两个面都是圆形，大小相等。你是怎样验证两个圆形大小相同的？

（学生演示自己的验证方法，教师课件演示上面的圆形往下移动，和下面的圆形完全重合）圆柱上下是一样粗的。（小学里所学的圆柱都是直圆柱）

③ 用手摸的感觉是底面是平的，侧面是弯曲的。

师：同学们发现得真多，圆柱的侧面是曲面。

（4）认识圆柱的高。

① 老师：圆柱的高在哪里呢？是指哪一段的距离？（同桌互相指一指各自带来的圆柱的高）

② 指名上台指给全班学生看。明确：圆柱的高是上底面到下底面的距离。（课件显示）

③ 你能找到几条这样的高呢？（用牙签盒来说明）里面牙签的长度就是牙签盒的高，每根牙签的长度怎样？想象一下，假如牙签再细一些，能装多少根？想一想圆柱的高有多少条？（无数条）（明确圆柱的高有无数条）

【设计意图："高"是日常生活中的一个常用概念，而在数学上却是一个抽象的几何概念。尤其是立体图形中的高，相对来说更抽象。此处安排了让学生在带来的圆柱体实物上指出高这一操作实践活动，然后让学生指一指圆柱的高，再利用多媒体画出上、下底面圆周上及直径上的高，最后通过牙签盒模型演示，直观地让学生知道、理解圆柱的高有无数条，清晰高的概念。】

2. 探究圆锥的特征。

（1）课件显示例题 1 中的圆锥物体。日常生活中你见过这样的物体吗？（学生举例说说）

（2）那圆锥又有哪些特点呢？请你们观察自己带来的圆锥，完成以下表格。

物体名称	底面	侧面	顶点	高
圆柱	两个底面是圆形，大小相等	一个侧面是曲面		无数条
圆锥				

（3）交流圆锥具有哪些特征。学生回答，教师课件配着演示。

①圆锥由几个面围成？

②圆锥的侧面有什么特点？底面呢？

③什么是圆锥的高？

（4）把自己圆锥上各部分名称指给同桌看。

(5)圆锥的高指哪里?(顶点到底面圆心的距离是圆锥的高)

指名上台演示,教师课件演示,填写表格。

3. 比较圆柱和圆锥。

问:刚才我们认识了圆柱和圆锥,你觉得它们有什么相同点?又有什么不同点呢?

【设计意图:教师为学生提供丰富的探究活动素材,让学生进行充分的操作实践活动。这里通过观察、比较圆柱和圆锥的异同这些具体的感性实践活动,学生在头脑中就会积累起客观事物较为丰富多样的初步表象。这样,就为进一步感知圆柱和圆锥的特征,归纳事物的本质属性,抽象概念本质奠定了基础。】

三、巩固深化,拓展运用

1. 课本第 19 页“练一练”。

学生独立完成,指名口答,并说说理由。

2. 填空。

(1)圆柱上、下面是两个(　　)的圆形,圆锥的底面是一个(　　)形。

(2)圆柱有(　　)个面是弯曲的,圆锥的侧面是一个(　　)面。

(3)圆柱两个底面之间的距离叫圆柱的(　　),一个圆柱有(　　)条高。

(4)从圆锥的(　　)到(　　)的距离是圆锥的高,一个圆锥有(　　)条高。

3. 课本第 20 页第 2 题。学生独立完成,集体讲评。

教师小结:无论从哪一面看圆柱或圆锥,看到的都是平面图形。从上面看圆柱,看到的是圆,而从正面或侧面看到的都是长方形。从上面看圆锥,看到的是圆,从正面或侧面看圆锥,看到的都是三角形。

4. 课本第 20 页第 3 题。

(1)做长方形、直角三角形和半圆形小旗,将旗杆快速旋转,观察并想象一下,小旗旋转一周各成什么形状。

(2)自己设计小旗的形状,旋转小棒,观察并想象小旗旋转一周所成的形状,在小组里交流。(突出的在全班交流)

师:其实我们身边的事物本来就是多姿多彩的,有些看上去差不多,但却“差之毫厘,失之千里”,是什么造成它们高矮、粗细不一样的呢?

生:因为旋转出圆柱的长方形的长和宽不同。

生:因为直角三角形的底和高不同。

师:看来大家都从旋转图中得到了启发。底面的大小由底面的半径决定,而它们的高和底面半径共同决定了它们的形状。

【设计意图:概念的巩固能促进概念在学生认知结构中的保持,并通过不断运用加深对概念的理解和记忆,使新建立的概念得以巩固。通过填空使小学生对圆柱、圆锥产生不同的理解和建构,通过做长方形、直角三角形和半圆形小旗,将旗杆快速旋转,观察并想象是什么图形,使学生形成概念的系列化,学生都会从旋转图中得到启发:底面的大小由底面的半径决定,而它们的高决定了物体的形状。】

四、课堂总结,梳理知识

这节课上你学到了哪些新知识?有什么收获或者疑问?

【总评】

数学知识源于生活,又高于生活。学生丰富的日常生活经验是他们学习数学新知的现实起点,也是教师展开数学新知教学的逻辑起点。整堂课的教学设计能从概念的形成过程出发,通过观察、操作、比较、练习等形式,进一步感知并认识圆柱和圆锥的特征,知道圆柱和圆锥的底面、侧面和高,本课教学设计主要体现了以下几个特点:

1. 探究学习活动与生活紧密结合。本课教学一开始就创设情境,以直观几何模型让学生初步感受到圆柱、圆锥和长方体、正方体之间的异同,从而激发兴趣,产生学习欲望。在观察、操作、交流等活动中感知并认识圆柱和圆锥的特征后,及时安排课本上的“练一练”,进一步明晰、巩固概念,学生感受到数学知识在生活中的应用,增强学习数学的兴趣。

2. 在探究活动中经历完整的概念形成过程。在创设情境中,引入概念的学习;通过摸一摸、看一看、选一选等实践探究,建立圆柱和圆锥概念的表象;在比较圆柱、圆锥的异同中抽象归纳出它们的特征,形成概念;在分层训练中内化和巩固概念,有助于学生深化认知,并加以应用,有利于学生学会立体图形的学习方法。

3. 让多媒体为探究活动添翼。交互式电子白板有书写、电子擦板、回放与资源功能,在课堂中运用合理,效果非常好。例如,在学生知道了圆柱、圆锥的特征后,在图上标出底面、高、侧面等批注也很形象,最后比较它的异同点时,进行模式的切换,填写表格,运用自如。在教学圆柱的高时也让学生画一画,更好地理解圆柱的高有无数条,高效率地完成各项教学任务,教师教得轻松,学生学得开心,也有利于培养学生的操作能力和创新意识。

(无锡市江南实验小学　　黄淑颖)

第三节　“计量单位概念”探究学习课例

课例1:认识时、分

【教学内容】苏教版数学二年级上册第88—89页。

【教前思索】本课内容是在一年级(上册)学生初步认识整时和大约几时的基础上编排的。学生已经知道了钟面上的时针和分针,能说出钟面上的整时时间,还能识别钟面上的整时刚过或不到整时的时间。本课把“时”和“分”结合起来进行教学,有利于学生对时间的直观感受。由于1小时的时间比较长,在课堂上,学生可以借助“分”来进一步认识、体验“时”。本课教学应充分利用学生已有的生活和认知经验,激发其主动参与的积极性,帮助学生在观察思考、活动体验中逐步建立时、分的概念。

【教学目标】

1. 学生通过对钟面的观察,认识时间单位时、分,知道1小时=60分。

2. 学生在活动中体会1分、1时持续的时间,初步建立时、分的观念。

3. 学生在认识时、分的过程中,进一步体会数学与生活的联系,感受与同伴合作解决问题的乐趣,增强遵守和爱惜时间的意识。

【教学重点】认识时间单位时、分及进率,建立1时和1分的时间观念。

【教学难点】时针、分针是怎样计时的,理解时与分的关系。

【教学过程】

一、情境导入

1. 有不少小朋友已经坐端正了,因为他们知道现在已经上课了。那么,现在是几时几分了呢?

2. 如果你想知道此刻的准确时间,可以利用什么东西来帮助我们呢?(可以看钟、手表、手机)

3. 揭题:今天,我们就通过钟表来进一步认识时间,认识时、分。

(板书:认识时、分)

【设计意图:从“开始上课“这个情境自然引申到需要知道准确时间,根据生活经验,知晓能显示时间的工具,从而明确本堂课的教学内容。】

二、直观演示，探索新知

1. 认识钟面。

（出示钟面）请同学们仔细观察钟面，你有什么发现？

（1）钟面上有 1 到 12 这 12 个数，从数字 12 到数字 1 之间这是一大格，你还能从钟面上找出一大格吗？学生找一找，教师带着学生利用教具依次数出 12 大格。

（2）看一看一大格里有几个小格呢？（一起数）

问：1 个大格被分成了 5 个小格，那么钟面这一圈被分成了多少小格？

学生先自己数一数，再交流不同的办法。

利用课件，教师指导学生五个五个地数出 60 个小格。

2. 认识时、分。

钟面上有数、有格，这些都是不动的东西，接下来我们研究会动的——时针、分针、秒针。

（1）你们怎么区分这三根针呢？讨论一下。

交流后总结：时针短，分针长，秒针更长；时针最粗，分针比时针细，秒针最细。

今天这节课我们先研究时针、分针，秒针到以后的数学课上再研究。

（2）我们先来看一看时针、分针是怎么走的。（出示课件）

刚才的时针走了多少距离？（一大格）

你们知道这是多长时间吗？（1 小时）

（课件出示钟面转动）注意看分针走了多少。（一小格）这是——1 分钟。

（3）小结：也就是说，时针走一大格是 1 小时，分针走一小格是 1 分钟。

时针从 12 走到 4 要多长时间？走到 7 呢？（让学生说一说是怎样想的，走了几大格就是几小时）分针从 12 走到 4 要多长时间？走到 7 呢？

3. 感知 1 小时 =60 分。

让分针从 12 开始走一圈，那是多长时间？（课件）（60 分）

在这段时间内时针动了吗？（动了，走了一大格）我们知道时针走一大格是——1 小时，那么 1 小时就等于——60 分。

【设计意图：充分利用多媒体课件作为辅助手段，通过有意识地创设问题情境，激发学生探究的兴趣，让学生在观察、思考、表达等活动中，认识时、分的关系。】

三、感受体验，深化了解

1. 1 小时有多长呢？让我们一起来体会一下。

填空：1 节课是（　　）分钟，课间休息（　　）分钟，再加上（　　）分钟是 1 小时。

学生填写后，集体交流。

2. 1 小时有 60 分钟，那 1 分钟有多长呢？

（1）1 分钟我们可以做什么呢？想不想来感受一下一分钟的时间是多长？

（2）教师计时 1 分钟，学生数自己的脉搏大约跳多少次。交流后，教师揭示，一般脉搏 1 分钟跳 60 到 90 次是正常的。

（3）集体体验 1 分钟能做多少事情。

放 1 分钟音乐，三组学生，每组一人跳，一人数，一部分学生做口算题，一部分学生写字，剩下的学生背 1 到 9 的乘法口诀。

音乐结束，学生交流 1 分钟做了多少事情。投影 2 名学生做的口算题和抄写的字，检查完成的情况。

（4）看来，1 分钟也能做很多事情，可如果不好好利用，就会让它白白溜走，这多可惜啊！所以，我们要珍惜每一分钟。

【设计意图：课标中指出“数学从生活中来又服务于生活”。在对时间建立了初步的模型之后，让学生充分利用资源，开展一系列活动，现场体验 1 分钟有多长，不仅能感受到时间的快慢，更感受到时间的珍贵，情感态度价值观得以体现。】

四、全课总结

今天这堂课你学到了什么？有什么收获？

五、课后调查

回家后问问爸爸妈妈，他们在 1 小时里能做哪些事，明天的课上来交流。

【总评】

本课是小学数学低年级教学中一个较为重要的内容，这一部分的知识实用性很强，也很抽象，因此，许多学生学习起来很困难，尤其是对琐碎知识的掌握不能达到要求，不会通过相关知识间的联系进行记忆。

教学时从学生熟悉的生活情境入手，唤起学生看钟表的已有经验，让他们感受到生活中需要认识钟面、了解时间，接着教材分两层让学生认识时、分。通过钟面上的时针与分针、大格和小格来认识时针走一大格就是 1 小时，分针走一小格就是1分钟。再让学生仔细观察时针和分针的转动，从而发现时和分的关系，知道1小时=60分。

本课在教学设计中注意到了以下几点：

1. 利用现代化教学手段来辅助教学。在整个探究新知的过程中，充分利用课件演示观察钟面，学生通过自己的观察找出了钟面上的知识。在教学"认识时、分的关系"这个难点时，再一次借助多媒体的动态演示，使学生对自己的认识有了更直观的印象。这些形象的演示过程，充分调动了学生的积极性，有效地帮助了学生理解新知识，完成了教学目标。

2. 留给学生探索的空间。能够注意到学生的主体地位，注重循循善诱地引导，而不是包办代替，通过提出针对性的问题以及质疑，为学生的探索提供了足够的空间，帮助他们在观察与回答问题中自主感悟新知，并且搭建自由交流的平台。

3. 充分调动学生的各种感知器官。在教学过程中，各种形象的声音和丰富的画面调动了学生的感官，使他们能一直保持着好奇心和兴奋状态，从而激发了学生学习数学的兴趣。

（无锡市江南实验小学　朱若盈）

课例2：认识厘米

【教学内容】苏教版数学二年级上册第50—52页。

【教前思索】这节课主要是让学生认识厘米，建立1厘米实际长度的表象，这是学生认识长度单位的开始。学生有一定的生活经验，但是还要经历丰富的体验活动才能深入了解其内涵。教会学生使用基本的长度单位"厘米"对物体进行测量，这部分内容是学生以后学习米、分米、毫米等长度单位的基础。教材首先让学生用不同的方法测量同一个物体，得到不同的测量结果，引起学生的思考，体现出建立统一单位的必要性，从而引入尺子。通过让学生对尺子看一看、摸一摸，使学生对尺子从感性认识转化成理性认识，并通过看、猜、量等学习活动形成厘米的长度表象，使学生懂得较短的物体可以用"厘米"作为单位进行测量，同时能够估计一些物体的长度。

【教学目标】

1. 结合具体的生活情境使学生认识长度单位厘米，初步建立1厘米长度的空间观念。学会用尺子测量较短物体的长度，学会初步的估测方法。

2. 通过观察、测量活动，使学生体会统一长度单位的必要性。通过比一比、量一量、画一画等操作活动，培养学生的动手操作能力和自主学习能力。

3. 通过多种活动激发学生学习数学的兴趣，体验数学的有用性，培养学生热爱数学的情感。

【教学重点】建立 1 厘米长度的空间观念，使学生学会用尺子测量较短物体的长度。

【教学难点】在建立 1 厘米长度观念的基础上，估测出较小物体的长度。

【教学过程】

一、动手操作，产生测量需要

师：同学们，你们想知道自己的桌子有多长吗？好，请大家动动脑筋自由选择喜欢的工具，量一量桌子的长度。

学生动手量，学生汇报测量结果。

师提问：为什么大家量的结果不一样呢？

师：看来，我们要想准确量出物体的长度，就必须有统一的工具。人们为了量得大家都承认的结果，常用什么工具来量长度？

【设计意图：要让学生通过活动真正理解统一长度单位的必要性，必须让学生在操作中产生矛盾，从而激发学生的学习热情，自主引发继续探究的兴趣和愿望。】

二、尝试感悟，探索新知

1. 认识直尺。

(1) 观察一下尺上有些什么。

a. 一条一条的线，对，这些线在尺上叫刻度线。刻度线有的短，有的长，两条长刻度线之间就是一大格(师比划)，还有没有一大格了？观察一下这些大格一样长吗？

b. 有数字，有哪些数字呢？读读看。

观察这些数字是怎么排列的，这些数字都是用来表示刻度几的。

尺上第一个数字是几？对，尺上的数字是从 0 开始的。0 刻度，它就像起跑线一样，标志着开始，对着 0 的这条长线段叫零刻度线，对着 1 的这条线段叫什么？这条呢？(指 5)在你的尺上找找对着 5 的刻度线、对着 13 的刻度线，同桌互相看一看。

c. 尺上除了刻度线和数字，再仔细找找还有什么？

这两个字母是这样写的：cm，你们知道它表示什么吗？（厘米）

（师板书）它是我们今天要认识的新朋友“厘米”。（读一读）

厘米是用来表示长度的，它是一个长度单位。

（2）小结：通过观察，我们知道了直尺上有刻度线、数和长度单位“厘米”。今天我们就来认识厘米。一般量比较短的物品，可以用厘米作单位。厘米是用来表示长度的，它是一个长度单位。

2. 认识1厘米。

（1）认识了直尺后，你们想不想知道1厘米到底有多长呢？让我们一起来看一看。

（2）师指课件追问：这一大格是？（生：1厘米）

（3）请小朋友们在自己的尺上找出0刻度线到1刻度线这一大格，（生找）找到了吗，感觉怎么样？（一点点，好短啊……）

（4）确实，厘米是个很小的长度单位。你能在自己的尺上比划出1厘米的长度吗？试一试。

a. 比划好了，手指保持不动举起来看一看1厘米有多长。

b. 把手放下，让我们闭上眼睛一起来想一想刚才比划的1厘米的长度。

c. 睁开眼睛，现在你能不用尺，直接比划出1厘米的长度吗？听好教师的口令，我们一起来试一试。准备好了吗？开始。（生一起用手表示）

（5）我们知道了从0刻度线到1刻度线这一大格的长度是1厘米，你还能在尺上找出1厘米的长度吗？

指名一位学生说，师追问：你是怎么知道的？还有吗？学生自由回答，要求说清“从刻度几到刻度几之间的长度也是1厘米”。

小结：尺上一大格的长度是1厘米。

（6）找一找：你的周围哪些物体的长度大约是1厘米？

同桌交流后汇报。

【设计意图：数学从某种意义上来说，是一种体验数学。通过各种活动调动学生的多种感官参与活动，让他们自己去体验、去获得，从而真切地感受到了1厘米的长度，形成了1厘米长度的空间观念，更好地加深了对1厘米的理解。】

3. 认识几厘米。

（1）1厘米有多长我们已经知道了，那么2厘米有多长？请同桌的小朋友用手指相互比划一下2厘米大约有多长，2厘米有几个1厘米？

(2)2 刻度线到 5 刻度线的长度是几厘米？同桌讨论。

(3)通过在尺子上找这几个不同的长度，你们有什么发现？

点明：从 0 刻度线到刻度线几就是几厘米；用后面大的刻度数减去前面小的刻度数，得几就是几厘米；是几厘米，这几厘米里就有几个 1 厘米。

a. 刚才我们知道了 1 厘米是 1 大格，那 2 厘米就是——2 大格。2 厘米有多长，你能在尺上比划一下吗？2 厘米是从哪儿到哪儿？有不同的吗？（师比划）2 厘米长吗？

b. 2 厘米有这么长，不用直尺，你能来估计一下 5 厘米有多长吗？指名比划。

那 5 厘米到底有多长呢？还是请我们的好朋友——尺子来帮忙，请小朋友在尺上比划一下，同桌互相说一说 5 厘米是从哪儿到哪儿？指名回答。有不同的吗？不管从哪儿到哪儿，5 厘米就是几大格？

你还想知道几厘米的长度？指名说一说。

把你想知道的自己先估计一下，再拿着尺比划给同桌看一看。怎么找比较方便？

(4)刻度 0 到刻度 1 是几厘米呢？为什么？刻度 0 到刻度 3 呢？为什么？刻度 0 到刻度 4 呢？

(5)下面老师来考考你们：0—7、0—10、0—18。

你发现了什么？（生：从刻度 0 到刻度几就是几厘米。）

(6)对，在尺上刻度 0 到刻度几就是几厘米，那我们尺上一共有几厘米？

刚才我们已经比划了几厘米的长度，它们长吗？所以，如果用厘米量物体长度的话，一般都是量比较短的物体。

【设计意图：在学生充分认识 1 厘米并建立 1 厘米长度的空间观念的基础上，让学生自主学习认识几厘米。在教学“找几厘米”的过程中，做到了方法的多样化和优化。】

三、实践应用，练习巩固

1. 量整厘米数。

(1)学生独立写出小刀和线段的长。

同学们看看老师的答案，和你的一样吗？你是怎么量出来的？

(2)师：老师发现同学们出现了不同的方法。

出示 3 种不同的量法，生进行判断，并说说理由。

①放斜了。②没对着零刻度线，对着尺的最左边。③从零刻度线开始正确测量。

2. 画整厘米长的线段。

(1)学生尝试画一条4厘米长的线段，有困难的学生可以看书自学。

(2)指生上台示范，要求边画边说画的过程。(注意肯定其他画法)

(3)检验：用尺量一量所画线段是不是4厘米。

3. 练习："想想做做"第6题。

【设计意图：通过相互交流，相互补充，学生自主探索出测量整厘米数物体的长的方法；在画线段中则放手让学生动手画，在交流中提高学生的自学能力。这个教学环节体现了数学是活动的数学，教师重视加强学生的直观操作和合作交流，有利于培养学生的自主学习能力。】

4. 大约几厘米。

(1)你还想用厘米量桌上的什么东西呢？同桌两个小朋友一起去量一量，生操作。

(2)量的过程中，你有没有碰到什么问题？(纸条的边长不是整厘米)

(3)对，生活中有些物体的长度不是整厘米。(出示两条接近9厘米的线段)

a. 这条线段的长正好是9厘米吗？不是。是怎么样？和9厘米非常接近，那可以怎么说？

b. (出示另一条线段)这条线段的长是多少呢？你会说吗？

小结：这两条线段都和9厘米非常地接近，所以都可以说成是大约9厘米。至于比9厘米长多少或是短多少，我们以后再学习。

(4)那这张纸条的边有多长呢？量一量。

它和哪个数字比较接近，所以大约是几厘米？再去量一量你刚才量到的不是整厘米长的物体，看看是多长。

5. 量一量，填一填。

(1)介绍：这是我们的食指宽，这是我们的手掌宽，在量手掌宽时，要把五指并拢，从大拇指开始量起，量好后在书上填一填。

(2)学生动手测量，师指名汇报交流。

(3)这是我们身上的两把"尺"，请记住它们的长度。当我们身边没有直尺时，就可以用这两把"尺"来估计一些物品的长度。

(4)电脑出示"想想做做"第5题的表格。师：下面我们就把直尺藏起来，用自己身上的两把“尺”来估计自己中指的长度和数学课本短边的长度。动手前先想一想用哪一把“尺”量比较合适，量好后把结果填在前面两个括号里。

(5)反馈：说说你是怎样估计的，结果是多少。

(6)你估计得准确吗？再拿出直尺量一量，把结果填在后面两个括号里。先量好的小朋友可以比一比，看一看自己估计得怎么样。

【设计意图：学会用厘米作单位估测比较短的物体的长度，培养学生动手操作能力、空间想象能力和估测能力。注重鼓励学生自我反馈和评价，积极开展同学间的相互评价。】

四、总结延伸

1. 师：通过学习，你们有哪些收获？

2. 布置延伸作业。

课后请小朋友找一找教室、学校、家里面你比较感兴趣的或者比较喜欢的东西，用尺去量一量它们的长度，我们下节课来交流好吗？

【总评】

本节课的设计以学生的生活经验为基础，加强直观操作，合作交流，引导学生自主探究，在实践操作中感知“厘米”的概念，在讨论交流中体验测量的方法。并在现实的情境中运用所学的厘米知识解决问题，使学生在感受学习成功的喜悦的同时，深深体验到数学的应用价值。

本课教学设计主要体现了以下几个特点：

1. 站在学生的角度进行课堂设计。从学生的知识经验和生活背景出发，在研究现实生活问题的过程中理解数学、学习数学，发展思维能力。动手实践、自主探索与合作交流是学生学习数学的重要方式。在本节课中，教师注重将主动权放给学生，引导学生操作、思考、交流，充分发挥学生的积极性。

2. 教学层次清晰明了。从测量结果不同产生要学习长度单位，到建立厘米的长度观念，概括测量方法，再加以运用，整个过程符合学生的思维发展，在层层推进中将教学内容自然呈现出来。

3. 体现取之于生活、用之于生活的理念。教师选择的教具、学具等都取材于学生的现实生活，这样可以使学生感到亲切、有趣，教学活动更富有生气和活力。而本节课学到的内容又能够经常用于生活中，如身体“尺”在平时的估算中起到不可小觑的作用，这又能使学生进一步认识学习数学的价值。

（无锡市江南实验小学　朱若盈）

课题3:认识千克

【教学内容】苏教版数学三年级上册第29—32页。

【教前思索】千克是质量的计量单位,物体含有物质的多少是物体的质量。但在日常生活中,人们习惯上把质量称为重量。因此,在本单元中,并不出现“质量”这个词语,而是以“有多重”来代替。本课教学主要让学生结合生活情境认识千克,初步建立千克的质量观念,在丰富的数学实践活动中逐步加深体验和认识。教材先由具体的生活情境导入,引出物体轻重的概念,再认识各种各样的秤,并引出计量单位千克,然后通过观察秤面和相关物品来认识1千克,再让学生在动手实践活动中丰富对1千克的感知,感受和体会1千克到底有多重,从而建立千克的观念。

作为计量单位概念的教学,认识千克的重点和难点是要让学生在头脑中建立起较为清晰的概念表象和质量观念。鉴于小学生的认知心理特征和教材特点,本课教学设计主要突出学生切身操作和体验感悟,着重开展体悟式探究学习活动。主要让学生联系自己生活实际,调用生活经验,创造体验机会,积累比较质量大小的经历和体验,丰富学生头脑中的表象,并通过具体的称一称、拎一拎、看一看、数一数等实践活动,引导学生亲身体会1千克有多重。

【教学目标】

1. 让学生在具体的生活情境中感受并认识质量单位“千克”,初步建立1千克的观念;认识生活中常见的秤,了解用秤称物体质量的办法。

2. 让学生经历充分表达和交流的过程,能根据现有经验估测常见物品有多重;经历丰富的数学操作实践活动过程,体会千克的实际意义。

3. 在实践活动中,体会数学与生活的密切联系,增强学习数学的兴趣。

【教学重点】在具体情境和实践活动中建立千克的质量观念。

【教学难点】感受1千克到底有多重。

【教学准备】

教师:多媒体课件、台秤若干(演示观察用和学生小组活动用)、一袋红枣、一袋膨化食品、一袋桂圆、若干重1千克的物品、其他若干物品(大米、鸡蛋、橘子、苹果、香蕉等)。

学生自带各种物品若干。

【教学过程】

一、创设情境，激趣引入

1. 情境一：

老师从超市里买回来两袋物品。[出示一袋红枣（重 1 千克）、一袋膨化食品（重 135 克）]猜一猜哪一袋重一些，你怎么证实自己的想法呢？（让学生谈想法，并上台用手掂一掂）

2. 情境二：

老师还买了一袋桂圆（重 1 千克多点），包装和红枣差不多大，猜一猜一袋桂圆和一袋红枣相比，哪个重些。（可能会出现两种答案，关键在于这两样东西的包装、质地差不多，光靠用手掂一掂，分不出哪个重哪个轻）

谁能有什么简单的方法快速判断出到底哪个重呢？（用秤称一称）

3. 小结、过渡。

物体是有轻重的，为了准确地知道物体有多重，我们必须借助秤来称一称。

【设计意图：从学生的生活经验和已有知识出发，创设生动有趣的故事情境，让学生体会到物品有轻有重，在轻松愉悦的氛围中自然进入数学探究学习情境。】

二、认识秤面，初识千克

1. 介绍生活中常见的秤。

老师：谁能说说你见过了哪些秤，大概是用来称什么的？

（在学生说的同时，教师用课件出示各种秤的图样）

2. 认识台秤，初识千克。

(1)老师：要称出一袋红枣、一袋桂圆有多重，用哪种秤比较好？（台秤）

(2)出示台秤。大家观察一下台秤，在秤面上看到了什么？（指针、刻度）

秤面上的刻度告诉我们物品重多少，像物体的长度单位是米一样，物品重多少也有它的单位，国际上通用“千克”来作为它的单位，（板书：千克）千克常用字母“kg”表示。（板书：kg）千克在我们生活中又叫什么？（公斤）

【设计意图：让学生联系生活实际，交流在生活中见到的秤，唤起对已有经验的回忆。引导学生通过对台秤刻度盘的观察，了解台秤的使用方法，也自然地引出并介绍认识“千克”。】

三、探究称法，再识千克

1. 下面老师想请同学来称一称这袋红枣有多重。称的时候，请大家仔细观察，看看台秤有没有发生什么变化。

2. 这袋红枣到底有多重呢？（1 千克）你们是怎么知道的？（指针指着数字“1”）

归纳：指针指着数字“1”，这说明所称的这袋红枣重 1 千克。

3. 你能在秤面上找到 2 千克、3 千克、4 千克和 5 千克吗？（让学生上台在台秤上找一找，教师作小结：指针指着数字几，托盘上的物品就重几千克）

4. 看秤面读数，说出每种物品各重几千克。

课件出示第 31 页“想想做做”第 3 题，让学生观察秤面，说出各种蔬菜有多重。交流时重点让学生说说是怎样从秤面上看出来的。

【设计意图：此处让学生凭借生活经验探究称法，学会读秤、识秤，为下面进一步正确使用秤称东西并感悟千克的实际意义奠定基础。】

四、动手实践，体悟千克

1. 称一称、拎一拎、数一数。

(1) 称大米活动。让学生分小组称出 1 千克大米，装在袋子里，然后分别用手拎一拎，感觉一下 1 千克的重量，最后让学生说说是什么感觉。

(2) 称鸡蛋活动。让学生分小组称出 1 千克鸡蛋，装在袋子里，然后分别用手拎一拎，感觉一下 1 千克的重量，再数一数这 1 千克鸡蛋有多少个。

2. 估一估、装一装、称一称。

(1) 出示教师装在袋里的 1 千克大豆，让学生拎一拎，并估计有多重。

(2) 不用称，凭自己的感觉装出 1 千克的橘子，看看哪个小组装的最准确。

3. 有奖估测活动：估一估袋子里的物品有多重。

(1) 出示 1 千克的苹果、2 千克的香蕉、3 千克的橘子，分别用袋子装好。

(2) 让学生上台拎一拎，估计重量，然后再用秤称一称。（估计准确的学生给予奖励）

【设计意图：此环节设计了让学生感受不同形状、不同材料的 1 千克物品的质量，其目的是强化学生对 1 千克实际质量的感受。同时，通过凭借初步形成的 1 千克实际质量的感受，估计 1 千克橘子的多少，估计香蕉、苹果的质量，这样能教给学生估计的方法，发展估计能力。】

五、联系生活，了解应用

1. “想想做做”第 1 题。

(1) 下面老师让大家看一样东西（出示一袋盐水鸭），看看这上面有没有我

们今天所学习的千克。(上面有一个“1kg”)“1kg”说明了什么?(说明这袋盐水鸭重1千克)

大家再仔细看看,谁有新发现?(净含量)什么是净含量?(让学生说)

(2)出示大米图,说说这袋大米有多重。

2.“想想做做”第2题。

(1)出示电梯图。这是贴在电梯里的一个标志,谁能说说这个标志告诉了我们什么,为什么要把它贴在电梯里?(有一个1000kg)这说明了什么?(电梯最大能载重1000kg,千万不能超载,否则会发生危险)

(2)出示卡车图。在这辆卡车上面有没有我们今天所学习的千克?(5000kg)这个5000kg的标志告诉了我们什么?(这辆汽车的最大载重量是5000kg)

(3)你还在什么地方看到了“千克”的标志。(让学生自由说说)

【设计意图:在联系实际的环节中呈现出较多的带有千克的标识,感受千克在生活中的广泛运用,进一步增强学生对千克的体验。】

六、全课总结

1.说说你今天有什么收获。

2.多媒体出示“你知道吗”,介绍乘坐火车、飞机旅行时携带或托运物品的重量规定。

3.布置课后实践活动:跟妈妈一起去菜场买菜,看看妈妈买了哪些菜,各重几千克,用手拎一拎,感受一下,测测自己能拎起几千克重的物品。

【设计意图:课末通过“你知道吗”介绍生活中的千克,让学生再一次领略数学与生活的联系,既能开阔学生的视野,又能发展学生的数学眼光。同时布置了实践性作业,使课堂数学学习向生活延伸。】

【总评】

本课时的目的是让学生在具体生活情境中感受并认识质量单位千克,初步建立1千克的观念。本课教学适宜采用体验式数学探究学习,此设计围绕教学重、难点的突破,主要体现了以下特点:

1.组织有序的体验探究活动帮助学生建立千克的概念。学生在生活中都接触过“物体有多重”这样的事情,并有初步的感性认识。教师注意创设学生熟悉的问题情境,唤醒学生的生活经验,组织学生交流探究,让学生明确物体有轻重,并自然地引导学生回忆、认识生活中常见的秤,学会读秤。此教学设计中教师安排了丰富多样的活动，充分发挥学生的主体作用，让学生动手称一称、拎一拎、数一数，体验和感悟1千克有多重。同时注意培养学生的估测能力，通过估一估、装一装、称一称等活动，加深学生对1千克的认识和感知。

2. 设计丰富的对比体验活动帮助学生建立1千克的实际质量观念。教师注意引导学生在具体直观的情境和活动中认真观察、动手操作、感知千克，并建立相应的质量观念。让学生亲自动手称、动手拎，充分比较和体会物品的轻重，并凭借获得的初步体验进行估测，进一步加深印象。同时，教师应注意充分联系生活实际，感受生活中千克的广泛运用，以此不断加深学生的认识。

第四节 “法则公式”探究学习课例

课例1：简单的分数加减法

【教学内容】苏教版数学三年级上册第105—106页。

【教前思索】本课教学简单的同分母分数（分母不超过10）加减计算，这是在学生初步认识了一个物体的几分之一、几分之几的基础上进行的，学生初步理解了简单分数的含义，并且能借助直观图比较分数的大小。教材例题让学生把一个长方形的$\frac{3}{8}$涂上红色，$\frac{2}{8}$涂上绿色。在涂颜色的活动中，两次一共涂了8份中的5份，理解$\frac{3}{8}+\frac{2}{8}=\frac{5}{8}$，又从涂的红色比涂的绿色多8份中的1份来理解$\frac{3}{8}-\frac{2}{8}=\frac{13}{8}$。教材不概括同分母分数加减法计算的法则，而是要求学生凭借分数意义的理解来支持计算，这实际上也是进一步巩固和提升学生对分数意义的认识。

作为一种计算方法的教学，教师在教学设计时采用理解性探究学习的基本理念，让学生在实际问题的解决过程中自主探究计算方法，通过充分的合作交流、辨析探讨来理解算理，让学生完整经历探究学习过程，进一步巩固分数意义，并积累、提升探究经验。

【教学目标】

1. 使学生经历探索简单的同分母分数加减法计算方法的过程，初步学会计算简单的同分母分数加减法。

2. 使学生通过观察、操作和思考，理解同分母分数加减法计算的算理，进一步加深对分数的认识。

3. 使学生能应用同分母分数加减法的知识解决简单的实际问题,体会数学与生活的密切联系。

【教学重点】

学会计算简单的同分母分数的加减法,进一步加深对分数的认识。

【教学难点】正确理解算理。

【教学过程】

一、创设情境,提出问题

1. 谈话:星期天,妈妈去超市买了一块巧克力。(课件出示一块长方形巧克力的示意图)弟弟吃了这块巧克力的$\frac{3}{8}$,姐姐吃了这块巧克力的$\frac{2}{8}$。你能在图上表示出他们两人分别吃了多少吗?

让学生同桌两人合作,用一张长方形的纸折一折、分一分,再用不同颜色的笔涂一涂(打上斜线),表示出弟弟和姐姐分别吃了多少。

组织交流。结合示意图让学生说一说这两个分数的含义。

【评析:把教材上的例题"还原"成生活中的实际问题,能够更好地激发学生的学习兴趣。通过让学生具体操作,使学生结合直观的图形理解分数的具体含义,为后面探索简单的分数加减法做好铺垫。这里学生的操作可能会出现不同的结果,但只是形式上的差异,反而更有利于学生把握分数含义的本质,对后面探索算法也不会造成负面影响。】

2. 提出问题:根据这两个条件,你能提出哪些数学问题?

根据学生的回答,课件列出以下问题:

(1)两人一共吃了这块巧克力的几分之几?

(2)弟弟比姐姐多吃了这块巧克力的几分之几?(或者:姐姐比弟弟少吃了这块巧克力的几分之几?)

(3)还剩下这块巧克力的几分之几?

【评析:引导学生根据条件提出数学问题,有利于培养学生的问题意识。同时,学生提出的问题也能自然地指向本课所要学习的内容。最后一个问题虽然超出了本课的学习要求,但也是本课学习内容的一种自然延伸。】

二、自主探究,学习新知

1. 解决问题(1):两人一共吃了这块巧克力的几分之几?

(1)启发学生列出算式。

板书算式：$\frac{3}{8}+\frac{2}{8}=$

(2)猜一猜：这道题的结果是多少？

通常情况下学生可能会出现以下两种结果：

①$\frac{3}{8}+\frac{2}{8}=\frac{5}{8}$　　②$\frac{3}{8}+\frac{2}{8}=\frac{5}{16}$

教师把两种结果都写在黑板上。

(3)想一想：一道算式出现了两种不同的结果，最多只能有一种是正确的。到底哪一种才是正确的呢？

引导学生对照示意图想一想，在两种结果中作出选择，并把自己的想法跟同桌同学说一说。

(4)组织全班交流，引导学生结合示意图理解计算的思考过程：

$\frac{3}{8}$是3个$\frac{1}{8}$，$\frac{2}{8}$是2个$\frac{1}{8}$，3个$\frac{1}{8}$加上2个$\frac{1}{8}$是5个$\frac{1}{8}$，就是$\frac{5}{8}$。

(5)根据上面的思考过程，让学生自己归纳计算方法。

根据学生回答，教师完整地板书计算过程：$\frac{3}{8}+\frac{2}{8}=\frac{2+3}{8}=\frac{5}{8}$。并用虚线把中间的计算过程框起来，告诉学生计算时只要把这一步想在脑子里，不必写出来。

【评析：本堂课是学生第一次学习分数加法，通过让学生“猜一猜”，可以使学生把原有的计算整数加法的经验迁移过来，不同的迁移方式会导致不同的结果，由此可引发学生的认知冲突，使学生产生探究的需要。在此基础上，再引导学生对照图形“想一想”怎样算才是正确的，“迫使”学生利用图形去验证自己的猜测，并进一步探究计算的思考过程。最后引导学生把思考过程进行整理和简化，自己归纳出计算的方法。这样的设计使学生真正经历了算法的探究过程，有助于他们获得对算法的深刻理解。】

2. 解决问题(2)：弟弟比姐姐多吃了这块巧克力的几分之几？

(1)让学生独立完成列式和计算。

(2)组织交流，让学生借助示意图说明计算的思考过程，并由此归纳出计算方法。

【评析：有了同分母分数加法的学习基础，同分母分数减法的学习更加放手

让学生自主探索，体现了由扶到放的教学策略，有效促成了知识的迁移。】

三、想想做做，即时巩固

1. 做“想想做做”第1题。

让学生先想一想两个分数的含义，再列式计算。

交流时让学生结合具体的情境说一说计算的思考过程。

2. 做“想想做做”第2题。

让学生独立完成，再交流反馈计算结果。

【评析：基本练习安排了两道题。第1题结合具体的情境练习计算，并结合情境让学生再次说一说计算的思考过程，有助于学生进一步加深对算理的理解。第2题是单纯的计算练习，通过练习可以帮助学生进一步巩固和掌握同分母分数加减法的计算方法。】

四、联系生活，应用拓展

1. 做“想想做做”第3题、第4题。

让学生独立完成，再组织交流。

2. 讨论解决导入时提出的问题(3)：还剩下这块巧克力的几分之几？

【评析：在理解算理、掌握计算方法以后，让学生应用所学的知识解决生活中的实际问题，体会数学知识的实际应用。课的最后通过组织学生讨论课始提出的第三个问题，使本课学习的知识得到了自然延伸，同时进一步拓展了学生思考的空间，有利于提高学生综合应用所学知识解决问题的能力，从而使部分学有余力的学生得到更充分的发展。】

【总评】

从整堂课的设计来看，这堂课也许算不得是一堂“精品课”，而只能算是一堂“家常课”。课中没有花俏的情境，没有热闹的活动，设计者也没有刻意去追求对教材的重新组织和加工。但是，整堂课的教学十分关注学生获取数学知识的探究过程，关注学生的主动参与，关注学生对数学知识的实实在在的理解。整堂课能够紧紧围绕教学目标，以解决问题为主线，层层展开教学活动，让学生亲身经历数学知识的形成、发展和应用的过程，使学生在获取知识的同时，在数学思考、解决问题和情感态度等方面都得到了进步与发展，较好地体现了设计者对数学教学的一种“求真务实”、“返璞归真”的基本理念和价值追求。

（评析：无锡市滨湖区教育研究发展中心　沈晓东）

课例2:除数是小数的除法

【教学内容】苏教版数学五年级上册 P93 例5、P95 例6 以及相应练习。

【教前思索】教材例5 教学除数是小数的除法,这是在学生已经学过小数除以整数的基础上进行教学的,同时学生已经掌握了商不变的性质、移动小数点以及小数性质等数学知识,这是本课新知学习所必备的基础性知识。学习除数是小数的小数除法,其关键是让学生学会转化,使其变为除数是整数的小数除法。例5 教学 7.98 ÷4.2,除数的小数位数比被除数少,这是转化的基本型。在教学中应由学生主动想到转化的策略,但在竖式上进行转化这个技巧性的操作内容,主要还是以教师"教给"学生为主。例6 的教学则是对例5 学习的延伸,进而完善除数是小数的除法的系统性学习。例如,1.1 ÷0.55,3 ÷1.2,这两个算式中除数的小数位数都比被除数多,因而在竖式上进行转化操作时就有了一定的难度和区别。这个例题的学习主要是使学生进一步巩固转化的计算策略和过程,学会转化操作中的几种变式扩展情况。

例5 和例6 两个例题的情境是相同的,通过两个例题的学习来掌握除数是小数的除法中的两种情况,即除数小数位数比倍数少或者多。从整体计算方法策略来看两者是一致的,均是采用转化的基本思想,使之变为除数是整数的小数除法来进行计算。不同之处在于实施竖式转化操作时,被除数小数点的移动变化情况有别。这种不同,其实仅仅是操作技巧层面上的不同,因而通过专项训练即可掌握。

基于这样的思考,教师把两个例题整合起来在一堂课中进行教学。这样能够使学生对除数是小数的除法形成比较完整的系统认识,能够体现教学的统整性,提高教学效益。

至于转化的教学,如果直接告诉学生把除数是小数转化成整数、如何转化等,可能学生很快地就掌握了这种计算技能、方法。可是,学生对转化的思想体会不深,学习的主动性不强,对为什么要转化更不明白,囫囵吞枣,不知其味也。换位思考一下,若站在儿童的角度看问题:根据已有的学习经验,整数除法、除数是小整的除法不都是直接列竖式计算吗?孩子的认知思维往往是惯性的、直线型的,由此及彼地进行迁移学习,这是孩子在学习除数是小数的除法时的真实想法。我们不能对孩子的想法视而不见,充耳不闻,而应该引导孩子暴露、展示自己真实的想法，在矛盾冲突中感受转化的必要性，体验转化策略的价值，使转化的思想方法成为孩子解决问题的一种内在需求。因而，教学时可以充分利用学生的已有经验，让他们展开自主探究式的学习，从中主动地探寻解决新问题的好方法、好策略。

【教学目标】

1. 通过自主探究，让学生理解并掌握一个数除以小数的计算方法，能正确口算、笔算相应的式题。

2. 让学生在自主探究计算方法的过程中，进一步体会转化思想的价值，感受数学思考的严谨性，进一步掌握学习的方法，培养良好的计算习惯。

【教学重点】掌握除数是小数的除法计算方法。

【教学难点】理解为什么要转化和怎样转化是难点。

【教学过程】

一、情境冲突，感受算理

1. 呈现情境、问题：星期天，小明的妈妈去超市，看到美国精品红苹果每千克 8 元，就买了一些带回家，共用去 63.2 元。正巧，爸爸在回家时看到路边也在打折促销卖苹果，每千克 0.8 元，于是爸爸也买了一些带回家，共用去 6.4 元。回家后，小明一听这个情况就说：妈妈花了 63.2 元，买的苹果比爸爸多。你们同意小明的说法吗？

2. 师：要知道谁买的多，我们可以列哪两个算式呢？

教师相机引导列式并揭示课题：小数除法。比较两个算式并板书：除数是整数、除数是小数。

3. 学生讨论、交流，说说判断的理由和依据。

通过计算得出 63.2 ÷8 的结果，并重点讨论、归纳 6.4 ÷0.8 的计算结果和思考过程：把 6.4 ÷0.8 看作 64 ÷8。

师：这位同学把除数是小数的除法变成什么来算了？这就是转化。这样转化之后结果会不会改变？这样转化有什么依据吗？（被除数和除数同时乘以 10，商不变的性质）

【设计意图：从购物情境入手，通过对“妈妈买的苹果比爸爸多”这个问题的辩论，进行列式、计算，引出本课学习的主题。在这个特殊的情境中，有意识地更换数据为 6.4 ÷0.8，有利于唤醒学生的已有知识经验，主动地进行转化，让学生表述口算思考过程，实则是在初步感受、阐述算理，明确除数是小数的除法的

转化依据是商不变的性质。】

4. 练习转化，体会策略。

出示：3.2 ÷ 0.4 =　　0.24 ÷ 0.06 =　　0.18 ÷ 0.3 =

学生回答结果，并结合第 1 题说说 3.2 和 0.4 同时乘以 10，只要将小数点怎样。

重点围绕第三题的两种转化结果讨论 18 ÷ 30 和 1.8 ÷ 3。

同学们更喜欢选哪一种来算？体会转化策略：把除数转化成整数。

即时练习：

0.12 ÷ 0.4 = (　　　　) ÷ 4　　　　0.12 ÷ 0.04 = (　　　　) ÷ 4

0.12 ÷ 0.004 = (　　　　) ÷ 4　　　　67.2 ÷ 0.28 = (　　　　) ÷ 28

6.72 ÷ 0.28 = (　　　　) ÷ 28　　　　0.672 ÷ 0.28 = (　　　　) ÷ 28

5. 练习后任选两题说说转化的理由，并小结：除数是小数的除法的依据是商不变的性质。

【设计意图：在明确转化的依据之后，进而组织学生进行横式上转化的专项练习，让学生巩固转化的方法和技巧，同时在练习中加以对比、辨析，懂得转化时一般将除数转化为整数比较方便。】

二、尝试探究，学习算法

1. 呈现“妈妈菜场买菜”情境信息，学生列式，板书各算式。

	单价/元	质量/千克	总价/元
鸡蛋	4.2		7.98
萝卜	0.55		1.1
番茄	1.2		3

2. 尝试计算 7.98 ÷ 4.2，学习竖式计算。

(1) 估一估：结果大约是多少？怎么估的？

(2) 引导点拨：这是除数是小数的除法，根据商不变的性质应转化成哪一个算式来算？刚才我们在横式上已经会转化了，在这个竖式上，你准备怎样转化成除数是整数的小数除法？（板书 $4.2\overline{)\,7.98}$ ）

(3) 学生上台板演尝试转化，组织评议。

学生交流方法：把除数转化为整数时只要移动小数点，除数的小数点向右移动了几位，被除数的小数点也要向右移动几位。

教师进行示范，并提炼、板书步骤：一划、二数、三点，并让学生说说这三步的具体做法。

（4）学生在作业纸上进行转化、计算，并验算。

（5）展示交流，小结归纳：刚才我们是怎样计算除数是小数的除法的？怎样把除数是小数的除法转化成除数是整数的除法？

【设计意图：在这一个环节中，主要是让学生学会在竖式上进行转化计算的一般方法。将例5和例6整合在同一个情境中，呈现了三种不同类型的除数是小数的算式。在学生初步尝试竖式转化操作的基础上，教师提炼出"一划、二数、三点"三个步骤，让学生初步学会竖式计算。在这个过程中，注意发挥学生的独立探究意识，改变单纯的授受式教学。】

三、专项训练，掌握技能

1. 过渡，分组呈现专项训练题。

不计算，把除数是小数的除法转化为除数是整数的除法。

(1) $1.8\overline{)7.56}$　　$0.7\overline{)4.83}$　　$0.56\overline{)0.196}$

(2) $0.16\overline{)9.6}$　　$6.8\overline{)34}$　　$0.25\overline{)5}$

2. 学生练习，重点指导。

（1）完成第一组后，交流归纳转化步骤，并指出：除数、被除数的整数部分是0时，小数点划掉后，还要将原先整数部分的0也划掉。

（2）完成第二组后，交流并指出：被除数小数部分的位数比除数少时，要在被除数末尾添0补足。被除数是整数时，可以在个位后面添0，再加上小数点。

【设计意图：竖式转化技能是本课学习的难点之处，安排专项技能训练有利于学生巩固技能。在练习中设计了两个不同的类型，通过各种变式训练来拓展转化技能。此处的集中专项训练有利于学生从整体上把握转化策略和技巧，也为后续不同类型竖式的计算尝试奠定基础。】

四、变式拓展，掌握法则

1. 学生计算"萝卜和番茄买了多少千克"。

学生齐练，指名板演。

2. 交流评议，结合错例进行辨析，然后修改错误。

3. 归纳小结：比较黑板上三道算式，尽管它们的被除数各有不同，但除数都是小数，在算法上有什么共同的地方？因为被除数的情形不同，转化时又有什么不同呢？

【设计意图：在上述系统性的专项训练基础上，再由学生独立去完成例6中的两个竖式计算，已经水到渠成。此环节重点突出了三道除数是小数的除法的对比，让学生从整体上把握其中的联系与区别，实现对计算法则的自主建构。】

五、课堂练习，巩固技能

1. 列竖式计算：

(1)0.561 ÷3.4	1.8 ÷0.24	9 ÷0.45
(2)11.5 ÷4.6	7.5 ÷0.25	6 ÷0.05

完成第(1)组三题，做得快的可以在第(2)组中任选若干题做。

结合学生的错误进行辨析评议。

2. 解决实际问题：练习十八第9题。

【设计意图：安排适量的针对性练习，同时紧扣学生在练习中出现的问题，引导学生进行辨析讨论，使学生进一步巩固新知技能。】

六、全课总结

通过这节课的学习，你知道了什么？一个数除以小数该怎样计算？

这节课中什么地方使你感触最深？

【总评】

课堂教学不仅要使孩子获得必要的知识与技能，更要关注儿童的感受、关注儿童的成长。不能仅以教材、知识为本，应以人为本，以儿童的发展为本，应着力引领孩子经历、感受知识的产生、发展、变化的过程，感悟知识形成中所蕴涵的前人的探索与智慧，感悟数学思想方法的博大精深。本课除数是小数的除法技能教学，采用了理解性探究学习的基本模式，站在学生学习的角度，探寻其学习新知的逻辑起点，把握学生的思维特点，巧妙地引导、组织教学，使学生明白地学知识，学明白的知识。

本课教学设计重组了教材内容，将两课时完成的内容整合到一堂课中进行教学，是一次有意义的大胆尝试。重组时，在做“加法”的同时也做了“减法”，形成了一条简洁而又清晰的教学思路。这样的教学过程也符合学生的认知规律和特点，有利于学生从整体上理解和掌握除数是小数的除法的计算法则。

本课教学设计将学生推至教学活动的前台，始终围绕着学生的自主探究学习设置活动环节。新课引入的购物情境中，让学生自己直面新知，主动寻找方法，得出结果。这是建立在教师对学情的准确把握基础上的。探究活动主要分为三个部分:一是探究横式上的转化及其转化的依据和基本策略;二是尝试探究竖式上的转化技巧并完成竖式计算;三是尝试完成竖式转化中的变式。教学过程中注意多次归纳和比较,使学生主动建构新知。

课例 3:长方体和正方体的体积

【教学内容】苏教版六年级上册第 25、26 页例 9、例 10 及“试一试”。

【教前思索】长方体和正方体是最基本的立体图形。由平面图形到立体图形是学生认识上的一次飞跃。学生学习本单元前几课时已经认识和掌握了长方体和正方体的特征和性质,学习了表面积的计算,掌握了体积概念和常用的体积单位。这节课应让学生了解长方体和正方体的体积公式的推导过程,理解体积公式的意义,能应用公式正确计算长方体和正方体的体积,并能解决相应简单的实际问题。在本课教学过程中,教师突出了学生自主探究活动过程的设计,让学生经历观察发现、猜想验证的探究过程,进一步掌握探究学习方法,同时注重发展学生的思维能力和空间观念。

【教学目标】

1. 让学生在操作、观察、猜想、交流和归纳等数学活动中,探索并掌握长方体和正方体的体积公式,能应用公式正确计算长方体和正方体的体积,并能解决相应的简单实际问题。

2. 让学生在数学活动中进一步积累探索数学问题的经验,增强空间观念,发展数学思维。

【教学重点】探究发现长方体、正方体的体积公式,能运用公式正确计算。

【教学难点】长方体、正方体体积公式的推导过程,理解长方体、正方体体积公式的统一过程。

【教学准备】教师:多媒体课件。学生:每组准备 40 个左右体积为 1 立方厘米的正方体。

【教学过程】

一、情境设疑,揭示课题

1. 创设情境。屏幕播放体积相近的一块绿豆糕和一个火柴盒的故事。

火柴盒:“老弟你好啊!”

绿豆糕:“凭什么喊我老弟?”

火柴盒:“因为我比你个大!”

绿豆糕:“不见得吧,我看还是我大呀!”

火柴盒:“明明是我大!”

绿豆糕:“我大!”……

火柴盒、绿豆糕:“同学们,你们谁能帮我们解决这个问题吗?”

2. 要帮它们比什么呀?(比体积)

3. 你们有什么办法比出它们的体积大小吗?

(1)用切的方法求绿豆糕的体积。说明:绿豆糕长 3 厘米、宽 2 厘米、高 2 厘米。

师:怎样知道它的体积呢?

生:把它切成棱长是 1 厘米的小正方体,数数有多少个,它的体积就是多少立方厘米。(关键看这个长方体中包含了多少个 1 立方厘米)

师:这个办法不错,我们一起来切切看。多媒体演示:学生看、数。

师:这块绿豆糕的体积是多少啊?(12 立方厘米)

(2)求体积遇到困难,激发学习动机。

师:能用切的方法求这个火柴盒的体积吗?

生:不能。

师:像橡皮等物体能通过把它们切成若干个小立方体的方法求出它们的体积,像火柴盒、柱子等物体不能切或切不开,怎么办呢?看来,还需要找到更简单的方法。

4. 揭示课题:猜一猜,长方体的体积可能与哪些数量有关呢?怎么求长方体的体积呢?今天,我们就一起来研究长方体和正方体的体积。(板书:长方体和正方体的体积)

【设计意图:通过创设情境,激发学生的兴趣,提出比较问题,既激活了学生已有的对长方体和正方体体积的知识和经验,又产生了一定的冲突,唤醒了学生主动探究体积公式的欲望。】

二、探索活动,推导公式

谈话:我们以前推导平面图形的面积公式时,都是通过操作实验、观察发现,再推导出计算方法和计算公式的。我们能不能也用这种方法来推导出长方体、正方体的体积公式?我们来做下面的实验。

1. 明确要求,有序操作。

(1)提出操作要求:用若干个体积为 1 立方厘米的正方体摆成 4 个不同的

长方体,要求四人小组合作,每人摆出的长方体各不相同。然后将摆出的长方体放在衬板上,并编号。

(2)学生操作。

2. 观察物体,记录数据。

(1)出示例9前半部分表格,并提问:你能看出这些长方体的长、宽、高各是多少吗?

	长/cm	宽/cm	高/cm
长方体①			
长方体②			
长方体③			
长方体④			

(2) 提问:怎样才能知道这些由体积为1立方厘米的正方体摆成的长方体的体积?(数每个长方体中包含了多少个体积为1立方厘米的正方体)

依次出示后半部分表格:

	长/cm	宽/cm	高/cm	正方体的个数	体积/cm^3
长方体①					
长方体②					
长方体③					
长方体④					

(3)先在小组内互相说说,然后将这些数据依次记录在表格中。

(4)我们操作实验、收集数据的目的是要观察发现、得出规律。请你仔细观察表格中的数据,你有什么发现?先想一想,再小组里交流一下。

3. 观察数据,沟通联系。

(1)选一组到实物投影上交流,学生介绍表格里的数据。

(2)提问:我很想知道,你们是怎么看出这些长方体的长、宽、高的?

小结:因为每个小正方体的棱长是1厘米,所以每排个数就是长方体长所含的厘米数,排数就是宽所含的厘米数,层数就是高所含的厘米数。

(3)再问:你们又是怎样数出每个长方体里包含的正方体的个数的?

小结:先数一排有几个,再数一共有几排,算出一层有几个,再数一共有几层;最后算出一共有几个正方体。

(4)三问:小正方体的个数可以怎样求?

小结:正方体的个数可以这样求:正方体的个数 = 长 × 宽 × 高(板书)。

4. 引导分析,猜想公式。

(1)提问:摆成的长方体的体积与小正方体的个数有什么关系?

(2)追问:那么长方体的体积怎么求?我们来作个大胆的猜想!

板书:长方体的体积 = 长 × 宽 × 高?

5. 教学例 10,逆向操作。

谈话:通过刚才的操作和讨论,我们提出了一个猜想。那么长方体的体积是不是长、宽、高的乘积呢?还需要进一步研究。

(1)屏幕出示例 10 中三个长方体,提问:老师也摆了三个长方体,它们的长、宽、高各是多少?你知道我分别用了多少个体积为 1 立方厘米的小正方体吗?你能根据每个长方体的长、宽、高来思考这个问题吗?

(2)先想一想,你怎样摆?

(3)再说一说:沿着长每排摆几个?沿着宽每层摆几排?这样一层就用了几个小正方体?沿着高摆几层?

(4)再摆一摆:你能摆一摆,验证一下刚才的想法吗?

(5)逐个交流,屏幕演示摆的过程。

明确:摆出的长方体的长、宽、高分别是多少?体积是多少?这个结果与你刚才的猜想是否一致?

6. 引导想象,加深理解。

提问:如果要摆一个长 5 厘米、宽 4 厘米、高 3 厘米的长方体,你能想象出怎样用体积为 1 立方厘米的小正方体摆出来吗?

引导:先闭上眼睛想象一下一排摆几个,摆几排,这样一层就有几个了,摆几层,一共要用几个 1 立方厘米的小正方体。

演示验证:生边说,屏幕边演示。

7. 引导概括,得出公式。

(1)提问:在刚才的操作中,你发现长方体的体积与它的长、宽、高有什么关系?如何求长方体的体积?擦去刚才猜想时公式后面的问号。

(2)出示长方体立体图,提问:想一想,如果用 V 表示长方体的体积,用 a,b,h 分别表示长方体的长、宽、高,你能用字母表示长方体的体积公式吗?

交流后得出:$V=abh$。

(3)师:想一想,求一个长方体的体积必须知道什么条件。

8. 擂台比赛,巩固公式。

(1)"想想做做"第2题,将其中最后一个正方体改成 $3\times3\times4$ 的长方体。

观察图形,说出每个图形的长、宽、高,再独立计算。交流答案后,引导学生观察第三个长方体,发现是一个有点特殊的长方体——有两个面是正方形的长方体。

(2)介绍历史记载:我国古代数学家编撰的《九章算术》中,这样叙述有两个面是正方形的长方体体积的计算方法:方自乘,以高乘之即积尺。

你知道这句话是什么意思吗?(就是说,先用边长乘边长,再和高相乘就得到长方体的体积)

【设计意图:在这一过程中,教师只提要求,其他的完全放手由学生通过操作、观察、讨论、交流、猜想来完成,启发学生运用多种感官参与学习的全过程,经历操作、观察、讨论、交流、猜想等过程,培养学生的探索精神和实践能力。整个环节让学生在合作交流中感悟、体验,变被动学习为主动探究,使学生在获得基础知识的同时,数学思维不断发展,也获得了情感体验。】

三、利用关系,类推公式

1. 将上面第三个长方体去掉一层(变为正方体),你会求出它的体积吗?

学生口答算出的体积。

提问:你是怎么算的?为什么可以这样算?

2. 启发引导:正方体是特殊的长方体,你能根据长方体的体积公式写出正方体的体积公式吗?

3. 学生尝试,交流后得出:正方体体积=棱长×棱长×棱长。

4. 正方体的体积公式也可以用字母来表示,但用字母表示正方体的体积公式时,还有一些特殊的地方,教材第26页对此作了详细的说明。请你打开课本来看一看。学生阅读第26页有关内容。

交流:用字母 a 表示棱长。$V=a\times a\times a$,也可以写成 a^3,读作"a 的立方",表示3个 a 相乘,不要误认为 a 与3相乘,写 a^3 时3写在 a 的右上角,要写小些。所以正方体的体积公式一般写成:$V=a^3$。

5. 训练场内练功夫。

“练一练”第2题:先让学生选择几个式子说说其表示的意思,再口算。

四、运用公式,解决问题

1. 做“试一试”:算出两个包装盒的体积。

先让学生说说长方体的长、宽、高各是多少,正方体的棱长是多少,再让学生独立计算。交流时,注意让学生先说说长方体和正方体的体积公式,再说说是怎样列式的。

2. 练习六第2题。

先让学生自主读题,再让学生说说为什么要从里面量车厢的长、宽、高,然后让学生列式解答。(因为容积是容器所能容纳物体的体积,所以计算车厢的容积时,要从车厢里面量它的长、宽、高)

3. 呼应开头,播放多媒体。

(1)解决开头问题:火柴盒的体积是12立方厘米。

(2)遮住的一个物体体积也是12立方厘米,你知道它的长、宽、高各是多少吗?学生摆一摆,明确体积相同的长方体形状可以不同。课件出示,有4种不同的摆法。

【设计意图:练习设计由易到难,由基本到开放,不断巩固学生对新知的理解和巩固,培养学生的空间想象能力和全面思考问题的能力。】

五、全课总结

这节课我们一起探究了长方体、正方体的计算方法,你知道了什么?

【反思】

学生是学习活动的主体,教师只是学习活动的组织者、引导者和合作者。教学中,教师尽可能多地为学生提供观察、操作、实验、调查的机会,根据教学内容和学生实际,准备好充足的学习材料,安排好学生的实践操作(动手搭不同的长方体),为学生发挥主观能动性、创造性提供广阔的时间和空间,让学生在自主、自觉、自由的活动中,积极、主动、探索式地学习。通过本课的教学,学生较好地探索并掌握了长方体和正方体的体积公式,能应用公式正确计算长方体和正方体的体积,并能解决相关的简单实际问题,教学效果较好。

(无锡市江南实验小学　陆静英)

第五节 “运算定律”探究学习课例

课例 1:加法交换律

【教学内容】苏教版数学四年级上册第 56—58 页。

【教前思索】“加法交换律和加法结合律”是苏教版小学四年级上册第八单元中的第一课时,它是运算中进行简便计算的两种必要的理论依据,学生对这一部分内容掌握的好坏将直接影响今后的简便计算和计算速度。在前三年的学习中,学生对加法的交换律已有了一些感性的认识。在前面的教学中,教材对加法结合律也做了一些铺垫,这些都是学生学习加法交换律和结合律的基础。教材安排这两个运算律教学时,采用了不完全的归纳推理方法。两个运算律都是从学生熟悉的实际问题解答引入,让学生通过观察、比较、分析,找到实际问题不同解法之间的共同特点,初步感受运算规律。然后让学生根据对运算律的初步感知举出更多的例子,进一步分析、比较,发现规律,并先后用符号和字母表示出发现的规律,抽象概括出运算律。

探索规律是开展理解性探究学习的典型教材。本课教学是指导和培养学生探究性学习能力的好时机,重点让学生亲身经历观察发现—猜想验证—归纳概括—巩固应用的探究学习过程,尤其是经历一个不完全归纳的过程,学会探究方法,运用探究方法,从而主动建构数学新知,促进数学理解。

【教学目标】

1. 理解并掌握加法交换律和结合律,并能够用字母来表示加法交换律和结合律。

2. 经历观察、猜想、验证、归纳等数学活动过程,能有条理、较清晰地阐述自己的观点,感悟科学探究的一般方法。

3. 在数学活动中获得成功的体验,初步形成独立思考和探究问题的意识、习惯,进一步增强对数学的兴趣和信心,培养实事求是、科学严谨的态度。

【教学重点】理解并掌握加法交换律、结合律。

【教学难点】经历探索加法结合律和交换律的过程,发现并概括出运算律。

【教学过程】

一、创设情境,提出问题

师:天气渐渐转冷了,学校要组织大家进行冬锻活动了。看,同学们正在操场上活动呢!(课件出示情境图)

提问:从图中你获得了哪些数学信息?能提出用加法计算的问题吗?根据学生回答,相机以课件出示:参加跳绳的一共有多少人?参加活动的女生一共有多少人?参加活动的一共有多少人?

【设计意图:紧扣教材中的主题图展开教学,让学生在观察的基础上指出图中所含的数学信息,并从中提出一些用加法计算的问题,有利于培养和提高学生用数学眼光看待事物的能力,同时也为后续的探究学习提供了基本素材。】

二、合作探究,学习加法交换律

1. 列式解答,形成等式。

我们先一起来研究第一个问题。(课件单独呈现男、女生跳绳图)

(1)师:解决这个问题,可以列哪个算式?学生回答,教师板书:28 + 17。师述:他是用男生人数加上女生人数,就得到了跳绳的总人数。

师:还可以怎样列式呢?生:17 + 28。教师板书并追问:他又是怎么想的呢?

(2)师归纳:同样一幅图,同样一个问题,我们却列出了两道不同的算式,但两道算式都表示跳绳的一共是多少人。

(3)师:究竟是多少呢?大家来口算一下,左边算式得数是?右边呢?(都标上得数)两道算式得数相同,我们可以用"="把它们连成一个等式。(板书画上等号)

(4)解决第二个问题,得出 17 + 23 = 23 + 17。

【设计意图:在解决数学问题中,形成不同的解法,得出等式,得到一组观察素材。】

2. 观察发现,形成猜想。

师:仔细观察等式的左、右两边有什么相同?(都是加法,两个加数相同,和是相同的)

不同呢?(两个加数的位置不同,交换了)

师:谁能用一句话来说说你的发现?(在加法中,交换两个加数的位置,和不变)

3. 举例验证。

师:仅凭两个例子就得出这样的结论,老师担心这可能只是一个偶然的巧合,也许会有不同的情况出现。我们暂且先把这个结论当作一个猜想。(教师随即将结论中的"。"改为"?")既然是猜想,那么我们还得——验证。

师:怎样验证这个猜想呢?

学生举例,并交流,教师选择一些板书。

师:有没有谁举例时发现了反面的例子,也就是交换两个加数的位置,和变了?(学生摇头)

师:像这样的例子,能举得完吗?(板书:……)那么能不能用自己喜欢的图形、符号或字母把你们说的这些各不相同的算式一下子都概括进去呢?

(学生试着写,然后组织交流展示)

师:在数学上,我们统一用字母 a,b 来表示两个加数,刚才的发现可以写作 $a+b=b+a$。

4. 归纳确认,命名规律。

师:现在我们能验证刚才的猜想吗?(教师重新将"?"改成"。",并补充成为:在加法中,交换两个加数的位置,和不变)一起朗读这条规律。

谁来给这条规律起个贴切的名字?(结合学生回答,板书:加法交换律)

5. 练习运用,巩固规律。

师:学了加法交换律,老师要来考考大家。下面的等式符合加法交换律吗?为什么?

$68+27=27+68$　　$147+a=a+147$

$90+10=5+95$　　$46+59=49+56$

联系旧知:其实,我们过去已经用过加法交换律了,想想在什么地方用过了?(用交换位置的方法来验算加法)课件呈现加法验算过程。

6. 学习小结,提炼经验。

师:通过共同努力,大家发现了加法交换律。现在我们来回顾一下学习过程,我们是怎样一步一步探索出这条规律的?(板书:观察猜想—举例验证—归纳结论)

【设计意图:通过对两个等式的仔细观察,使学生形成猜想,进而启发学生自主列式,计算验证,证实猜想,归纳规律并命名。让学生完整经历探究过程,从中学会探究方法。在此基础上组织练习巩固规律,并引导学生进行学习反思,积累探究经验,掌握探究方法。】

三、经验迁移,探究加法结合律

1. 过渡:我们利用这些宝贵经验继续进行研究,看看会不会有新的发现。

2. 列式解答,形成等式。

(1)课件呈现第三个问题:求参加活动的一共有多少人。你打算先求什么?再怎样算?(课件演示先算部分)会列综合算式吗?(28+17)+23。

还可以先求什么?再怎样算?(课件演示先算部分)如果三个数的位置不变,这回的算式应该怎样列?28+(17+23)。

师:两道算式都表示求参加活动的总人数。大家分工算一算,男同学算第一题,女同学算第二题。算后汇报结果,并用等号连接。

(2)出示一组算式:(45 + 25) + 13 ○ 45 + (25 + 13)。(教师先写左边式子,让学生说出右边式子)学生计算,连成等式。

教师再出示三个数36、18、22,让学生加上运算符号,形成有左、右两边的式子,然后计算连成等式。

(3)过渡:三个数相加时,是不是也隐藏着什么规律呢?请同学们根据刚才研究加法交换律的方法,自己探索。

3. 学法迁移,探索规律。

(1)引导观察猜想。

师:有了3组等式,我们接下来要进行什么了?(观察猜想)

(2)课件出示要求。比一比:每组两个等式的左右两边有什么相同点和不同点。猜一猜:三个数相加,先把______相加,再同______相加,或者先把______相加,再同______相加,它们的和______。

学生小组讨论,组织汇报,课件出示猜想。

异同点:等式左右两边的数都一样,左边都是先算前两个数的和,右边都是先算后两个数的和。

(3)验证。

师:有了猜想,接下来要做什么呢?(举例验证)老师先请一位同学根据猜想来举个例子,先说三个数,再完成左边的算式。(板书算式)右边算式怎么写?接着进行计算,画上等号。

学生自己举例验证,然后汇报,板书算式。

(4)结论。

我们的猜想正确吗?如果用a,b,c三个字母表示三个加数,这个规律该怎么写?

(5)命名规律。

这条规律也有个贴切的名字,知道叫什么吗?老师不难为大家了,它叫"加法结合律”。(板书:加法结合律)你知道为什么叫结合律吗?

4. 揭题。

师:通过大家的共同努力,得到了加法中的两条重要的运算律。(板书:加法运算律)

【设计意图:学习加法结合律时,主要让学生迁移刚刚积累的探究学习经验,自主开展探究活动,发现规律。在运用探究方法的过程中进一步体会、感悟、巩固学习经验,增长学力。】

四、课堂练习,巩固新知

1. 比眼力:判断应用了什么运算律。

完成“想想做做”第1题。用手势表示:加法的交换律(两手交叉)和结合律(两手成括号状)。

第4小题引导学生发现是运用了加法交换律和加法结合律。

师:比较一下,这两条规律有什么相同和不同的地方。每个人先认真思考一会儿,然后同桌相互交流一下。全班汇报,教师择要归纳。

相同点:都是在加法中,都是和不变。

不同点:交换律是两个数相加,加数位置交换;结合律是三个数相加,加数位置不变,运算顺序改变。

2. 比思维:在□里填上合适的内容。

96 + 35 = 35 + □　　204 + □ = 57 + 204　　(45 + 36) + 64 = 45 + (□ + □)

560 + (140 + 70) = (560 + □) + □　　(72 + 20) + □ = □ + (□ + a)

逐题呈现、回答,并说说应用了什么规律。

3. 比智慧:

38 + 76 + 24　　(88 + 45) + 12

38 + (76 + 24)　　45 + (88 + 12)

不计算,根据我们今天所学的知识,看一下上、下两题的结果一样吗?为什么?每组中如果让你选做一题,你会选哪一题?为什么?

师归纳:看来运算律很有用,可以使计算变得很简便,大家把加起来是100的两个数放到一起先加,这可真是个好办法。

4. 在练习中我们发现,应用运算律把有些数凑整,计算时比较简便。请同学们看看下面哪两个数可以凑成100。(出示书上“想想做做”第5题,学生回答)(此题机动)

【设计意图:在有针对性的、有层次的练习中,进一步巩固和应用所学规律。在变式拓展练习中加深学生对数学规律本质的理解。同时,渗透了利用加法运算律进行简便计算的内容,使学生感受到数学规律的重要价值。】

五、课堂总结,引申拓展

1. 通过本节课的学习,你有什么收获?我们是通过什么方式找到这些规律的?是啊,运用这些方式能够找到一些运算中的秘密,这些方法在数学中的用处非常大。

2. 加法交换律的拓展。(略)

【总评】

本课教学设计围绕数学发现的过程开展活动,以两个加法运算律的教学为载体,让学生经历了观察发现—猜想验证—得出结论的数学发现过程,使学生在这一过程中获得了知识,增长了智慧,形成了一定的自主发现与探究的能力。

为了让学生自主经历数学探究的过程,教师为学生设计了以下几项有意义的活动:(1)情境中思考。主题图的作用得到了充分发挥,它不仅营造了一个具体生动的问题情境,更为学生创设了一个具体可感的运算律模型,使学生能结合加法运算的意义建构对加法运算律的理解,学生的数学思考也因为情境的有效支撑而更深入、扎实。(2)举例中验证。举例验证是一种常用的数学发现方法。由于加法运算律都是运用了不完全归纳法得出的,需要学生广泛地举例验证,也需要学生有举反例的意识,看能不能否定自己的数学发现。这一环节中,教师加强了引导点拨,使验证环节充分展开,也使学生进一步接受和认同自己所得出的结论。(3)迁移中建构。探究加法交换律时,教师重点引导学生学会探究方法,而学习加法结合律时,主要是让学生自主迁移运用所学方法进行探究发现。这个环节中教师大胆放手,给予学生足够的时空进行自主探究,学生主动完整经历探究过程,培养了探究能力和意识。(4)应用中巩固。加法运算律在现实中有着广泛的应用价值。为此,教师引导学生回顾以往所学知识技能中运用加法运算律的地方,使学生充分感受运算律的重要价值。同时也沟通了新旧知识之间的联系,建构知识网络。另外,让学生在判断、填空、计算中进一步巩固对所学运算律的认识,加深理解。

课例2:乘法分配律(1)

【教学内容】苏教版数学四年级下册第54—55页。

【教前思索】本课内容是在学习了加法交换律、加法结合律、乘法交换律和乘法结合律的基础上学习的又一个新运算定律，是运用乘法分配律进行简便算法的基础。乘法分配律是乘法和加法两种运算之间的一种规律，因而它是这些运算定律学习中的难点。教材是按照实际情境、分析题意、列式解答、观察比较、总结规律等层次进行安排的。教材注重学生在体会运算律的现实背景中通过计算发现规律，这样的教学思路就是一种合情推理的思路。本课教学同样突出了学生自主探究活动过程的设计，让学生经历观察发现、猜想验证的探究过程，进一步掌握探究学习方法。另外，为了促进学生对乘法分配律的深度理解，教师设想引入数形结合的思想，帮助学生通过直观图来建构乘法分配律。

【教学目标】

1. 通过计算、观察、类比、归纳、验证、运用等方法理解和掌握乘法分配律（含字母表达式）。

2. 通过让学生参与知识的形成过程，培养学生分析、推理、归纳和概括的能力，并体会数形结合思想在数学中的运用。

【教学重点】经历探究过程，理解、掌握乘法分配律，体会数学思想方法。

【教学难点】语言表述乘法分配律，体会数学思想方法。

【教学过程】

一、铺垫与引入

1. 在数学模型中感悟、重温乘法交换律和结合律。

（1）数方块，重温乘法交换律。

①数一数图1中一共有多少个小方块，你是怎么数的？

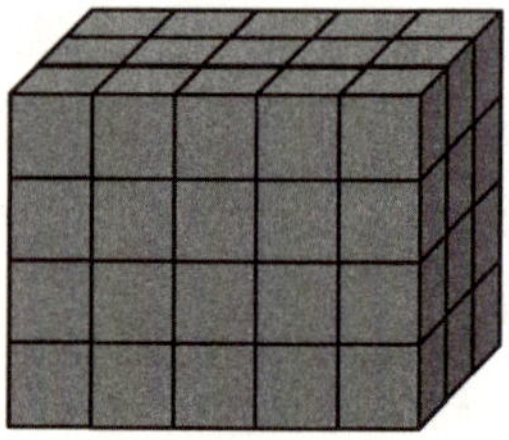

图1

（交流并得出等式：$5 \times 4 = 4 \times 5$）

②这堆小方块中蕴含着哪一条重要的数学运算规律呢？（乘法交换律）

（2）数方块，重温乘法结合律。

①数一数图2中一共有多少个小方块，你是怎么数的？

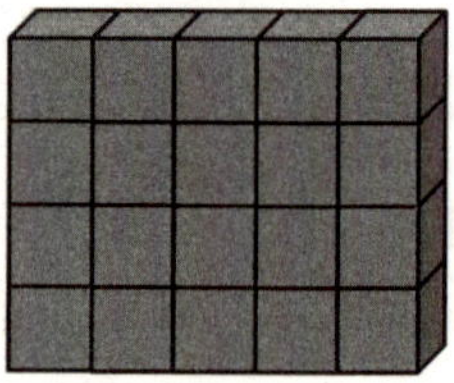

图2

②还有不同数法吗？要求三个数的位置不变动，列出不同算式表示数的过程。

在学生交流的基础上，得出等式，如$(5 \times 4) \times 3 = 5 \times (4 \times 3)$。

③这堆小方块中也蕴含着一条重要的数学运算规律。它又是什么呢?（乘法结合律）

2. 过渡、揭示新课。

两堆小方块中分别蕴含了乘法的两条运算定律,那么乘法中除了交换律和结合律是不是还有其他运算律呢? 我们这节课继续来探索。

【设计意图:课始铺垫,让学生在数小方块个数的过程中,主动回顾乘法交换律和结合律,从而以数和形相结合的方式建立起这两条运算律的直观数学模型,并为后面系统建构乘法运算律的数学模型作好铺垫。在此基础上,自然地过渡到新知的探究中去。】

二、探索与发现

1. 解决问题,形成实例。

王阿姨开了一家服装店。她到批发市场去进货(出示主题图)。从图中,你获得了哪些数学信息?

(1)解决“买 12 件短袖衫,一共要付多少元”。

①笔算结果。学生动笔计算结果,指名汇报算式和结果,相机板书:12×32。

②启发口算:王阿姨是生意人,是算价钱的一把好手,她一下子就口算出了结果。你们知道她是怎么算的吗?

让学生自由说说,相机修改板书为:$(10+2)\times32 = 10\times32+2\times32$。

(2)解决“买 5 件夹克衫和 5 条裤子,一共要付多少元”。

①列式并计算结果。指名汇报算式和结果,相机板书: $65\times5+45\times5$。

②启发口算:这回,王阿姨又是很快便口算出了结果,你们知道她又是怎么算的吗?

在学生交流的基础上,归结为:$(65+45)\times5 = 65\times5+45\times5$。

【设计意图:以王阿姨批发服装为主题情景,在教材呈现问题的基础上,又另加一个问题“买 12 件短袖衫,一共要付多少元”。这样,能充分调动学生在实际生活中形成的简算经验,从正、反两个方面自觉地初步感知乘法分配律,并自然形成两组形式上有共同特征的等式,为下面的类比发现奠定基础。】

2. 类比发现,举例验证。

(1)类比发现。仔细观察上面两组等式中两边的数和运算符号,从中你发现了什么规律?

（让学生们初步自由谈谈自己的发现）

（2）举例验证。刚才大家的发现是不是一条数学规律呢？算式中的数如果换成别的数还行不行呢？（让学生自由表态，并引导学生各自举例并验证，汇报交流，展示在黑板上）

3. 尝试反例，说理确认。

（1）质疑：大家举的例子中左右都相等吗？有没有不相等的？

（2）辩论：到底会不会有不相等的情况出现呢？（引发学生的辩论，教师可以故意持相反意见）

（3）说理：谁能结合算式的意义来说明左右两边肯定会相等呢？（提示：左边的算式表示有多少个几？右边呢？）

（4）确认：这的确是一条可靠的数学规律。

4. 归纳提炼，析名内化。

（1）完整地说说这条数学规律是什么意思。

（2）用字母 a，b，c 表示这三个数，写出规律。

（3）数学家还为这条数学规律取了一个正式的名字，你们知道吗？（板书课题：乘法分配律）你知道数学家为什么把它叫做分配律吗？

【设计意图：在探究过程的设计中，通过让学生自主举例验证、讨论列举反例和说理确认规律三个层次来加深对规律特点的把握，给学生自主验证规律的机会，启发学生多角度体验规律的可靠性。】

三、巩固与应用

1. 基础性巩固练习。

（1）在□里填上合适的数，在○里填上运算符号。

(42 + 35) × 2 = 42 × □ + 35 × □

27 × 12 + 43 × 12 = (27 + □) × □

15 × 26 + 15 × 14 = □○(□○□)

72 × (30 + 6) = □○□○□○□

练习要求：学生做在书上，然后组织汇报，并引导学生观察，体会、认识乘法分配律的逆向应用。

（2）横着看，在得数相同的两个算式后面打“√”。

(28 + 16) × 7	28 × 7 + 28 × 7	(　　)
8 × (5 + 7)	8 × 5 + 7	(　　)

55 ×39 +45 ×39　　(55 +45) ×39　　(　　)

40 ×50 +50 ×90　　40 ×(50 +90)　　(　　)

74 ×(100 +1)　　74 ×100 +74　　(　　)

练习要求:逐题出示,学生手势作答。针对错例,引导学生说说错误原因以及怎样改写就能使得数相同。

2. 应用与解释。

乘法分配律是数学中最重要、最基础的一条运算定律。其实以前学过的一些知识中已使用过乘法分配律,想一想以前在哪里运用过乘法分配律。(让学生先自由说说)

①出示竖式,能看出其中应用了乘法分配律吗?具体说说。

相机提炼出:144 ×(5 +10) = 144 ×5 +144 ×10。

②出示口算:42 ×3。说说口算过程,并用乘法分配律解释。

```
  144
×  15
  720  ——→  144×5
 144   ——→  144×10
 2160
```

【设计意图:练习设计具有针对性,让学生在运用过程中认识到乘法分配律可以逆向应用,并启发学生主动回顾以往学习中对乘法分配律的不自觉应用,从而有效地帮助学生深化拓展对新知的认识,沟联新旧知识的联系。】

四、回顾与建构

1. 建构乘法分配律的直观模型。

同学们,今天的学习是从数小方块开始的(出示前两幅方块图),下面我们再来数小方块(出示图3)。

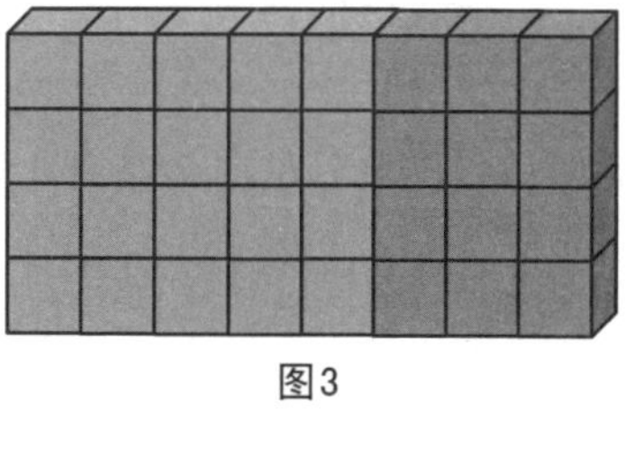

图3

(1)一共用了多少个小方块?用不同的算式来计算。

汇报交流不同算式。相机板书:(5 +3) ×4 =5 ×4 +3 ×4 。

(2)这幅图中其实蕴含了哪条数学规律?

2. 整体建构乘法运算律。

(1)课件出示本课的三幅方块图,让学生分别说说隐含了乘法的什么定律,并用字母表示。

(2)教师归纳小结:借助图形,我们能更好地认识和理解规律。这是一种很好的数学学习方法。

(3)教师想把著名数学家华罗庚的一句名言送给大家:数缺形时少直观,形少数时难入微。希望同学们能够在今后的学习中把数和图形结合起来思考问题,使自己越学越聪明。

3. 全课总结。

本节课我们学习了什么?你有什么收获?

【设计意图:该环节继续引入方块图,让学生自主建构乘法分配律的几何模型,既与课始环节首尾呼应,又引导学生从整体上建构起乘法运算律的系列模型,自然渗透数形结合的思想方法。】

【总评】

整堂课的教学设计从学生已有认知经验出发,着眼学生认知结构的进一步完善和学习能力的培养,重点关注对规律探究过程的设计,并有意识地渗透数学结合的思想方法,使学生从“学会”逐步走向“会学”。本课教学设计主要体现了以下几个特点:

1. 用直观模型支撑数学理解与建构,感悟数形结合。本课教学一开始就以直观几何模型引导学生回顾乘法交换律和结合律,并初步感知数形结合;在课末又再次引入方块图,让学生主动建构起乘法分配律的直观几何模型,同时也通过数形结合的方式让学生整体建构起乘法三条运算律的系列模型。在逐个建构与整体建构的过程中,让学生进一步感悟数形结合的思想方法。

2. 在合情推理中主动经历发现过程,强化学法指导。在乘法分配律的探索过程中,让学生充分经历“实例解决—类比发现—检验证实—归纳结论”的合情推理过程。尤其是在此基础上,引导学生尝试初步的演绎证明,让学生从式子的具体含义上把握乘法分配律的真正内涵,有助于学生深化认知,有利于他们今后正确灵活地运用乘法分配律。

3. 以多层练习来沟通新旧知识,完善认知结构。本课练习注意体现层次性:注重沟通新旧知识的联系,让学生体会乘法竖式计算以及口算中乘法分配律的运用;注重新知的深化拓展,在练习中突出乘法分配律的逆向使用,以及通过对错例的判断和修改进一步完善认知。

(评析:无锡市滨湖区教育研究发展中心　　沈晓东)

课例3:乘法分配律(2)

【教学内容】苏教版数学四年级下册第54—55页。

【教前思索】本课内容是在学习了加法交换律、加法结合律、乘法交换律和乘法结合律的基础上学习的又一个新运算定律,是运用乘法分配律进行简便算法的基础。乘法分配律是乘法和加法两种运算之间的一种规律,是这些运算定律学习中的难点。教材中以购买上衣和裤子为主题情境,从上衣和裤子分开来买、一身合起来买两个不同思路来列式,得出一组等式,进行观察发现、猜想验证,最后归纳结论。教材注重学生在体会运算律的现实背景中通过计算发现规律,这样的教学思路就是一种合情推理的思路。在后续的一些关于运用乘法分配律进行简便计算的教学中,往往会发现有些学生对一些变式性的习题解决起来会存在一些困难,究其原因是对乘法分配律的本质内涵理解得不够深入。因而,教师试图从乘法意义出发,引导学生运用数形结合思想来建构乘法分配律的数学模型,从而加深对其数学意义的理解。

【教学目标】

1. 理解和掌握乘法分配律,能用乘法的意义来演绎、解释乘法分配律,并初步体会乘法分配律在实际生活和计算中的运用。

2. 通过让学生参与知识的形成过程,培养学生分析、推理、论证的能力,并使学生体会数形结合思想在数学中的运用。

【教学重点】经历探究过程,理解、掌握乘法分配律,体会数学思想方法。

【教学难点】语言表述乘法分配律,体会数学思想方法。

【教学过程】

课前围绕数学家华罗庚展开谈话,让学生自由谈谈对华罗庚的认识。教师再补充介绍,并提出华罗庚的一句关于数形结合的名言,让学生谈谈自己读后的理解。

一、铺垫与引入

1. 看图形,列算式。

师:(动态呈现图)图中一共有多少个小方块,可以列哪一个乘法算式来计算?(板书:3×4)

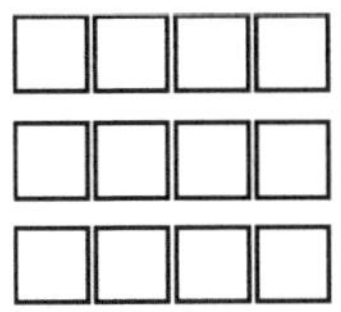

师:这个算式表示求几个几?(求3个4是多少)

2. 给算式,想图形。

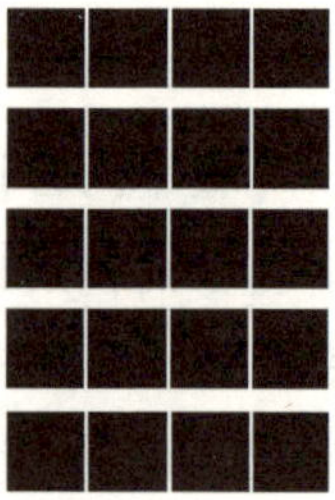

师:这次倒过来,我先给出一个算式(板书:5×4),请同学们想想可以画怎样的图形来表示。(学生描述图形后,教师呈现图形)

师:这个算式和图形表示求几个几?(求5个4是多少)

3. 小结、揭题。

师:数和形有着密切的联系,今天我们就是要利用这种联系来学数学中的又一条运算律。(板书课题:运算律)

【设计意图:课始先让学生看图列式,随后倒过来看式想图,这样能够使数与形有机结合起来,在复习、巩固了乘法意义的同时,渗透并让学生感受到了数形结合的思想。】

二、探索与发现

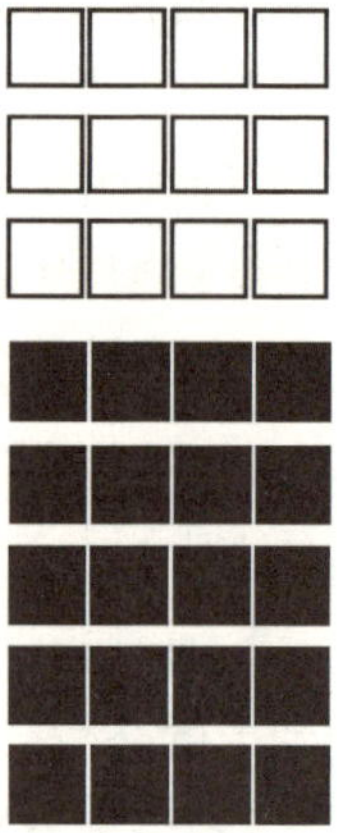

1. 继续看图形,列算式。

师:如果把这两种颜色的方块放到一起,请你用一个综合算式求一共有多少个小方块。

学生列式,教师板书算式。(3+5)×4　　3×4+5×4

要求学生分别说说这么列式的理由。(教师相机引导,并以课件呈现思路:一种是分开来算,先算3行白方块有3个4,再算5行黑方块有5个4,然后合起来就是一共多少个;另一种是合起来算,先算白方块和黑方块共有(3+5)行,再乘每行4个就得到一共多少个)

师:这两个算式的结果有什么不同?为什么?

小结:虽然算法不同,但都是在求小方块的总个数,都是在求8个4是多少,所以结果是相同的,我们可以把这两个算式用等号连接起来。

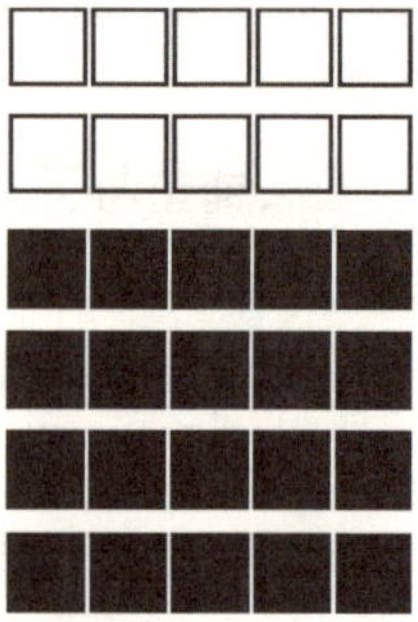

【设计意图:整合复习铺垫中的两幅方块图,让学生继续看图列式,从"几个几"这个乘法的意义出发,要求学生利用图形直观地讲述两种不同列式的依据。在这一环节中得出了乘法分配律的第一个实例。】

2. 给算式,想图形。

师:如果老师给出一个综合算式(板书:(2+4)×5),你能联想到相应的小方块图吗?

学生描绘方块图的样子。教师课件出示,组织交流评

议,说说表示共有几个几。(共有(2 +4)个 5)

师归纳:这是用先合起来的方法算的。看着这个图,你还能怎么算?(2 ×5 +4 ×5)这个算式表示什么意思?(2 个 5 和 4 个 5 合起来一共是多少)

师归纳:这是用分开算的方法。

【设计意图:此处给出算式,再次让学生倒过来想象图形,并要求学生根据图形意义写出另一个综合算式,在这一环节中得出了乘法分配律的第二个实例。在这个过程中,继续让学生体会数形结合的数学思想方法。】

3. 反例对比,体会特定模型。

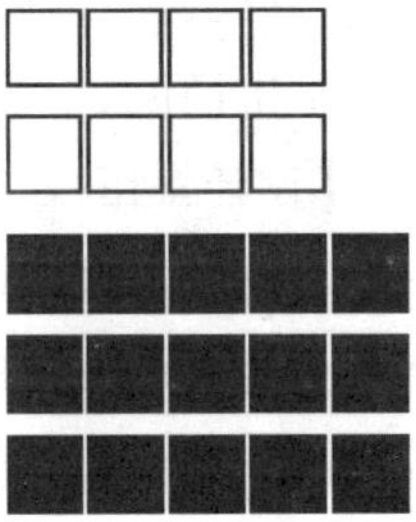

师:有一位小朋友摆了这样的方块图(课件出示),列一个综合算式来求一共有多少个小方块。(生答,师板书算式:2 ×4 +3 ×5)

师:还能像刚才一样合起来算吗?为什么刚才可以,现在却不可以?这幅图要怎样改就可以合起来算了?

学生回答,教师板书完成等式。

教师小结:两种小方块每行个数相同时,才能合并起来算。

【设计意图:此环节中呈现出反例,让学生列式,在对比辨析、修改图形中体会到乘法分配律是一个特定的数学模型。】

4. 数形结合,理解规律本质。

师:(课件呈现上述三幅方块图)三幅图中都是有两种颜色的小方块,它们在摆放上都有什么相同的地方?(两种小方块每一行的个数是相同的)

师:等式中又是怎么体现出这种相同点的?

引导学生理解:这个相同的个数在左边算式中作为共同的因数,在右边算式中作为两部分乘法中的相同因数。(相机在黑板上将相同因数用红色标出)

【设计意图:将三组算式和三幅图结合起来进行观察、思考,寻找并沟通算式与图形中的相同点,进一步体验和感悟乘法分配律的本质。】

5. 直写等式,揭示规律。

师:如果老师再给出一个算式,你能直接写出和它结果一样的另一个综合算式吗?

板书:(6 +4) ×8。根据学生回答板书另一个算式:6 ×8 +4 ×8。

师:说说这两个算式为什么会相等。(因为这两个算式都表示求 10 个 8 是

多少）

师：老师再给出一个算式 $12\times7+18\times7$，你能直接写出和它结果一样的另一个综合算式吗？说说两个算式相等的理由。

师：如果换成其他三个数，你还能写出这样的等式吗？我们通过讲道理，证实了这些算式一定是相等的。如果用 a，b，c 表示三个数，写出这样的等式。

师揭示课题：这就是我们今天探索出的乘法分配律（板书：乘法分配律）。数学家在给乘法交换律、结合律起名字的时候，用上了交换、结合这两个很形象的词语，让我们看到词语就能够想到这个规律是怎样的。其实乘法分配律也是这样，分配这个词你怎么理解？

学生说说后，教师归纳并板书箭头。

【设计意图：在充分感悟的基础上，让学生根据已有算式的特点直接写出另一个算式。在这个过程中，继续要求学生说出算式相等的理由，促使学生从乘法意义的角度来理解乘法分配律的本质。进而再让学生从字面上来自我解释"分配"，促进学生对数学语言的深度理解。】

三、巩固与练习

1. 在□里填上合适的数，在○里填上运算符号。（P55"想想做做"第1题）

$(42+35)\times2$ = $42\times$□$+35\times$□　　　$27\times12+43\times12$ = $(27+$□$)\times$□

$15\times26+15\times14$ = □○(□○□)　　　$72\times(30+6)$ = □○□○□○□

2. 横着看，在得数相同的两个算式后面打"√"。（P55"想想做做"第2题）

$(10+4)\times25$	$10\times25+4\times25$	（　　）
$55\times39+45\times39$	$(55+45)\times39$	（　　）
$74\times(100+1)$	$74\times100+74$	（　　）
$40\times50+50\times90$	$40\times(50+90)$	（　　）

逐题判断说理，然后引导学生体会可以利用乘法分配律进行简便计算。

师：第1、2小题的计算结果相同，如果让你选择一题计算，你会选哪一题？

交流后教师小结。

【设计意图：通过填空和判断来巩固已有认识，针对反例的辨析能进一步加深理解。同时，通过选择，可以渗透运用乘法分配律进行简便计算的思想。】

四、应用与解释

师：乘法分配律是数学中最重要、最基础的一条运算定律。其实以前学过的一些知识以及解决的一些问题中已经使用过乘法分配律。我们一起来回顾一下。

1. 回顾竖式计算中的乘法分配律的应用。

出示算式 32×12 的竖式计算过程。

师:其实在竖式计算过程中,已经运用了乘法分配律,你们看出来了吗? 谁来解释一下。

课件出示:32×(2+10) = 32×2+32×10。

师:把 12 个 32 分开算,就是分成 2 个 32 和 10 个 32,这就是应用了乘法分配律。

2. 长方形周长计算中的乘法分配律的应用。

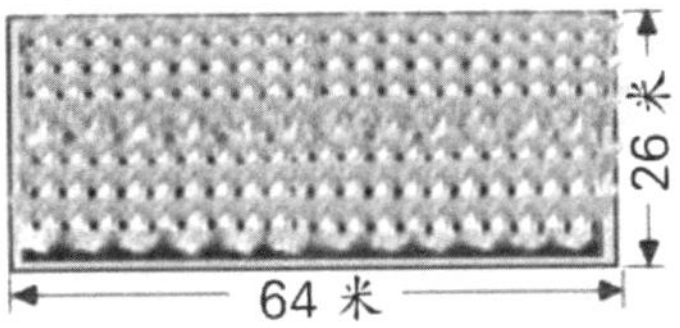

出示 P55“想想做做”第 3 题的长方形菜地图,要求用两种不同方法计算周长。

汇报后说说是否应用了乘法分配律。

3. 王老师购买裤子和夹克衫中的数学问题。

出示教材主题情境图,呈现问题:买 5 件夹克衫和 5 条裤子,一共要付多少元?

学生用不同方法列式计算:(65+45)×5 和 65×5+45×5。

【设计意图:乘法分配律是数学中一条基础性的运算律,它的应用非常广泛。引导学生回顾、解释以往学习中的应用实例,并解答生活中的实际问题,通过解释与应用来进一步巩固对乘法分配律的理解。】

五、回顾与拓展

1. 回顾所学:本课我们学习了什么? 你有什么收获? (指出:把合起来乘的算式分开来乘,把分开来乘的算式合起来乘,关键是要在有相同因数的前提下)

2. 拓展延伸。把下面的算式合起来乘或分开来乘:

(1)13×25+9×25+8×25 =

(2)(35−15)×17 =

【设计意图:课末回顾、反思探究学习的收获,回顾知识的同时积累探究活动经验。继续提出具有挑战性的,但又是在学生能力范围内的新问题,让学生基于对乘法分配律意义本质的理解来拓展延伸,其本身也是再次加深对新知的认识。】

【总评】

本课教学设计大胆改变教材新知的呈现和组织形式,从乘法分配律的本质意义出发，尝试新的教学思路。这是一种有益的尝试。因为这种尝试是建立在对教材内涵的深刻解读和对新知内容的深度理解基础上的。本课教学设计主要体现了以下两个主要特色：

1. 基于乘法意义模型推演乘法分配律。乘法分配律是涉及乘法、加法两种不同运算的运算定律，且它是数学中一条具有普遍基础性的定律，许多数学知识技能的背后均是以乘法分配律为意义支撑的。本课设计没有采用教材主题情境图中购买上衣和裤子的实例，而是从乘法算式意义入手，利用方块图来构建乘法意义模型。从乘一个数到乘两个数的和，紧扣住"几个几"这个乘法核心意义，逐层推演出乘法分配律。这样的探究过程抓住了乘法分配律的本质，有助于学生对新知内涵的理解，也有助于知识的灵活运用。

2. 利用数形结合思想来加深直观理解。数形结合是一种重要的数学思想方法，能够帮助学生从直观图形的角度来阐释数学对象的含义。本课教学设计中充分运用了方块图，从单式图到复合图，让学生利用几何图形来表征数学事实，描述和分析数学问题，解释乘法算式的数学意义，并逐步归纳数学规律。在数形结合的探究思考过程中，能有意识地培养学生化抽象为直观、推理和探究的能力。利用数形结合思想，学生逐步建构起了乘法分配律的几何模型，这对促进学生的理解起到了重要作用。

第六节 "性质规律"探究学习课例

课例1：小数点向右移动引起小数大小变化的规律

【教学内容】苏教版数学五年级上册第69—70页。

【教前思考】小数点位置移动引起小数大小变化的规律是小数中的重要规律，它在解决简单的实际问题以及进一步学习小数乘、除法时有着重要的作用。这部分内容是在学生学习了小数的意义和性质，会进行小数加、减法计算的基础上进行的教学。本课将在此基础上利用计算器探索一个小数的小数点向右移动引起小数大小变化的规律，并学习应用这一规律口算一个数与10、100、1000……相乘的知识。

本课在教学设计时，让学生通过观察、比较、反馈、交流和课件动态演示，直观感受小数点向右移动以及大小的变化。再进行猜想、验证，得出结论，让学生经历发现规律的过程，体验不完全归纳法这一数学思想方法。在运用所学规律解决实际问题时，注意顺向和逆向运用。

【教学目标】

1. 使学生理解并掌握小数点向右移动引起小数大小变化的规律，能应用规律正确口算一个小数乘 10、100、1000……的积，能应用规律解决简单的名数改写问题。

2. 在探索规律的过程中，培养学生初步的观察、比较、归纳、概括能力和主动探索规律的兴趣，体验不完全归纳法这一数学思想方法。

3. 结合学习材料培养学生细致严谨的作风。

【教学重点】探索小数点右移的规律。

【教学难点】体会“向右移动”，位数不够时补“0”的情况。

【教学过程】

一、创设情境

1. 激趣：前面我们学了小数的很多知识，今天调皮的小数点又来了，(板书：小数点)听听它是怎么说的。课件播放：我是小数点，别看我个子小，我的本领可不小，不信，你瞧，一棵树苗高 2.05 分米，逐渐长高到 20.5 分米，最后长成一棵高 205 分米的大树。

2. 从这棵树的成长中，你们发现小数点的本领了吗？观察这三个数有什么相同和不同的地方。(数字相同且排列顺序一样；小数点的位置不同；小数大小不同)

为什么这组数的数字相同，数字的排列顺序也相同，而大小却不同呢？(小数点的位置不同，小数的大小就不同)

3. 也就是说，在一个小数里，小数点的位置移动会引起小数大小的变化。那么这种变化有什么规律？我们今天一起来研究。(揭题：小数点移动引起小数大小变化的规律)

【设计意图：兴趣是最好的老师，一开始用小数点的自我介绍和小树长高的动画来激发学生学习的兴趣，让学生初步感知小数点位置的移动会引起小数大小的改变，在心理上产生强烈的“我要探索”的求知欲。】

二、探索规律

1. 观察思考。

(1)我们就以 2.05 为例来研究小数点移动带来小数大小变化的规律。课件出示例 2：2.05 乘 10、100、1000 各是多少？

写出相应的乘法算式，学生用计算器计算各题的积。指名说说计算结果，并照下面的样子板书：

$2.05\times10=20.5$

$2.05\times100=205$

$2.05\times1000=2050$

(2)引导观察比较。

①观察比较第一个算式(板书:观察比较)2.05乘10,小数点怎样移动了?(板书:2.05乘10,小数点向右移动一位)是不是向右移动了一位呢,我们来看一下电脑的演示。(课件动态显示小数点向右移动一位)

②观察第二个算式：2.05乘100,205的小数点在哪里？小数点怎样移动?(板书:100 两位)我们也来看一下电脑的演示。(课件动态显示小数点向右移动两位)

③观察第三个算式：2.05乘1000,小数点怎样移动？(板书:1000 三位)我们也来看一下电脑的演示。(课件动态显示小数点向右移动)向右移动两位没有数了,怎么办？(补一个0,再移)

④小结:刚才我们通过观察比较,发现把2.05乘10、100、1000,小数点向右移动了一位、两位、三位。

【设计意图:为了加深学生对“向右移动”的认识,除了对每个算式进行观察比较,还设计了课件的动态演示,让学生清楚地看到小数点原来的位置和移动后的位置,直观感受小数点向右移动。这三道题还涉及三个知识点:第一题是感知向右移动;第二题是明白整数的小数点的位置;第三题是解决位数不够,用0补足的问题。】

2. 提出猜想。

小数2.05有这个规律,这时你会作出怎样的猜想?(引导学生提出以下猜想:把一个小数乘10,就要把这个小数的小数点向什么方向移动几位？把一个小数乘100、1000呢?)(板书:一个小数)

3. 验证猜想。

(1)这只是大家的猜想,(板书:提出猜想)猜想是否正确？(板书:?)接下去我们该怎么办？(板书:举例验证)是的,猜想只有通过多次验证才能被认可。

(2)举例验证。任意找一个小数,分别乘10、100、1000,填在表格1里面,用计算器计算结果,观察小数点位置的变化情况,并在小组里交流。

(3)汇报验证结果。通过实物投影展示学生举例验证的情况。(选1或2

人，不同类的小数）

4. 得出结论。

（1）通过举例验证，你认为我们刚才的猜想对不对？（擦去？）（板书：得出结论）谁能来说说你发现的规律吗？如果乘 10000 呢？乘 100000 呢？（板书……）这就是小数点向右移动引起小数大小变化的规律。（板书：向右）

（2）我们把它整理一下，看课件：一个小数乘 10、100、1000……只要把这个小数的小数点向右移动一位、两位、三位……

乘 10、100、100 也可以说成是扩大 10 倍、100 倍、1000 倍……

（3）教师引导学生反过来想：如果把一个小数的小数点向右移动一位、两位、三位……就相当于把这个小数……（乘 10、100、1000……）

【设计意图：让学生经历观察探究的过程，引导学生用自己的语言归纳规律，促使学生独立思考，发展概括能力。在用语言叙述规律时，不仅仅局限于书本上的一种表述方法，引导学生用不同的方法表述和逆向思考规律，打破了思维的定势，使学生对小数点位置移动的规律有了更完整的认识。】

5. 刚才我们是怎样得到这一规律的？

引导学生说出：观察思考—提出猜想—举例验证—得出结论。数学中有着无数的奥秘，只要你善于观察，敢于猜想，小心验证，一定能有更多的收获！

【设计意图：小数点向左移动引起小数大小的变化规律是本课的学习核心，在探索规律时，学生经历了“观察发现—提出猜想—举例验证—得出结论”的科学探究过程，体验了不完全归纳法这一数学思想方法，实现了数学知识的再创造，满足了学生把自己当作“发现者与探索者”的心理需要，因此学习积极性特别高。】

三、应用规律

1. 下面我们就用这个规律来完成下列计算。“练一练”第 1 题。

	0.4	5.08	0.009	36
×10				
×100				
×1000				

（1）学生独立填表。

（2）交流反馈，课件出示。介绍画图法：为了能看清向右移动的过程，我们可以画弧线来表示移动了几位：0.4　0.4 0　0.4 0 0 提醒：前面的0要去掉，数位不够用“0”补足。

质疑：36乘10、100、1000时，36是整数，小数点在什么位置？你是怎么想的？以前整数乘10，就添一个0，乘100就添两个0，其实就是小数点向右移动一位、两位……

【设计意图：初步运用规律进行口算，体会这一规律对乘10、100、1000的口算的帮助。介绍画小弧线的方法，直观地显示向右移动几位的思考过程，提高解决问题的正确率。36乘10、100、1000时，能注意沟通新旧知识和方法的联系。】

2. 用这条规律还能解决什么实际问题？

（1）出示例3中的表格，让学生说说从表中能知道些什么。

（2）提出“每千克黄豆中蛋白质的含量是多少克”这一问题，引导学生理解：这个问题就是让我们把0.351千克改写成以“克”为单位的数。

板书：0.351千克＝（　　　　）克

（3）把0.351千克改写成以“克”为单位的数，可以怎样想？先在小组里说一说。

（4）学生交流，明确方法：把0.351千克改写成以“克”为单位的数，就是把“高级单位的数”改写成“低级单位的数”，就要乘它们的进率“1000”。（板书：0.351×1000）计算时，可以根据刚才学到的规律，直接把小数点向右移动三位。画弧线来表示移动了几位。（板书：0.3 5 1）

3. 完成“试一试”。

（1）指名读题，明确题意，请写出思考过程，完成填空。

（2）反馈：

① 0.03千克＝（　　　　）克。你是怎么想的？0.03×1000要把小数点向右移动三位，谁来用弧线表示一下向右移动三位？（学生板演：0.0 3 0）（数位不够，用“0”来补位）

② 0.081千克＝（　　　　）克。

【设计意图：继续运用规律解决实际问题，通过单位名称的改写，进一步掌握小数点向右移动的方法。】

四、巩固练习

1. 练习十二第 5 题。写出思考过程,填一填。

0.91 米 =(　　　)厘米	0.03 平方米 =(　　　)平方分米
0.25 升 =(　　　)毫升	0.65 吨 =(　　　)千克
1.8 厘米 =(　　　)毫米	2.078 千米 =(　　　)米

交流反馈。把"大"单位改写成"小"单位,你想提醒大家要注意什么?(单位之间的进率是多少?乘 10、100、1000 小数点就向右移动一位、两位、三位,位数不够,用 0 补足)

2. 完成"练一练"第 2 题。

(1)指导解答:0.08 ×(　　　)=0.8,看到这个算式你会怎样想?

生可能:×10,师追问:你怎么想到是 ×10?生:小数点向右移动了一位。(课件演示)

一个小数乘几它的小数点才会向右移动一位?那么括号里应该怎么填?

(2)出示,先确定小数点向右移动了几位,再思考乘几。

0.08 ×(　　　)=0.8	0.258 ×(　　　)=258
0.552 ×(　　　)=55.2	0.07 ×(　　　)=7
8.009 ×(　　　)=80.09	0.036 ×(　　　)=36

看来小数点向右移动的规律还可以提高我们计算的能力。

【设计意图:前面的联系都是顺向运用规律,而这一题是逆向运用规律,所以先引导学生思考第 1 题,明确要通过积和因数的比较弄清小数点向右移动了几位,再推想出应该乘几。】

3. 判断。逐题出示,轻声题目,手势判断。

① 一个小数先乘 100,再扩大 100 倍,这个数的小数点向右移动四位。(　　　)

② 一个数的小数点向右移动两位,这个数就缩小 100 倍。(　　　)

③ 0.26 乘 100,等于 2.6 乘 10。(　　　)

④ 82.39 去掉小数点,这个数就扩大 10 倍。(　　　)

五、全课总结

师:这节课我们学习了什么?一起说说这条规律。运用这个规律可以提高计算的速度,也可以帮助进行进率是 10、100、1000 的高级单位到低级单位的改写。这是小数点向右移动的规律,肯定还有小数点向左移动的规律,这个我们以后探究。

六、故事结尾

看来小数点的作用不可忽视，今天老师要给同学们讲个真实的故事——小数点的悲剧。

1967 年 8 月 23 日，苏联宇航员科马洛夫独自一人驾驶“联盟一号”宇宙飞船进入茫茫太空，当他圆满完成任务准备返航时，突然发现飞船发生了不可解决的故障。原因是由于检查员的疏忽，在输入一个重要数据时，把这个数据中小数点的位置移动了一位，导致降落伞无法正常打开。在人生最后两个小时里，这位勇敢的宇航员没有悲伤，而是坚持工作着。他在与女儿诀别时说：“我要告诉你，我亲爱的女儿，我也要告诉全世界的小朋友，一定要认真对待学习中的每一个数、每一个小数点，不要再让小数点的悲剧发生了！”最后这位宇航员和“联盟一号”一起消失了。飞船坠毁了，留给人们的不仅是悲痛，更是深深的思考。

同学们，听了这个故事，你有什么想法？

【设计意图：最后设计故事结尾，使学生从中感悟小数点的重要性，在学习中养成细致严谨的学习态度。】

【反思】

本课教学时坚持以“有效的数学课堂”为落脚，着眼于发展学生的数学思考，所以教学时体现了以下几点：

1. 课中设计多次“猜想—验证”环节，以充分激活学生思维，引领学生在不断的生疑、解惑过程中经历探索规律、应用规律的科学研究过程，感悟不完全归纳法这一重要思想方法，体验数学探索的乐趣。

2. 精细处理小数点位移方法，帮助学生迅速形成口算技能。以往的经验表明，应用规律口算一个小数乘 10、100、1000 的积，方法虽简单，但要提高正确率、形成熟练的技能却是不易。因此，在“应用规律”环节的填表题中，在充分尊重学生意见的基础上，着重介绍“画图”的移位方法，帮助学生掌握有效的口算方法，顺利突破了教学难点。

3. 扶放有度，巧妙平衡教师的主导作用与学生主体地位。验证猜想的初步方案由学生充分讨论决定，名数改写练习放手学生尝试解决等发挥了学生主体作用。而验证猜想由教师适度“导引”，填表口算环节的细处理则体现了教师的有效引领。

教学实践表明，虽然没有华丽的情境衬托，但依托教材设计的实效性教学依然展示了扎实有效的教学,吸引了学生的主动参与,教学取得了较好的效果。

(无锡市江南实验小学　陆静英)

课例2:分数的基本性质

【教学内容】苏教版数学五年级下册第60—61页例1、例2及相应练习。

【教前思索】在学习分数的基本性质之前,学生已经掌握分数与除法的关系,商不变的性质等知识,这些都为本课学习作了知识上的铺垫。本课在小学数学学习中起着承前启后的作用,它既与整数除法的商不变性质有着内在的联系,也是后面进一步学习约分、通分、分数计算的基础。本课中,从相等的分数中看出变与不变,观察、发现、概括其中的规律,理解和掌握分数的基本性质是重点。而沟通分数与除法的关系、商不变的性质和分数的基本性质三者之间的联系是本课的难点。所以在设计教学时,教师在探究分数的基本性质过程中,让学生经历动手操作、小组讨论、合作探究等方式,引导学生进行比较、观察、分析,充分运用知识迁移的规律,在感知的基础上加以抽象、概括,理解、掌握分数的基本性质,体现了"方法比知识更重要"这一新的教学价值观。

【教学目标】

1. 通过教学使学生理解和掌握分数的基本性质,能利用它改变分数的分子和分母,而使分数的大小不变。

2. 培养学生的观察、动手操作和分析概括等能力。

3. 让学生在学习过程中养成互相帮助、团结协作的良好品德。

【教学重点】从相等的分数中看出变与不变,观察、发现、概括其中的规律。

【教学难点】形成对分数基本性质的统一认知。

【教学准备】3张正方形纸片、彩笔。

【教学过程】

一、创设情境,激发兴趣

1. 教师讲故事。课件同步出示分的过程。

猴山上的猴子最喜欢吃猴王做的饼了。有一天,猴王做了三块大小一样的饼分给小猴们吃,它先把第一块饼平均切成四块,分给1号小猴一块。2号小猴见到说:"太少了,我要两块。"猴王就把第二块饼平均切成八块,分给2号小猴两块。3号小猴更贪,它抢着说:"我要三块!我要三块!"于是,猴王又把第三块饼平均切成十二块,分给3号小猴三块。

同学们,猴王分得公平吗?

用分数表示每只小猴分到的饼。($\frac{1}{4}$　$\frac{2}{8}$　$\frac{3}{12}$)

2. 课件验证三个分数是否相等。

3. 引入:聪明的猴王是用什么办法既满足了小猴子们的要求,又分得公平的呢? 同学们想知道吗? 学习了今天的知识就清楚了。

【设计意图:利用信息技术,创设有趣的故事情境,学生的积极性被调动,纷纷发表自己的不同看法。激发学生的学习兴趣和探究欲望。】

二、操作观察,探索规律

1. 请你拿出一张正方形纸,对折 1 次,取其中 1 份,可以用哪个分数来表示? ($\frac{1}{2}$)再用这张正方形纸,你们能不能也像聪明的猴王一样,折折画画,找出和$\frac{1}{2}$相等的分数呢?

2. 学生逐个展示和$\frac{1}{2}$相等的不同分数:$\frac{2}{4}$,$\frac{4}{8}$,$\frac{8}{16}$……(可以有不同的折法)

板书:$\frac{1}{2}=\frac{2}{4}$

$\frac{1}{2}=\frac{4}{8}$

$\frac{1}{2}=\frac{8}{16}$

【设计意图:利用动手操作,找到大小相同的分数,然后利用这 3 个分数探索,更加直观清晰,也提高了探究的可信度。】

3. 观察一下这些式子,4 个分数有什么不同,有什么地方相同? (板书:分数的分子、分母不同,分数的大小相等)分数的大小为什么会相等呢? 要弄清楚这个问题,我们必须先研究分数的分子、分母是怎样变化的。

(1)先从左往右看,$\frac{1}{2}$是怎样变为与它相等的$\frac{2}{4}$的? 由$\frac{1}{2}$到$\frac{4}{8}$,$\frac{1}{2}$到$\frac{8}{16}$分子、分母又是怎样变化的? 学生填写书上前面三个填空,再和同桌交流一下。

(2)汇报第一个:分母乘 2,分子乘 2。

根据分数的意义,$\frac{1}{2}$表示把单位“1”平均分成 2 份,取其中的 1 份。而$\frac{2}{4}$表示把单位“1”平均分成4份，也就是把原两份中的每一份又平均分成了2份，所以现在平均分成了$2\times2=4$（份）。要想跟原来同样多，必须取几份？[$1\times2=2$（份）]$\frac{1}{2}=\frac{1\times2}{2\times2}=\frac{2}{4}$。

即原来把单位“1”平均分成2份，取1份，现在把平均分的份数和取的份数都扩大2倍，就得到$\frac{2}{4}$。$\frac{1}{2}$与$\frac{2}{4}$的大小相等，分数值没变。

(3) 汇报：把分子、分母（也就是平均分的份数和取的份数）都扩大了4倍、8倍。

$$\frac{1}{2}=\frac{1\times4}{2\times4}=\frac{4}{8}$$

$$\frac{1}{2}=\frac{1\times8}{2\times8}=\frac{8}{16}$$

(4)谁能用一句话说出这三个式子的变化规律？

分数的分子、分母同时乘相同的数，分数的大小不变。（学生可能会提到0除外，教师质疑为什么）（板书：同时乘相同的数）

4. 再从右往左看，由$\frac{2}{4}$到$\frac{1}{2}$，$\frac{4}{8}$到$\frac{1}{2}$，$\frac{8}{16}$到$\frac{1}{2}$，它们的分子、分母又是怎样变化的？

(1)学生完成课本后面部分填空。

(2)学生汇报，课件出示。

$$\frac{2}{4}=\frac{2\div2}{4\div2}=\frac{1}{2}$$

$$\frac{4}{8}=\frac{4\div4}{8\div4}=\frac{1}{2}$$

$$\frac{8}{16}=\frac{8\div8}{16\div8}=\frac{1}{2}$$

(3)谁能用一句话说出这三个式子的变化规律？

分数的分子、分母同时除以相同的数，分数的大小不变。（板书：除以）

【设计意图：教师引导学生通过不同形式的观察，逐步总结出存在的规律。（如从左向右看你发现了什么，从右向左看你又发现了什么规律）这样由浅入深，循序渐进，有利于学生探究学习知识。】

(4)综合以上两种变化情况，谁能用一句话概括出其中的规律？（分数的分

子、分母同时乘或除以相同的数，分数的大小不变）（板书：或）

你觉得还有什么要补充的吗？（不能同时乘或除以0）为什么？（板书：0除外）

5. 这就是今天我们所学的分数的基本性质。（板书课题）

学生齐读，你认为哪几个字特别重要？（同时、相同的数、0除外）相同的数，指一些什么数？为什么零除外？分数的基本性质可以用三个“同”来表示变化的特征：分子、分母是同时变化的，是同向变化的（是扩大都扩大，是缩小都缩小），是同倍变化的（扩大或缩小的倍数相同）。

【设计意图：教师在学生初步发现规律的基础上，通过让学生讨论交流，强调“同时”、“乘或除以相同的数”、“0除外”这三个关键词对分数的基本性质进行全面概括。并且归纳出三个“同”，进一步理解分数的基本性质。】

6. 现在看看刚才猴王分饼里有分数的基本性质吗？$\frac{1}{4}=\frac{2}{8}=\frac{3}{12}$。

你能选择两个说说是怎么变化的吗？

再看看猴王分饼图中，剩下的部分符合分数的基本性质吗？

$\frac{3}{4}=\frac{6}{8}=\frac{9}{12}$。

7. 根据分数的基本性质，你能写出一组相等的分数吗？

8. 学到这儿，大家想一想，我们以前学过的什么性质跟分数的基本性质类似？（出示商不变的性质）根据分数与除法的关系，你能用整数除法中商不变的性质来说明分数的基本性质吗？

【设计意图：通过举例、讨论、交流等方法，让学生沟通分数与除法的关系、商不变的性质和分数的基本性质三者之间的联系，实现新知向旧知的化归。】

三、巩固练习

1. 练一练1、2。

2. 啄木鸟诊所。（请说出理由）

$\frac{2}{5}=\frac{2\times4}{5\times4}=\frac{8}{20}$（　　）　$\frac{12}{24}=\frac{12\div6}{24\div6}=\frac{2}{4}$（　　）　$\frac{1}{2}=\frac{1\times3}{2\times2}=\frac{3}{4}$（　　）

$\frac{8}{24}=\frac{8\div4}{24\div6}=\frac{2}{4}$（　　）　$\frac{3}{7}=\frac{3+2}{7+2}=\frac{5}{9}$（　　）　$\frac{8}{11}=\frac{8-3}{11-3}=\frac{5}{8}$（　　）

$\frac{5}{12}=\frac{5+5}{12+12}=\frac{10}{24}$（　　）

3. 填一填：

(1) 如果一个分数的分子扩大4倍，要使分数的大小不变，分母(　　　　)。

(2) 如果$\frac{3}{8}$的分子加上6，要使分数的大小不变，分母(　　　　)。

4. 趣味游戏：数学王国开音乐会，分数大家族的节目是女声大合唱，只有几分钟就要演出了，请大家赶紧帮合唱队的成员按要求排好队。

要求：第一排是分数值等于$\frac{1}{2}$的，第二排是分数值等于$\frac{1}{3}$的，还有一位同学是指挥，他是谁？你是怎样想的？

$\frac{2}{6}$、$\frac{2}{4}$、$\frac{3}{6}$、$\frac{3}{9}$、$\frac{12}{24}$、$\frac{6}{18}$、$\frac{4}{16}$、$\frac{5}{15}$、$\frac{5}{10}$、$\frac{7}{14}$、$\frac{7}{21}$、$\frac{8}{16}$、$\frac{8}{24}$。

【设计意图：通过多样的练习设计，让学生多角度、多层次地理解和掌握分数的基本性质。练习中注重突出分数基本性质中的关键词的作用，结合具体问题，加强对学生规范性语言的训练。】

四、全课总结

学了分数的基本性质，你有什么收获？分数的基本性质还有很多用处，在以后的学习中，同学们会经常用到。

【反思】

本课是在学生已掌握了商不变的性质，并在已有应用经验的基础上进行学习的，这部分内容是这样设计教学的：这节课用“比较—猜想—验证—归纳”的方式学习分数的基本性质，是学生在大问题背景下的一种研究性学习。教师用生动有趣的故事引入新知，激发学生学习的兴趣，使学生感到学习新知很有兴趣，不枯燥无味。在教学中教师注重过程与结果、合作学习与自主学习、创设情境与创新精神的结合，采用学生自己亲自观察、操作，再分析怎样做的方式，把学生推上学习的主体地位，放手让学生自己去解决问题。最后运用知识，深化对分数的基本性质的认识，加深学生对分数的基本性质的理解，并培养学生运用所学的知识解决实际问题的能力。

(无锡市江南实验小学　　陆静英)

后　记

在本书即将完稿时，回望课题研究与撰稿历程，虽是一路艰辛，但也始终有快乐相伴。这份快乐源自于对成果的期待和自我陶醉，也源自于研究中始终得到了各方面领导、专家和朋友们的关心、鼓励、支持和帮助。

我要特别感谢无锡市江南实验小学张洪庭校长。张校长是我的老领导，当我还在太湖小学当校长时，他是我们华庄辅导区中心片的片长，他非常关心我的成长，为我以及学校的发展提供了大力的支持与帮助；后来撤点并校后，我来到了他所在的滨湖开发区中心小学（江南实验小学前身）当教导主任，期间张校长悉心指导我开展学校管理工作，并不遗余力地为我搭建成长的平台，使我的业务水平得到了长足进步；在我离开学校来到滨湖区教研中心《滨湖教育》编辑部工作后，他仍一如既往地关心我，令我非常感动。2011 年，我再次回到了江南实验小学，他放手让我开展教学与科研管理工作，同时也进一步鼓励和支持我朝着更高的目标前进。张校长还十分关心我的家庭生活，为我能够在事业上安心发展提供了大力的支持，在我患眼病期间，张校长还在经济上施以援手。张校长大力支持我们课题组的研究工作，为本书的出版提供了经济保障。张校长是爱才、惜才之人，我个人的成长和本书的顺利出版，都离不开张校长。我发自内心地感谢张洪庭校长！

此外，还要深深地感谢无锡市滨湖区教育研究发展中心吴伟昌副主任，他是江苏省高中语文特级教师，也是为数不多的教授级中学高级教师。我在《滨湖教育》当编辑的几年中，他始终真诚地关心和帮助我在业务上的发展。他的敬业、钻研精神深深感染了我，同时他对业务的执着追求精神也不断激励着我前进，在他身上我学到了很多。在本书出版的过程中，他热心地帮我联系出版社，悉心地指导我修改书稿。在此我深表感谢！

在 2012 年 3 月 25 举行的本课题开题论证会上，省教研室小特优教室王林主任、课题管理中心朱纷主任等领导专家亲临现场，充分肯定了课题组所做的研究工作，并提出了中肯的建议，鼓舞了课题组的研究信心，也为课题研究指明了方向，明晰了思路。我代表课题组感谢专家们的专业引领和真诚帮助。

本书的形成还得到了江苏省教育科学研究院教育发展研究中心副主任、研究员张晓东博士，无锡市教育科学研究院赵宪宇副院长、教科所包智强所长和黄树生博士，无锡市滨湖区教育研究发展中心黄一敏主任、沈晓东副主任等领导专家们的热情鼓励和悉心指导；苏教版数学教材副主编、原无锡市教研中心小特优教研室主任凌国伟先生热情地为本书撰写序文，使本书增色不少；课题组陆静英、吴智芳、黄淑颖、吴孝红、朱若盈等老师为本书提供了部分实践课例。在本书即将付梓之际，谨对他们表示深深的谢意！另外，书中还参考、引用了国内外一些学者、专家和教学同行们的研究成果，在此深表谢忱！

在研究中成长，是快乐的，也是幸福的。然而，研究是无止境的，我们的探索还应进一步深入下去。前期的研究和思考，仅是数学理解性探究学习的外围边缘，仅是迈出了探索的起始步。如何进一步深入理解新修订的《数学课程标准(2011 版)》的精神实质，理解把握修订后的数学教材内涵，设计和开展更加有效的探究学习活动，促进学生深度的数学理解？如何在研究进程中进一步提升自身实施数学理解性探究学习的能力？随着研究的逐步深入，我们也愈加感觉到自身知识和能力的狭隘，完美不可求，完善是必须，努力无止尽。这需要面临时间、毅力和智慧的考验。

由于水平有限，加上时间比较仓促，书中不当之处在所难免，热诚欢迎专家和读者能够提出宝贵意见，以便修正和完善。

顾晓东

2014 年 5 月 20 日